东莞市政协 编

东莞历史文化专辑

名人文集系列

王应榆 著

王应榆史料集

南方出版传媒

广东人民出版社

·广州·

图书在版编目（CIP）数据

王应榆史料集 / 王应榆著. —广州：广东人民出版社，
2021.11

ISBN 978-7-218-14060-5

Ⅰ．①王… Ⅱ．①王… Ⅲ．①社会科学—文集
Ⅳ．①C53

中国版本图书馆CIP数据核字（2019）第281257号

WANG YINGYU SHILIAOJI

王应榆史料集

王应榆 著

出 版 人：肖风华

责任编辑：王俊辉
整体设计：奔流文化
责任技编：吴彦斌

出版发行 广东人民出版社
地　　址：广东省广州市海珠区新港西路204号2号楼 （邮编：510300）
电　　话：（020）85716809（总编室）
传　　真：（020）85716872
网　　址：http://www.gdpph.com
印　　刷：广州市人杰彩印厂
开　　本：890毫米×1240毫米 1/32
印　　张：11 字　数：320千
版　　次：2021年11月第1版
印　　次：2021年11月第1次印刷
定　　价：98.00元

售书热线：（020）85716826

总　序

东莞，古称东官，历史悠久，宋元以来，人才辈出，乃粤中文化重镇。

东莞历代著作如林，流风远近。秋晓"覆瓴"，荣列"四库"；梅村"花笺"，名传英德；子砺"县志"，誉满神州；豫泉"诗录"，独步岭南。迨夫民国，希白金文，素痴史学，尔雅篆刻，直勉书法，国人传颂。尤可贵者，每每世运相交之际，先贤节士们仗剑而出。熊飞抗元，袁崇焕抗金，张家玉抗清，蒋光鼐、王作尧抗日，爱国爱乡之精神至今仍为世人乐道。

文章之盛，赖载籍以延之；精神之续，赖时贤相授以传之。虽历劫不灭，东莞独特之文化实先贤所呵护之。所谓"维桑与梓，必恭敬止"也。

弘扬潜德之幽光，力大者举一邑之力，力小者举一人之功。人民政协团结各方，以文会友，致力于文史资料整理，力所能及，为乡邦文献延一线之脉。借建设文化名城之春风，乃搜集莞籍知名学人、艺术家著作，以为"三亲"史料之延伸。

是为序。

《东莞历史文化专辑》编委会

2012年6月1日

王应榆简介

　　王应榆（1890—1982），字燧材，号芬庭，广东东莞人。1907年参加中国同盟会，后考入广东陆军小学。1914年在保定军校第一期毕业，任云南讲武堂教官。1921年任广西贺县县长。1928年3月任广东北区善后绥靖委员（主任）。1931年12月至1935年2月任南京国民政府黄河水利委员会委员（委员长朱庆澜）、视察专员、副委员长。1932年任西北农林专科学校筹备委员会委员。1932年10月11日至1933年1月11日，实地视察黄河，把资料整理成《治河方略》。1934年任甘肃民政厅长。1936年7月任广东省政府委员兼民政厅长、建设厅长。他倡修家乡南栅西头村前河涌，引东江水灌淡排咸。1941年任康青视察团团长。1942年任蒙藏委员会委员（国府特派员）。1942年至1945年，在广西桂东的钟山、贺县、信都兴办临江水利工程多处。1946年后，倡修怀德水库等工程。抗战胜利后回东莞，用"以工代账"及明伦堂水利款兴办水利工程多宗。中华人民共和国成立后，历任中国人民政治协商会议广东省委员会第一、第二、第三届常务委员、委员，广东省水电厅参议，省水电组顾问。工于诗赋文章，著有《诗经浅译》、《黄河视察日记》、《陕甘从政日记》、《治河方略》、《宇宙自然力论》等。（据《东莞人物录》、《民国广东将领志》、《保定军校将帅录》等）

凡例

一、本集收录王应榆公开发表之专著、文章、公文、照片、题词等都32篇。未刊手稿暂不收录。

二、本集正文分为"黄河治理"、"西北视察"、"两广政务"三类。卷首附照片、题词，卷末附资料辑选。以发表或出版先后为序。

三、本集收录之文一般采用最早发表者，个别文章重刊或转载，若有附加内容者（如按语、附图等），则优先采用。

目　录
Contents

照片　题词

黄河治理

西北视察

两广政务

附录　资料辑选

照片

题词

王委员应榆肖像

（原载《广东禁烟季刊》1937年第1期）

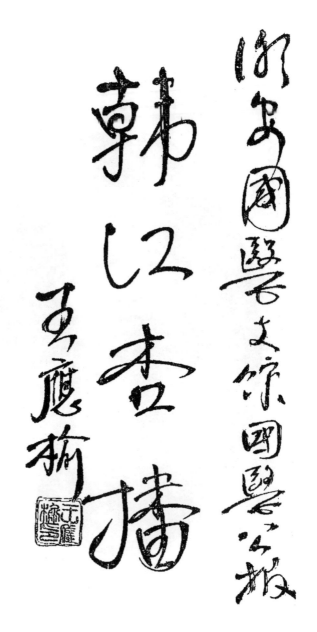

（原载《国医公报（广东）》1937年创刊号）

航空救国同志委员 会场 书

能忍有济

广东北区善後委员王应榆

（原载《航空月刊（广州）》1928年第15期）

闳宧新献

王应榆题

（原载《商业特刊》1928年第1期）

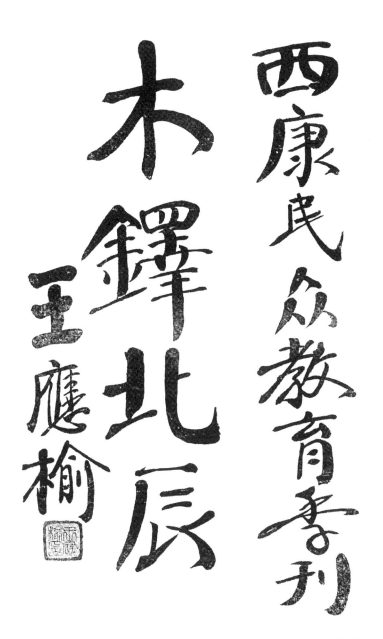

西康民众教育季刊

木铎北辰

王应榆

（原载《西康民教季刊》1941年第1卷第2期）

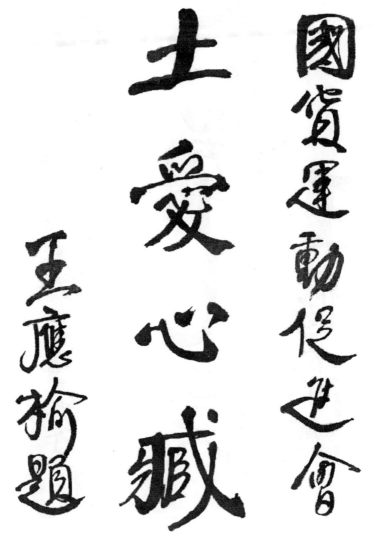

国货运动促进会

土爱心藏

王应榆题

（原载《国货运动月刊》1937年创刊号）

注：蒋清华（1905-1990），广东南海人。著名爱国人士，发表反对内战的言论，多次为国共两党合作牵线出力。

（原载《岭南名家墨迹》，北京：文物出版社，2013）

黄河治理

怎样治理黄河？

内政部视察专员王应榆　视察利津后发表之意见

　　黄河为患数千年，鲁豫两处尾闾，为害尤烈。内政部为欲图根本治理，非详细调查全河情形，不能统盘筹划。故特派水利委员会委员王应榆先到鲁察看黄河最下游入海处，再溯流而上，视察全河。十四日到济，十五日与山东河务局接洽，十六日由济出发，河务局派工程科长潘镒芬、秘书王柏宸偕行，工程学会济南分会长张含英亦同往。十六日晨光初升，一行四人由济城乘汽车到洛口登船，顺流而下，当晚宿清河镇，十七日到王旺庄，十八日到利津，沿途察看询问，由潘解答交换意见，并详细视察入海处之形势，又召集当地父老询问过去水势，与防守方法之得失。十九日由利津乘汽车返济南，当晚河务局公宴王应榆，并有乡村建设研究院梁漱溟作陪，定二十一日再由济乘汽车赴上游视察李升屯等处，再入河南境，仍由潘镒芬、张含英偕行。潘至鲁境为止，张则预定同至孟津察看。记者特往访王，询以视察情形，乃治黄意见。据谈，治河以尾闾及上源关系为最大。此次视察下游，鉴于利津入海处无堤束缚，水浅而流缓，冲刷力小，致口门淤沙日多。芦苇无垠，水流不畅，决口最易。余对下游之意见，主张添修大堤直至海口，以束河水，并铲除芦草，以畅水流。且据土人言，以历史论，凡全河有石坝之处，从未决口，可见石坝重要。欲免决口，惟有全河修石坝，此事似未如理想中治黄之困难。惟是石坝用费最多，政府既无力补助，地方筹款亦不易。直下利津有淤地四百万亩，如移民垦种，最低限度，每年每亩收入一元，一年即四百万元。若存储此欵以修石坝，数年即可告成。政府如能补助，成功尤速。如移民垦种，最重要者为（一）海匪滋扰，（二）海水不能饮，须另预备饮料，（三）交通必须预为筹划。将来水势既大，则天津烟台不远，汽船可以进口，海口可成一重镇。为调剂河水，上游应设蓄水湖池，需地甚多，可将该民移下游开垦，亦不至失业。中游河南方面，余前曾以私人资格往视察一次，河身似嫌太宽，将来可设法使之稍窄。惟黄河最大害处，在挟带泥沙，必须设法减去泥沙。上游甘肃鸟鼠山，渭水上源有一河，因阻于鸟鼠山，北流入黄河。若引该河入渭水，黄河水势既小，则到河套时挟出泥沙亦少。且在河套多开支渠灌田，以泄水势与泥沙，则以后黄河泥沙必较少。同时渭水为清流，既添支流，水势自大。入黄河后，冲刷泥沙力量亦必大，淤垫既轻，水流自畅，决口之患，或可减少矣。此余个人意见，尚须请专门家，研究与批评云。

（原载《山东省建设月刊》1932年第2卷　第10期）

治理黄河意见

王应榆

按：黄河水利委员会副委员长王应榆，去岁奉令视察黄河。十月十一日自京出发。由山东利津，循黄河堤西上。经河北、河南，溯渭水以至甘肃。转往山西、绥远、河套。沿途利用飞机舟车之便，往返一万七千余里，阅时八十日。凡黄河本流，及重要支流，如洮、渭、泾、沁、伊、洛、运诸水，及泾惠、民生诸渠，均经亲到视察，其余亦均一一详为访问。渠认黄河为患，原因有六：一、沙泥太多。二、森林稀少。三、河槽不定。四、河堤不坚。五、组织未当。六、人事失宜。盖黄河起于青海，以黄湟大通为源流，纳洮河。经兰皋东北行，纳甘肃境内诸小水。过宁夏、绥远境，贯流沙，折东流至萨拉齐。又东南至托克托。转南行入河曲，以远龙门。而河曲龙门间，两岸逼仄，流急坡倾，沙泥不能停聚。自龙门以下，两岸开展，汾水自东北来会，以地势倾斜，随淤随去。南至潼关西，纳泾渭。数流加入之后，泥土更增。东至孟津，地平河阔。邙山之土，为河水所削。于是拖泥带水，河底淤高，而洪潦时尤甚，河槽以是变更。加以堤防之不固，又以河道弯曲，河口不畅，各流无调节之谷闸。而治河组织，省自为政。言治河者，昧于全河之形势，不理其本，而治其末。以想象为根据，以意见为计划，其无功也固宜。特就其视察所及，以为治河之第一步，宜征集中外古今已有之切实资料，及阅察全河。第二步，则宜集中专家，以初步为基础，实地研究。第三步，以第二步之结果，从事测量，预算工费，致力实施。以力之所及，分年办理。第四步，除害兴利，五年见效，十载有成。草成治理黄河意见书，并附图表概算。特录王氏原文如次，以供关心河患者。黄河为患数千年矣，此次应榆沿河视察，详加考核，深知黄河非不可治者，亦非如吾人未睹其真相者所想象工程之困难，用费之浩大。兹就治理之意见，分为政治、工程、经济，三项，陈之如后：

一、关于政治者

甲、治河机关之组织：此组织必能统筹分工，且适合于事实之需要。故宜设立黄河委员会，总理全河事务。下设森林局，培植森林。而尤能以政治力量指导民众造林为主体，直接造林。次之设工程局，办理所有黄河之建设工程。设河产局，掌理淤田及引渠所得河产之管理。设河口经营局，掌理河口淤田之经营开发。并即就现有之豫、冀、鲁各省河务局，改称为第一、第二、第三河务局，办理河防事宜，其组织系统如下：

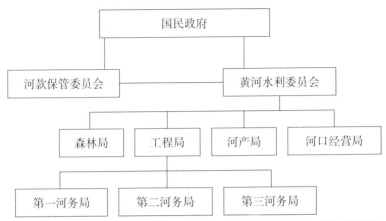

如此，黄河既有整个之治理机关，而分工合作，与现在情形亦不相左。工程局计划建设治本工作。河务局职掌堤工防守以作治标之图。其经费仍由各省筹之。

乙、治河计划之实施：黄河本流重大工程，由国家办理之。其支流则由省政府办理之，而国家予以相当之补助。小工程则由人民兴办。一切计划，须由委员会拟定或批准之。根本计划，应由委员会召集各省代表及专家讨论研究。一经呈奉国府核定，则全力赴之，不得任意更改。

丙、河款之经理：河款之预算，完全根据工程之计划。而监察出纳之权，由政府另由监察院、财政部、黄河委员会，及有关系之各机关或团体派定委员，组织河款保管委员会。收支之情形，随时公布。

丁、黄河水利委员会及附属各局职员之录用：先由委员会将试用职员经验履历，函报铨叙部考核。俟经过一定时间后，如称职者即实任录用。非有检举其失职或舞弊情事者，不得任意更换。对其成绩之考核，应请考试院派专员考察之。

二、关于工程者

治河工程之要项有九：一、减除泥沙来源。二、建筑石堤，以固定河槽及束水。三、建谷闸以书流量。四、多办灌溉，以减水势而利农产。五、实行放淤，以肥田亩而固堤防。六、裁弯取直，以防溃决。七、导黄分流，以减水势。八、经营河口，以畅尾闾而增河产。九、炸去石礁，以利航行。兹分述于次：

甲、减除泥沙

子、引洮入渭：黄河之大患，在含沙量过多，以致逐渐淤积，河床日高，河行地上一遇泛决，则势如建瓴；是故减少泥沙，实为治河之第一要图。而泥沙之来源，则多由于河套及邙山与其他支流。查洮河为黄河清水之一大源，与渭水源相隔一乌鼠山，若能凿通引洮入渭，可减黄河入套挟沙之量，而渭水且得航行之利。概算需一千一百八十八万元。

丑、于宁夏附近筑分水坝：引洮入渭，既可减杀水量；于绥远宁夏一带，再筑分水坝、其过量水则引之灌入宁夏附近之流沙，既可减入套之水量，以免多挟流沙，淤塞下流，且可变沙碛为佳壤。概算约需一百万元。

寅、自孟津至古柏嘴间修石堤以护岸：孟津古柏嘴间，黄河直刷南岸，即以孟津而论，河南移已二十余里，南岸冲邙山坍塌，增加土量，故宜修石堤护之。其概算见孟津至东明束水工程中。

卯、广植森林：造林可以减少土壤之冲刷，其地点，以宁夏中卫至绥远之和林间，及渭水两岸，河南之邙山各支河流域等处，以政治之力量，强迫种植。举凡于指定区域内田园及家宅荒地，于一定年限内，不遵令种植者，则失其所有权；伤害他人之森林，予以重处。

乙、建筑石堤

子、宝鸡至潼关渭水两岸筑堤：查渭水两岸，本无堤防。然于引洮之后，恐水量增加，堤防实为必要。于险工处护岸加石，概算约需款二百三十六万二千四百元。

丑、孟津至东明束水工程：孟津至东明一段，长约五百里，河身极宽；大水时约在十五里至二十里间；水流迟缓，沙停河中，河身无定，漫流两堤之间。一旦暴涨，河陆不分，故决口之大患，皆在此段。如六大变迁是。故欲免黄河改道之患，必束窄河身，固定河槽。此段包含孟津至古柏嘴护堤，概算需款一千六百九十万五千六百元。然河身既狭，新淤之地，又可作为生产之用。

寅、东明至利津护岸加石：此段长约六百里，河槽系大清河旧道，故极狭而弯曲甚多。昔日护岸，多用楷埽，甚不坚固，故已逐渐改用石坝。就经验言之，凡有石坝之处，皆无溃决之患。此段险工极多，则宜多加石料。概算约需款五百四十万元。

若能按上述办法，则河槽固定，而河患可除。上部用孟县石产，中部用巩县，下部则用济南者。

丙、建设谷闸

暴雨后各支河决潦，同时入河，下游必有溃决漫溢之险。若能多设谷闸，则可节各支流之水，减少洪量。平均流量，则不至有决口之险。其修建则由地方政府办理之，而国家予以补助。其重要之处如下：汾水兰村谷闸补助二百万元；北洛河洛川谷闸补助五十万元；洛河洛宁谷闸补助五十万元；伊水辛庄谷闸补助二十万元；沁水沁阳谷闸补助二十万元。

丁、灌溉农田

黄河流域为产棉及五谷之区。惟雨量缺乏，生长不易。试就民生渠言之：放水后有粮无人吃，有地无人种，惟以运价昂贵，捐税太高，人烟稀少，工业不发达，致未能尽量发展，是为憾耳。泾惠渠放水后，地价骤增，收入丰登。故欲发展西北灌溉，实为急图。黄河乃天然之干渠，弃之不用，殊为可惜。况陇海西进，欲减少输入，灌溉更属必要。且引水灌田，可以减少流量，黄河本身，亦受其利。故拟于河套多开渠道，由宁绥陕各省裁减兵额，供作生产之用。如是则既收灌溉之利，而挟沙黄水，且可少过河曲，应由国家补助二百万元。沿河之豫、冀、鲁各省，亦感雨量缺乏，且河高于地面，可以利用虹吸管灌田。既不用开堤设闸，而管理又易，实宜推行。拟由国家补助八十万元，作为提倡之用，人民必群起效尤。至于其他支河，若沁洛等，已有利用之者，宜再发展之。

戊、淤填洼地

沿河一带洼碱之地甚多，毫无生产。宽狭不等，随处皆可放淤，变为佳壤；且因放淤，又可减洪水量；于淤填后地势变高，又可巩固堤防；一举而数益备也。拟由政府先办较大之放淤三处，以作提倡：陈桥、古柏嘴及红庙等处。陈桥位开封之北，有碱地八百顷，约需款二十万元。古柏嘴一千八百顷，约需款一百万元。红庙在齐河县境，约六百顷，约需款五十万元。

己、减弯取直

河之弯处即为险工，若弯度适宜，不至有害。惟黄河有弯曲过甚之处，正溜顶冲出险溃决。如濮阳李升屯宫家坝及郑州等工，莫不如是。拟将弯曲之大者，如东明之刘庄、历城之大王庙两处，其流入及折反之角，皆小于九十度，殊为危险，应即裁直，未雨绸缪，否则因决口之损失，不啻百倍也。每处概算约各需九十万元。

庚、导黄分流

黄河危急之期，多在洪水暴涨时；若能引之入卫河、贾鲁河、徒骇河及小清河，既可杀本流之洪水，且可供各河之航运，此项工程，拟由地方办理之。

辛、河口之疏浚及经营

尾闾不畅，则全河停滞，此就工程而言也。自利津之宁海村以下，尚有一百二十里，无有堤防，漫溢无定，河身迁移无常，下游阻塞，永不得泄，势必出险，棘子刘其一例也。故宜增堤防以定河槽，俾水畅流于河口，再修以顺堤。概算约需款一百五十二万七千八百八十元。河口淤荒可耕种者已有三百万亩，然尚未开发，人烟稀少，以人口过剩之山东，而有此迹近边荒未垦之地，宁非怪事？推其原因，则由治安不保，交通不便，水患无定，及毫无经营。且国人尚不知注意河患可以由堤工而免除，前已言之。至于治安，则与人民之繁殖亦有互相关系。人口太少，即自卫困难。若特倡移民，组织武装团体，修治道路，安设电话，开凿井泉，修筑简单码头，置备巡轮以竣海岸，设银行以资借贷。不数年即成繁沃之区，而渔盐之利，亦可兴矣。概算约计需款二百二十五万元。其他生长苇草之地，尚有一百万亩，合计约四百万亩。除苇地外，即以现在之租收，每亩每年平均一元计之，年可有三百万元之收入矣。以其一部开发本区农工商业，以其一部作治河之专款，其对于经济之发展至大。如斯而山东过剩之民，亦可得一安插良地也。至于管理淤田之办法，宜采取租田制，以三十年为满期，其后则另按价定租，以符土地国有之旨。

壬、开凿石礁

黄河自皋兰以东，至宁夏及渭源至宝鸡与陕州之三门，皆有礁石。宜去之以收航行之利，概算约需款五十万元。

三、关于经济者

历代治黄，皆需款浩大，而生命财产之损失，不可胜数，昔有竭财事河之语。然下游于云梯关天津之间，随时改道，河槽六易，国家元气，以致大伤。故以治黄言之，无论其用费多寡，皆为有利事业。兹就支出及收入情形，略为陈述如左：

甲、支出方面：就前所论之工程概算言之，共二十一项，约需款五千一百五十二万五千八百八十元。关于造林者一项，约需款二百万元。而设计监工等行政费，约以百分之八计，为四百万元。共合五千七百五十二万五千八百八十元。其分年计划愈速，则其效果亦愈大。我国之大患可除，国库可增，民生殷富。故以五年完成此项计划为上策，每年约需款二千一百五十余万元。否则十年完成，前五年择最要者开支三千七百五十二万五千八百八十元，后五年开支二千万元。上项估计，皆系按国家情形工程需要，乃最低限度拟定者。

乙、受益方面：受益情形，可分为消极者与积极者两种，所谓消极者，乃国家人民少受之损失，积极者即为收入之增加。然又可分为直接者与间接者：直接者乃国库之有形增收，间接者为人民直接之利益。是故以数目表示受益之多寡，甚为困难。又如郑州之工，共用一千二百万两。濮阳之工六百万元。其他若李升屯、宫家坝、刘庄、黄花寺、棘子刘、扈家滩等决口工费，多在百万以上。人民流离，土地荒芜，更为凄惨。即以经常护险费言之，豫冀鲁三省，每年约需款一百万元，其损失何可胜言！兹就积极之直接利益述之如下：

子、河口地租每年每亩一元，以三百万亩计，全年三百万元。

丑、河南河北因束水所出之田，约二百八十万亩，一次每亩收补租地价费三元，即可收入八百四十万元。

寅、绥远灌田以二百万元开渠计，每年可收水租一百万元。

以此论之，已足补投资之利益矣。其他若灌溉利益数目之计算，当更可惊也。以泾惠渠而论，昔日每亩价三元之地，今则每年可产棉花价二十元。以此类推，西北之开发，沿河之利益，其有裨民生之功甚伟。

治理黄河工程费用概算表

工程名称	用款数目	备注
1.乌鼠山挑挖工程	2880000	引洮入渭，以杀黄河入套之水，且减其挟沙量。
2.宁夏石嘴子分水坝工程	1000000	宁夏附近修分水坝，放河水入流沙。
3.宝鸡至潼关渭水堤工程	2362400	渭水现无堤防，若于引洮之后，水量大增，故应添修堤防。
4.孟津至东明束水工程	16905600	两岸长约一千里，河身太宽，水流迟缓，应即束水，以固河槽。
5.东明至利津护岸工程	5400000	两岸长约一千二百里，应加石护岸，以防决口。
6.兰村谷闸工程	2000000	用以节流，由地方办理，国家补助。
7.洛川谷闸工程	500000	同上
8.洛宁谷闸工程	500000	同上
9.辛庄谷闸工程	200000	同上
10.沁阳谷闸工程	200000	同上
11.绥远灌溉工程	2000000	由国家补助。
12.豫冀鲁灌溉工程	800000	利用虹吸管灌溉，沿河皆可施行，由国家补助。
13.陈桥放淤工程	200000	地为不毛，可放淤八百顷。
14.古柏嘴放淤工程	1000000	放淤一千六百顷。
15.红庙放淤工程	500000	放淤约六百顷。
16.刘庄裁弯工程	900000	河身弯曲过甚，险象环生，应即裁直。
17.大王庙裁弯工程	900000	同上

工程名称	用款数目	备注
18.引卫贾鲁徒赈小清诸河工程		引黄河之水入各河，以分其流，由地方办理。
19.河口堤工程	1527880	利津以下无堤防，应即修筑，以防泛滥，而畅尾闾。
20.河口其他设施	2250000	河口淤地之整理设施，应即着手进行，以便发展地方，振兴实业。
21.炸石工程	500000	于皋兰以东，及渭源陕州等处，炸去石礁以便航行。
以上共计51525880		
22.造林	2000000	
23.行政费	4000000	约按百分之八计算，与工时监督设计费在内。

以上总计5752588元

（完）

（原载《山东省建设月刊》1933年第3卷　第9期）

黄河视察日记

王应榆

　　国家之生存要件有三：曰经济，曰政治，曰军事，三者缺一不可，而在今日尤以经济为最要。我国幅员广大，土地肥沃，人口众多，若从经济建设着眼，富强殊为不难。然我国在东三省无恙时，照十九年海关统计，人口粮食一万三千万两，棉织物一万四千万两，棉花一万二千余万两，木材七千余万两，糖亦如之。总计农林入口物，共值五万五千万两。再加东省输入内地者三万万两，共八万余万两。长此下去，不自为谋，即人不我迫，我亦不能自存，况在政治方面，非藉经济不能教养防灾；在军事方面，非有物资不能言攻守。由此言之，中国目前问题，实以农林为救亡要务，而农林之本，在于水利。考黄河贯流青甘陕宁晋豫燕齐绥九省，长七千余里，因人谋之不减，致利少而害多。言治河者，虽代有其人，类多舍本而求末，其原因盖由于多事空论而少实际之考察，故所知仍不彻底。古语有云：胸有全河而后能治河。此诚不易之论，言治河者首推李延年，延年以导流塞外，东达于海为清源之策，惜汉武帝未能采用，延年之议亦只主"上流清水分渠"，而非全盘计划。左宗棠建议凿泾回河，旋因去职，无由实现，以致黄河灾害至今犹烈，殊深遗憾。余于民国四五年间漫游西北，深考黄河治理之得失利弊，六年，曾上书黎大总统，条陈治河方略，终以变乱相寻，未蒙采用，时时引以为憾。去年春，戴季陶先生以治河造林之事见询，冬间荐余为治黄委会委员。适值沪战爆发，朱子桥先生以赈灾事忙，不能兼顾，而马云亭先生又不幸捐馆，致河会不克成立，治河工作，无由进行，然国府以治河为国家百年大计，不能不求根本之治理，乃特派余为黄河水利视察专员，以考察全河最近情况，历来治理之方法得失，以及地方人士及专家之意见，以为治理之资料。余以不敏，何敢当兹。惟余生平素喜游历，足迹所至，尝东抵于海，北达溯漠，西越天山，南至珠崖，贯行黑龙松花黄河长江粤江各流域，并鉴于黄河水利，关系经济政治军事之深，故不自度量，常欲尽力河工，聊尽匹夫之责。果能由此兴利除灾，得以挽回每年八万万余之漏卮，俾军事得以整理，物资得以无缺，国防得以巩固，虽功不必自我成，而我对国对民亦有多少裨益，于心安矣。

十月十一日

今日午后五时，自京渡江，七时津浦车北发，于车中看治河策议。书中系述古今治河意见，在以前者为贾让三策，齐人延年议开大河，《禹贡锥指》，《问水集》，治水荃谛，潘季驯《河防一览》。在近代者为戴理尔堤防建议，处置泥沙法；费礼门造林整理河道，设河工试验室法；恩格斯驭制黄河法；方修斯新内堤理论；李仪祉之《减淤防滥利农固床保漕议》。

贾让三策，上策系言徙民以避水，将冀州之民，当水冲者，决黎阳遮害亭，放河使北入海，以为如此虽败害城郭田庐冢墓以万数，然较沿河十数郡岁费巨万，仍不免于大决者，为愈多矣。若以数年治水之费，足偿所徙之民，定山川之位。且大汉制地万里，岂与水争咫尺之地。中策系言引水灌田，以分水势，而免河患。以为多穿槽渠于冀州地，使民得以溉田，分杀水怒。旱则开东方下水门，溉冀州；水涨则开西方高水门，分河流。下策系缮完故堤，增卑济薄，劳费无已。

齐人延年系言河出昆仑，经中国，注渤海，地势西北高而东南下，可案《图》《书》，观地形，令水工准高下开大河上领出之朔中，东注于海。如此，关东长无水灾，北边不忧匈奴，可以省堤防，备塞士卒转输，免胡寇侵盗，覆军杀将，暴骨原野之患。天下常忧匈奴不忧百越者，以水绝断故也。

《禹贡锥指》系言穿渠漕溉河，水势分流，急则沙泥通利，缓则淤淀塞决。荥阳之下，既有鸿沟；华阴以止，复有诸渠分水太多，河流迁缓，河身日高，故洪水暴至，即不能容。横陇既通，又不能下流向海，故有横陇之决。

《问水集》系明刘天和所作，主用堤防：惟渠堤宜远不宜近。以为宋元迄今，堤防形址，断续横斜曲直，殊可骇异，盖皆临河为堤，河既改而堤即坏。无已，择属吏之良者，上自河南之原武，下迄曹单沛上，于河北岸七八百里择诸堤去河最远且大者，及去河稍远者各一道，内缺者补完，薄者帮厚，低者增高，断续者连接创筑，务使七八百里间，均有坚厚大堤二重。苟非异常之水，北岸可保无虞。刘又言：堤岸宜植柳。植柳有六法，一卧柳，二低柳，三编柳，四深柳，五漫柳，六高柳。

《治水荃谛》系明万恭所著。彼主张治河宜先绘图，自孟津二千里达海，制成之图，名曰黄河图，自张家湾一千八百里达瓜仪之图，名曰漕河图。皆州载而县记之，渠识而弯书之，且布沿革之故于上，勒石于总河□四堂，使司斯役者胸先有全河，则治之斯易。并主利用水之本身力以浚河，如愿深北，则南其堤而北自深；如愿深南，则北其堤而南自深；如欲深中，则南北其堤，两束之，冲中坚焉，而中自深。且宜因时制宜，不可泥古，其穿渠地点，可行之于秦晋峡中，而不能行之孟津以下。盖河南以下，大穿则全河由渠而旧河淤；小穿则水性不趋，水过则平陆耳。诚宜使之合势以驱其淤。故曰："河合，国家之福也。"

潘季驯，明人，本治河多年经验，著《河防一览》一书。万历二十年，上书驳斥浮议。

大要言多浚支渠，以杀水势，宜行于渭水，不宜行于黄河。如水涨之时，暂开决口，水落复塞。但塞决如升天，费亦不赀，复不主张另觅新河。谓新河经数年后，新者旧矣。河何择于新旧？旧则污，新不污，非所解也。并谓：堤所以使水不泛，而循轨以入于海，正所以导之，水之涨多在伏秋，消多在冬尽。上源雨多则涨，霁则消，海口沙塞之说不确。至沙垫底高之说，不能合理，如欲抗水，非塞决筑堤不可。又疏既不能，则宜筑，不宜浚。盖工大而不能将沙安顿，堤之不筑，水复旁溢，则沙复停，不可胜挑也。

戴理耳，英人，虽非水利专家，实系为科学方法视察黄河之开始者。关于堤防之建议有标本两治法。彼谓堤防决壤原因：一为埽工楷料质料过轻，易为水冲陷；二为埽坝突入河中，受水冲突之力甚强，故主张多置石块于堤坝之下，以护堤基，置石料于楷料埽坝之上，以镇堤身，河水弯曲，水流直冲之部，易致决坏，旧日多于险出之后，建以重堤。兹宜修理遥堤，庶使内堤崩决，得之保险，此治标之法也。治本之法，在使低水河床与堤身隔远，至少有二百英尺。凡低水河床，逼近堤身之处，宜筑挑丁坝，改变流水方向，俾近岸之一边，得以沉淀，低水河床渐移到内堤之正中，则河弯曲，亦为之减少矣。其处沙泥之法，以为造林为根本，非短时期能望其成功。黄河所挟之沙泥，又不能全部使之随水入海，宜于低洼之地，引河入内，使泥沙沉淀后，引水复入原河，如此继续推行于两岸各地，则河之两岸，皆成为高出普通水面之平原，而沙泥亦得安置矣。

费礼门，美国人，于民国八年建议：造林须有统系，工作注重上游。整治河道，在使黄河流行直槽中，于现有内堤之内，另筑直线新堤。在此新旧二堤之中，存留空地，任深水溢入，俾可沉淀淤高，可资将来之屏障。如遇特别洪涨，更可于河槽与新堤间，筑挑木坝，以护新堤。此法如何，诚宜于河岸上所二三英里之一段试验之。

《制驭黄河》为德恩格斯所著，谓费氏之新狭河床，未经刷新之际，洪水面必至壅积涨高，其何以保障，使勿泛滥？彼以为黄河之病，不在堤宽，而在无固定之中水位河槽，故宜于近内堤之间，固定中水位河槽之岸。河弯过曲，则裁之所直；河流分歧，则塞之强干；并宜修治抢险工程，栽植青草，以资掩护；而安设漏洞，引水灌田，宜有完善计划。盖涵洞为堤防弱点，不可不慎也。

方修斯之《黄河导治计划》，系主张降低其水位，于道治之始，筑以新内堤以束洪水，内堤之距离在五百至七百米远间，以攻洗沙泥，深河床。其高宜低于旧内堤。洪水一来，可使其漫溢，用旧河床为充大段冲毁，宜设让水段，使最高洪水，得以旁泄。堤上敷草堤，旁植柳，其工作之先，宜划黄运间之一段试验之。

李仪祉以为黄河之根本治法，应考虑者不出五端：一、如何固河床；二、如何保持其应有之深；三、如何减其淤；四、如何防其滥；五、如何有利于农。欲使河床固定，第一必使横断面得宜；第二必使维护得法。其横断面宜以潟水絜沙之情定之。本水位处之本槽，非常洪水处之洪水槽，欲使保其应有之深，则在导治与维持。若减其沙量，固其床址，治导得宜，维护不懈。减淤之法，培植森林，其效甚微，宜尽力于植畔柳，开沟洫道路。防河之泛滥，在堤防及沟洫与导治。

以上方法，容自后视察，以事实以证其可否，编成整个意见，然后请专家议定再从而计划焉。

十二日

早七时，过徐州，其关于地理历史已载于他籍，余以任务无关，不复记载。午后三时，过大汶河，余极注意于此可否开凿一运河以上连朱仙镇，下接小清河。三时半过泰安，经界车，渐上渐高，工程不易，此念已为打消。午后六时廿分，抵济南，寓胶济铁路饭店。饭后，以函及电话询张含英君。张现任教育厅科长，原学水利工程，山东菏泽人。余在南京时已有信请其搜集各种关于黄河种种材料：一、山东段治河历史；二、现今黄河利害情形；三、山东段治理黄河办法；四、山东河局组织沿革；五、工款由来；六、山东境内有无适当可作蓄水湖地。余欲知所询各事究竟，故约其晤谈，适已外出；夜深接其电话，约明早八时相会。

十三日

早八时，张含英君来谈，对于上询各事，答复已有头绪，俟两日内搜集完备，即行送来。随商定于拜见各当局后，拟十五或十六日乘汽车，下至黄河海口，上沿河岸，至彭家楼渡河，经菏泽至柳河视察。九时，以电话请问省府秘书长，约与韩主席见面时间，复以明早八时晤谈。十一时，与张君及王君柏臣乘汽车往济南各处游览。先参观小清河水电厂。此厂为张君所筹办，用款仅四千八百元。机器除发电机外，余均本省制造，价廉物美。虽规模不大，已足引起用水生电之兴趣矣。小清河风景颇佳，由电厂沿河而上，则有黑虎潭，水由地喷出如珠，积之成池，涌出成潭，清冽无比。正午，到济馆用膳，味极佳，此为真正济味也。饭后，往豹突泉，水由地中突起，清冽如黑虎潭，惜此地为小肆所占，有杀风景耳。随复往参观图书馆，内藏中国古书甚多，且为难得之本。海楼藏书，将来亦拟移置于兹。汉魏及各代古物不少，由太昊至今，历代古钱，尤为完备。以钱而观，可以窥见中国平准情形；汉石刻尤佳，经馆长解析，颇引人入胜。午后二时半，送张君归，并约定明早七时半相会，往晤各当局。本日与张君谈及事之成败，系乎人才，请其将山东及所知水利专材表列见示。以备将来印入报告书，用备政府及有意水利者之聘用。送张君返后，余因身体初愈，回寓休息。关于其他记载，悉委王君柏臣任之。

十四日

午前八时，偕张君含英王君柏臣往省府拜见韩主席复榘。韩治鲁极有精神，命令极严，每日午前六时三十分即上办公厅，全省亦如之。早会时间尚早三十分，每日上午四时半，下午三时半，共八小时。用人甚当，全省无贪官污吏。有一分力，做一分事，在国中殊难得也。所谈系见面寒暄及黄河情形。九时到河务局，适局长外出，其总务科赵录仁，工程科潘镒芬出见，畅谈甚久，详述山东境内黄河情形，河口淤积状况及治理方法。余请其以计划及现时计划不能即行缘由，以书面及材料见告。并告以余定于十六乘船到利津，十九日乘车回济，以便水陆实地视察。十一时往游千佛寺，寺在南门外约四五里南山。登山一览，全城在望，远可眺黄河。汽车到山脚，改乘肩舆，宽大有蓬，两人抬之，横行而上，其行甚速，上山约一里即到寺。每年夏历九月一日到十五日，膜拜及游览者甚众。余等巡游寺中一周，即上山岭，登峰四眺，济南附近，悉入目中，而城中屋树参差，景象殊胜。加以天气晴和，心旷神怡。游览约一小时，即下山入城午膳，并购买济南风景人物片。午后一时，回寓午睡。三时复往晤实业厅长王芳亭，民政厅长李荫轩；并往建设厅与厅长张洪烈畅谈水利甚久。其科长曹理卿，技正周礼亦出会晤。张厅长对于黄河颇有计划，对于东平蓄水意见，与余相同。其所以不能实行者，以东平人口约十二万，其地可蓄水者必令其迁移，此问题不能解决也。余问：山东近年以来，修理河道，致力不少，水利如何？彼答：各水系以防洪为主，有水利可言者，只一小清河耳。其他以虹吸引水灌溉，因财力及各方未能了解，不易施行。四时，往拜财政厅长王向荣，所谓入门拜主也。又梁漱溟先生素主办理村治；此次在鲁试办，成绩甚佳。余本来欲往拜见参观，因往返时间，须费两日，乃以电话与之相谈，彼云：渠有事于十九、二十日来济。余原拟自利津回济即往上游赴汴，遂亦决留待之。回寓接韩主席召宴帖，约明午前十时赴宴。

十五日

　　午前七时，河务长张连甲来访，谈及河口沙淤日甚，若不急治，前途危险；埽坝不坚，非改石坝，崩决堪虞。余询以两事预算如何？答云：河口之沙，用伸出坝冲沙法，须款约五百万；改石坝及修河，约七百万。余问：河口之沙，外受风涛之力，是否照计划做去，一定可以收功？答以殊不敢必。彼又言：山东地段，每年治河费四□万元，除养河兵八百及机关费用外，以二十四万为修守防汛工料，因此即改用石坝一层，亦甚迟缓。彼又言：两岸蓄水或修改河床，最宜注意者为民人安土重迁，诚以未见其利而已失去其地也。十时，余应约赴省府韩主席宴，彼此纵谈水力利用及近代经济军事工业，主客至欢。午后三时，往小清河工程局，访局长宋文田君，谈及山东河流，皆系便浚疏，运河与小清河系航运用，而小清河用处颇多，但非加工程，不能有效。现由建设厅规划，已经动工。但该河冬季水量甚浅，拟由黄河开一坝水，缺时将河水放入，毕复闭之。五时河务局约晚膳，该局秘书科长段长均与焉。年均在五十以上，服务至少十余年，于局经验颇富。若能再行补充科学知识，或以热心水利之初毕业学生从之见习，则将来治河工程，必有相当裨益。饭后。令备准明日视察事件，兼搜集当视察之图案，以备与实地对照。九时，新闻记者来访，余答以此来目的有二：一以视察所得以供治河计划之资料；二希望运用政治之力，使计划得成事实。记者去后，适周钟歧君来，欢然道故，十一时就寝。

十六日

早七时半，偕张君含英，王君柏臣，河局工务科长潘君镒芬赴泺口乘船，沿河视察。河水在此时期，为一年之中上水位，在泺高于平地三四尺，涨时再高三四尺，有时泺口涨至一丈左右。由泺而下。沿河弯曲之外方，多筑有顺水坝，即挑丁坝，以石为料者，曰石坝，以柳编作者，曰柳坝；以梁杆作者，曰埽坝。石坝建筑费多而维持费少，且甚坚固。柳坝则须有石脚，耐久力次之。埽坝则年年用费，且甚危险；经济若不充裕，则不宜用之。现时各段已渐改石坝。据工程科长言：如照现时做去，十余年后鲁省可全为石坝，但虑水道变迁，或不能源源拨款，则难预定。黄河水流甚急，余等乘船每小时行三十里。河岸均驻河兵，以一半做工，一半防汛，兵衣制服与工兵同，皆驻堤上。饷分两级：做工者每月十元，防者每月八元，所有各种堤坝，均由兵作。坝工既毕，则堆土堤上，以备险时补坝补堤之用。所过各段，段长及兵均出迎接。午后四时抵清河镇，镇之七五里有大王庙。此处以前曾出险二次，河水冲突甚激，现虽修有石坝，然若不作挑丁坝将对岸之土冲削，则仍恐有不稳也。是晚，宿于舟中。

十七日

午前七时半，由清河镇出发。舟中，余感觉山东段河之治理，有三要件：一作湖蓄水；二固定河道；三垦放河口淤地。作湖地点，以东平北部为宜，但实作之先，宜预测量其面积容积，可用若干年限，及需用民力几何，作一周密之筹算。该湖作好后，则洪水可以减轻，而泺口影响更大。盖泺口水之起落，较他处为多，固定河道方法甚多，而比较易行而有效者，系巩固堤坝。堤坝巩固则一宜改埽坝为石坝，现时鲁段全段，均用肥城石，每方工价三元，运至泺口，需费七元，合共十元，而泺口附近之石，工价虽稍贵，然省运费至少在半数以上，因当局不愿破土人□迷信，宁用贵料；堤上受其影响，此非计之得也。二宜注意水流曲弯处，须使特别牢固，否则□流一有摇动，则下流线对冲点完全改移，工程既大，危险增多。三则河槽宜有全河计划。划定两岸合理堤线以后，修理新筑之堤均令向此规定之线。盖现时各段各部门前自扫河槽转动，前功尽废。至因划定河线，该地人民之损失，最好由募资补偿，以备迁徙。河口淤积之地，肥沃异常且免泛滥，最宜将其垦放。以地之所得，以为疏浚口沙之用，至其所需之垦民，即以东平移民充之。关于垦放设施：如治安，交通，垦放机关，金融机关等，亦须有适宜之筹备，凡领荒者，限年开垦。定以条例，使□遵守。此事已请张君含英一一记之。九时半，舟到蝎子湾，分段长吕振东君出迎。君年已六十余，在河工服务四十年，所述关于河坝做法及抢险出险处置甚详，已由张君详记。余巡视该工后即下船。时风浪正大，不能开行，只得泊待。十二时午膳，请潘科长转告河工服务人员之有经验者务将所有心得及方法，笔之于书汇成报告以为将来之参考。蝎子湾以前系埽坝，经地方人士募款购石，改成石坝，自是以安，果能处处如此，则河防之险，当无问题，是在执政者之引导耳。午后三时三十分开船，六时三十分抵王旺庄，该段分段长周灵玉君来迎。周年六十八，光绪九年入营，服务河工四十余年，精神颇好。余嘱其将生平致力河工经验及履历开来，以为参考并资表彰，以鼓励一般河工人员。余上岸后，在防汛所略坐。时月明如画，水光接

济阳铁匠庄之埽坝

服务四十年之老河工
（周灵玉　马清林）

天，不觉百感交集，因请张王两君摄影，以志鸿爪。张君并讲述夜映之法。此片拟题为黄河夜景之一，时夜气已寒，回舟就寝。

十八日

早七时，发王旺庄，九时三十分过高家坝。此地曾于民国十年决口，决口原因，系以河之弯度过大，外方受直冲之力太甚，而堤又属埽坝，抵抗力弱所致。当时山东省长为田中玉，河务局长为劳之常。劳系津浦路工程师调此工作，作成新工程计划，条陈当局，估价九十五万元。当局因迟疑不决。至明年洪水泛后，孙秉琦任省长，张庆堂任河务局长，始决定照劳计划实行。此计划系以石筑坝。将河改向南行，另开新河，使流直向。全部工程系由托得（Toad）介绍《亚洲建业公司》承筑，包价一百五十万元，连开新河及各事合用二百万元，八个月竣工，用石一万二千余方。筑时，系先构木架，然后放石，自此之后工程极为巩固。十时三十分，自高家坝开船，十一时抵大马家，利津县长罗津蒿君赴省未返，电派科长张庆堂，公安局长吴钟岳，民团副队长王华潭，教育局长王盛廉偕同县党部整理委员吴清澄诸君到来欢迎，并招午膳。去年水涨，曾将此对面之一块淤积冲去，水向泛所直冲，泛所崩塌。幸得数千人民会同河兵抢险，始告无虞。据说：黄河工程，如预备材料充足，而又天气不恶，人民齐集，必无可虞。年前高家坝之决，亦由于张宗昌久不发饷，无人负责，材料无款预备，因而出险云。午后一时，离大马家，一时二十分抵利津。利津为黄河最东之县，东

黄河下流之堦坝

利津佛头寺埽坝与料垛

远于海；海口地方辽阔，且有海湾，因特招利津河尾堤工委员会主任岳光鼎，利津红十字会会长王汝汉，滨浦利露棣垦丈局股长史泉如询问水道淤地情形，治安状况，垦丈办法及渔盐利益甚详，以便据此以作开发淤地及治河尾计划。余以为河口淤积之地，地利既多，若整理之后，以其所得之利治河，总可足用，惟须得人办理耳。河口淤塞原因，据各方报告：一因河道散漫，沙泥不行；二因芦苇丛生，阻水去势；三因人烟稀少，民力有限。若于此着想设法，则治理不难。岳光鼐对于河工，至为努力，如组织联乡会与军队联合剿匪，修筑民堰，至为难得。对于修筑堤堰，更其一报告以供采纳。是夜宿利津阎家船中，预备明日回济。

十九日

早七时，自利津之阎家乘汽车起程，沿南岸回济。汽车路系利用河堤，堤之两岸，柳树成阴，风景至美。农田皆种高粱与黄豆，农民以之和而作食，味虽不佳，而养料颇丰。沿途泛站相望，车机

河堤之木料

惠民县杨房之堉工

不佳，行动迟缓，至午方抵长镇。镇有店铺，亦有集。集者，南人所谓趁墟也。车中张君含英为予言：曹州昔日甚富庶，清末有王朝俊者，往日留学返国，不作官，在地方办有学校三间：一为感化院，招为匪者教之，匪多受感化；一为中学，以教小学升学诸生；一为女学，以教女子。自此以后，民智日开，人才辈出，匪遂绝迹。至今地方已能自治，尤思念不已也。在长镇午膳后，即去电刘庄，询问遵河堤而行，可否直通开封。盖欲一面视察河道，一面取直径前进也。午后四时抵济南，仍寓铁道饭店。六时，梁漱溟先生来谈。梁系研究地方自治有心得者，现在邹平办理乡村研究院，成绩极佳，有心人也。对于国内问题梁君主张应由下层入手，余意应由政治入手，实殊途而同归，盖政治不改善，则农村亦无由改善；反之农村不能建设，则政治亦无基础，故二者宜并重而不宜偏废也。谈至十时而散，犹有余味，约明晨再谈，即请张、王两君预备后日往开

钩头高家之坍塌石坝

封车辆。时新闻记者来访，问余视察情形，余答以治河应注意上流与尾闾，山东境内之段，自改用石坝已足固堤，惟海口沙地宜开发，使农工商业发达，人口多众，以本身之力，治本省之河，则基础可以久固，只须将交通办好，治安办好。则众至如归，大可以供作东平湖周围人民移垦之用，是夜十二时就寝。

二十日

午前，往访梁漱溟先生。梁原籍广西，生长北平，研究学问，至有条理，见面后为余言：中国现时旧组织业已崩坏，而中国与外国风尚习惯心理思想不同，且有至强之保守性。因保守潮流之荡动，中国旧时之方法，不能应付环境，他国之情形又不免凿枘，在此情形之下，诚宜寻得适宜之路，注意于其他及社会运动，此事见效则政治亦可因之得以前进。盖中国向来社会系消极的、散漫的，兹欲求安定，则宜改为积极的有组织的。然此非从文化社会事业上做去不为功，苟此事有政治力补助推进，进步自然迅速；否则在国民方面，亦应努力做去，收效虽迟，基础以立。至于政治方向若不注意于此，则无真实生机。机械式之做法，与潮流相反，结果必致失势。顾社会运动，在有领导人，并宜注意于经济生活方面。对于国家之进步，着急无益，希望无益，等待更无益，只要有意义的做去，有全部打算在胸中，胜券最后一定可操。总之要将社会文化事业做好，导政治于良善，乃可以言救国也。午后，饬预备往开封汽车，整理材料，并写辞行帖。

二十一日

早七时，乘汽车发济南，十里至泺口渡口。此为黄河下游水之起落与流速之最大者。津浦铁路桥在渡口西两里余，堤均为石坝，为济南屏蔽，故此处工程，格外坚固。余同行者，有潘君镒芬，张君含英，王君柏臣及测量员李君润之，助手齐志尚及随从共七人，车两辆，分两船渡河。十八里至赵庄，有减水闸一道，工程良好，系大石砌成，为光绪十五年鲁巡抚张岳所造，系备洪水来时，以分水势之用。闸成，土人视河水如猛兽，均卧闸下，请求勿放水，用是始终未成减水功用。所谓智者所为，众人不识也。二十五里至江庙，此地险荒地甚多，纵横各十里，在徒骇河之上流，若筑坝作湖蓄水，澄清之后，再使流入徒骇河，一则可以减少洪水量，二则补充徒骇航运，至为有益；而于泺口泛滥，影响尤切。十里至齐河。此地鲁建厅曾有以虹吸法接水灌溉之议，惜未实行。七十里至官庄，在此午膳。自此以上，多民埝。盖人民利用淤地，筑埝耕种而全河亦得其束水之利。七十里至香山。六十里至陶城堡，为运河与黄河交汇点；距河边约五里，设水闸一度。昔日南方粮船，通过黄河，即将河内堤开放，驶入堤闸之间，将堤塞好，开闸北上，当时为南北交通之冲，颇为繁盛。其堤闸之间，土坝纵横，用以防决，设计至为周密。今则运河旧道，已经淤塞，柳树生植其中，令人不胜沧桑之感。现今离陶城堡之北，一百八十里之临清。始有船可以行驶。由闸南行五里至黄河边，复渡至南岸，循堤行三十五里，至南岸与运河会合处，即为十里堡。此地在光绪十七年以前，运船

山东泺口黄河铁桥　　　　　　　齐河水牛庄之石坝

来往经此，民殷物富，惜因河身日高，河水倒灌，淤塞不能行船，遂日衰落。今则须上至济宁，方可行舟，其浑水亦改道由姜沟入河矣。车于午后四时到此，休息片时，约地方绅士谌芝蓉来询其东平湖形势，略得大概，约明晨六时往戴家庙附近实地观察。盖余意以为山东境内，诚宜觅一蓄水之湖，以调节洪水，而东平湖即最合宜。但对于土地人口两方，非先查确，不能拟定计划也。在十里堡住一段所，为前盐道兼河督署，结构极佳，颇为舒适。泺口之西，约十里处，名大王庙，河水湾度成锐角，殊属危险；宜照高家坝方法改造，款约三四十万元。

二十二日

早七时，往视东平湖。湖与治运有连带关系。治运委员会计划，余极表赞同。计划书内，系拟以湖容纳大小清河之水，以免泛滥，而供运用，以一半淤积成田，以资出产。但余不主张涨塞一半，拟利用有余容量，以为黄河蓄水之用。盖泺口水之起落，非

黄河堤坝工作情形

濮阳八坝头之砖坝

在其上流有蓄水之所不可。且余拟利用旧运河为入水之口，一面淤积填高耕地，一面以经澄过之水入湖，于适当时期，再由姜口放使入河，助河冲洗。余等登大金山，举目四望，颇类太湖风景，惟人民生活，则不啻天壤矣。湖畔田地多荒，盖雨水来时无去路与蓄积，过去则旱。若开以沟渠，即可救济。惜地方人士，均不注意及此，殊可慨也！大金山多石，将来筑堤，至为有用。八时五十分回十里堡，早膳后，沿南岸上行，九十里至杨庙再五十里至水泊。水泊即宋江故里，泊只留小水池，非复旧观；梁山亦遥遥可望。此地尚时有萑苻出没。六十里至临濮，濮水已为黄河所消灭。沿途土地瘦脊，河多泛而田干，惟人家稠密，为南去荷泽分途。再西南行五里至董庄午膳，更三十五里至刘庄。山东河防段，至此为止，以西则属河北界。河北段长林丹忱来迎。此处河弯为九十度，以前曾决口一次，直决荷泽，故荷人出资五万，购买石料，以筑石坝及石挑水坝。然余意以为宜照高家坝法修筑，加资约十万元，可以一劳永逸。再十五里至安头村，渡河过北岸。对岸前两日适有险象，近抢修中，船不能靠，改放下五里上岸，至时已七时入黑矣。孙局长到岸迎接，八里至河局，局在濮阳大坝旁，民国二年，曾縻费六百万之巨。国家拨费治河，而当其事者即乘机中饱。政治不入轨道，贪污之甚令人可惊。到局与孙局长谈，询以束水应用石几何？孙云：约十七万方。每方石在巩县码头交货，价为四元，运费须三十元，共三十四元，全部工程共须二百余万。此数确否，尚待测计。

二十三日

早七时，在河北视濮阳大坝。此坝报销六百万，为徐世光手经理，以实约计之，最多不过二百万。以下黄河工程耗公帑至巨，而实心作事者，殊不多见，历来均以无粘力之砂与比重轻于水之高粱杆作成埽坝，又无工程常识，故水过中位，即不能抵抗，时常出险。险后则又故意张大水威，乘机报销。请款不准，则万民涂炭，准则随意妄报，用于水下材料若干，被水冲去若干，实则多非实数。历来当事多属此类，良可慨也！随往视抢险工作，见正在以砖砌坝。此法究不稳当，然胜于埽坝多矣。次往新筑横堤，此系孙局长以作试验束水之用。余以为此法甚佳，一则可以束水，二则可以

八坝头砖坝工作

濮阳决口之工作

积淤。但坝与水成直交，恐坝头欠稳；且非两岸同修，则对方即有不利，故不如将横坝改为直坝，不惟可将边水推向流线，且可加长流速，收驱沙之效。余等在横坝头渡河，时已十一时矣。渡河之南岸，视十三坝。此坝不坚，孙局长告余，明年恐有不妥。余以今日路途难行，时已不早，遂上汽车告别。二十里至东明有陈平故宅遗址。城小而陋，居民不多。过此则途多沙丘，想系黄河改道时所溢出者。在此历无汽车行驶，带来向导，不识道路，幸带有地图指南针，得不致失途。途中各庄，均筑围墙，乡人不肯言路。闻匪时时在此横行，人民贫苦，不堪言状。一百二十里至考城，风气至为闭塞，余见墙上贴有放足标语，市廛亦萧条。时已午后，余因途中无所觅食，即在此午餐。餐毕，就道。此间通开封修有汽车道颇好，行驶极快，约四十里过黄河，旧道纵横，溢坝颇多，但各省当局，以其地僻而不便，往往疏于注意，一日出险，江淮被害。七时抵开封，投宿旅店，河南河务局长陈汝珍率同秘书科长来访，略为寒暄，约明日往谒省当道，并游开封附近。十一时就寝。

二十四日

早九时，往河务局，适本日为霜降节，旧例本年无决堤，则举行安澜会，各分局长暨河务人员均齐集，请余同拍一照，以资纪念。十时乘汽车出南门五十里至朱仙镇，再二十里至贾鲁河。此河为贾鲁所开，故名。在津浦路未通车前，为河南与江淮重要运道，其下游通尉氏周家口以入淮，久已淤塞，每年水不能排泄，受害甚

贾鲁河风景　　　　　刘庄之石坝

深。冯玉祥在豫时，饬现任河务局长陈汝珍以死力将该河挑浚，两岸植柳，在此以下三十里，可以行船。此种工程，如用经费，须八九十万，兹不费公帑一文，而人民踊跃如此。推而广之，若能善为指导，则中国一切均无困难也。午后一时，回朱仙镇午膳，朱仙镇为古时中国四大镇之一，昔日极为繁盛，光绪年间尚甚荣华，今则一片荒凉，只余断墙碎瓦，予人凭吊。当南宋时，岳武穆北伐至此，为十二金牌召回，于民族文化历史，为吾人刻至深之印象。余午膳之馆，名朱仙第一楼。此馆系一旧尉氏刘姓之第，虽颓败不堪，而栋梁之雕刻，瓦橼之讲究，可想见当时之华丽。据馆伴云：刘家盛时，有当铺七十二家，钱庄八十三家，数十年间，零落至为人佣，以卖屋料过生活。盛衰如此其速，令人慨感也！饭毕，往游岳庙，现作残废兵院，有残废官兵四百余人，系民国十八年所致，多断脚折臂扶杖而行。战争之残酷，处处留有余痕。有副官出而招待，引往参观，并指说历史之陈迹。庙内有碑一块，系当日岳武穆送张将军靖者，书法神飞，词至慷慨。碑后有楼一座，传系岳女公子被害处。此庙系人民所立，结构极佳，用以纪念我国民族精神，至有意义。游毕回省，谒省主席刘经抉。刘系同学，谈别后状况暨

黄河边之居民

陈桥古迹

治河办法甚久，复往建设厅拜张静愚厅长，适往汉口，由其科长宋溦出见，并云：张厅长昨派渠在路口欢迎，车过不晤，临去时并嘱代为招待一切云云。六时赴陈局长晚宴毕，回寓稍息，步游汴市。汴为昔日魏之大梁，自河决后，旧址已没地中，所谓侯生夷门，欲问故处而不可得。十时就寝。

二十五日

早十时，出开封北门，至河边，乘船往陈桥，河身广阔，多浅沙，至下流二十余里始能靠岸，加以逆风，行两余钟始达。上岸行两三里上堤，堤之内约五里，复有一堤，两堤中间，成一长圆地，东西二十里，多碱，人稀，适宜储水及淤积。若将堤加固，放水入内，五年可淤成一百方里膏腴之地，每亩值三十元，可得四百五十万元。只需收买民地及修堤费约二三十万元，即可做到，回登岸处，西行六七里即陈桥镇，人口逾千。元以前，河未改道，尚与开封相连，颇为繁盛。昔时有桥及庙各七十二座，宋赵匡胤发祥于此，有黄袍加身处，系马槐及策马所渡之桥。当时骁桀，空余痕迹，而国本规模不立，子孙昏庸，终宋之世，汉族不能自振，若与朱元璋相较，不可同日而语也。参观诸遗迹既毕，返渡河南。天已苍茫矣。

二十六日

早，游禹王台，名曰古吹台。名称之来，无可稽考。有两治水机，外系圆形，内构螺旋，不知何用，然功德及民，万古不灭。入其台想见为人。该台辖地甚多，园艺场亦在此。当春秋佳日，士女如云，来此瞻仰。西南望，有梵塔，系建于元代，雄伟异常。离禹王台往游龙亭，相传系宋故宫。其南有二湖：一杨湖，以纪念杨建业者；一潘湖以纪念潘仁美者。龙亭据北城高处，可览全汴，中置方石一座，周刻龙文，系昔年御座。亭下有隧道甚多，随处可通，系便昔日各殿地下往来者，结构颇为奇特。或云：此系明周藩谓有王气，故建于此以应之。随搭车往游河南博物院，有洛阳、新郑、殷圩各地古物及种种石碑。殷圩多铜器，新郑为骨甲文，精致无比。古人无纸，有事则刻骨以志，有卜则刻文于龟之腹，放以求之。铜器刻式之美，构造之精，非吾人所能想像。十时半，离汴北行，十八里至河堤，沿堤而行，四五里见豫建厅所安置虹吸，引黄河之水入贾鲁河，以便下游灌溉航运。虽规模不大，此风一开，将来黄河下游各省，受福不浅也。午后二时，抵郑决口，距平汉路黄河桥二十余里。当时为李瀚章督修，用去一千二百万两，光绪十三年十二月兴工，至次年同月完毕，整费一年工夫，有纪念亭，刻碑以记其事。过此以后，约行五六里，堤之西为沙丘，车绕小路而过，至午后三时三十分，始抵车站。由开封北端河堤起，至郑决口止，河

沁水之灌溉闸

堤修理极平，榭楝等树，两行并植，至为齐整，查鲁、豫、燕三省治河之款，以豫为最少，每年只十万元，而成绩斐然可观，足见事在人为耳。到黄河南岸，火车适已北上，河桥长六百余丈。不便行人通过，因与站长商借摇车两辆，经十五分钟，始达彼岸。车上视河流，颇有履冰之凛。至北岸，有汽车一辆停候，系预电约者，即改乘之以往武涉，视察沁水。沁水导源于山西沁源太行山，山东南入于黄河。下流居民，设水闸引流灌溉田亩，颇得其利。惜上游不知建筑谷闸以调节潦水，往往雨多则涨，雨过则涸。今年大水，为八十余年所未见，植物被淹，所失不赀，地方人民请河局加高其堤，以防后患；平汉路局为保护黄河桥起见，亦捐助石万余方。然治本究以植林蓄闸为要。午后五时，抵武涉县城，前清有道尹驻此，昔为重镇。地方人士对于水之利害，认识至真，故余感觉治河宜运用政治与人民之力，则事半而功倍。县城之东，有木栾店，繁庶过于县城。昔日陇海道未通洛、卫，商业辏辐，至今仍为县之精华所萃。余连日疲劳，今晚特早就寝。

二十七日

早八时，沿沁水堤上行，十里至柳村视水闸。该闸有隧道两道，装置颇妥；若有一道决口，尚有第二道可以防范。此等水闸，在沁水两旁乡民多装置以资灌溉，杨村附近，种白菊花极多，据土人言：每岁武涉县出产，销行全国。武涉为古怀州，所产怀山药，著名全国；而药方多以怀作淮，误也。由杨村回武涉城，转向古柏嘴，原非大道，汽车行动至艰，路程只四十余里，需时至四小时，而震动之剧，令人至为难受。午后三时，抵古柏嘴。此处为河南中段，河身最狭。其南隔河为武当山，系属土山，即邙山山脉，童秃枯槁，沙土入河之量至多，诚宜速作森林，用以保护河道，且以林木供给陇海、平汉两路枕木。办法宜直接国营，或强令人民自种，不植者过期取消其土地所有权。此山东接平汉，南接陇海，北面黄河，轮运便利。古柏嘴之东，有淤地一大块，方三十方里，以之为淤地，只在北面筑一坚堤，三面凭武当山，以浑水放入，清水放出，可淤成膏腴耕地。看毕而行，二十里至温县，县城东十里为赵圃，系子夏故里，地方人为之立碑，文曰卜先生之故里。又二十里至大王庙，汛方午膳，今路少时多，无用饭处。膳后，四时三十分，复沿河堤西行，崎岖不减前路，六时至平化村。村距孟县县城五里，里长阮藩斋预来迎候，因天晚人疲，遂就汛歇焉。化平村有人口三万余，村长十里，若能善为领导，协同政府治河为力当不少也。孟县昔与孟津合为一县，以河分南北，治理不便，遂分治焉。孟县人口四万余，地面偏小，经商者颇多。地产生地，地黄，白菊，人民强悍，昔日多盗，军匪不分，此两年来始稍敛迹。孟县昔时颇受河害，旧城于金时没于水中，自孟县在黄河北岸修排水石坝，挑水南行，始告安定。然孟津土堤，又被压毁，可知治河须有整个计划，两岸须同时工作，方能始终有益，否则不特土地财产有害，而两岸人民，易成仇敌也。余本拟今晚渡孟津休息，因路难车缓，不能再进，故是夜宿孟县一堡。

二十八日

早六时，由孟县一堡出发，自孟县渡河至孟津渡口，过渡去处有二：一白坡，一落驾斗。白坡在西路。远而顺流，余系坐汽车，不嫌道远，原拟向白坡前进，但道路原只行走大车而汽车不能直达，仍须取道于孟县城，行五里至城南行，有碑曰韩文公之故里，出城之西北，有韩庄，韩族人数百家，系韩文公后裔，但韩送李愿《回盘谷序》，则自称昌黎韩愈，余因赶道，不暇详访。过城西行十五里，至落驾头，其前临渡口，越淤沙二十里，有渡过孟津，以既经失路，只好将错就错，过至铁谢。铁谢之西，有光武陵约距二里，适入洛阳汽车将开，不能前往参谒，殊为可惜。由铁谢东南行，五里至孟津县城。城西二十里为周武王会诸侯誓师处，名叩马寨，以伯夷、叔齐叩马而谏，故名。再过三里，有首阳山，夷齐采薇饿死于此。距县城一里许，有《河马负图》处，有羲皇庙，内塑伏羲像及河马像。马龙首马身，背现星点，相传伏羲感此而作八卦。庙内有周文王大禹伏羲像，石碑数块，雕写极精。由县城趋洛，道中多古大坟及石碑，虽铜驼荆棘，然当时洛阳之盛，概可想见。午后三时，抵洛阳寓长春旅馆，饭毕略睡，六时往城中大观园沐浴。浴毕，步行街中，出城往饭馆晚餐，餐毕即回寓整理视察材料，随即就寝。

二十九日

早九时，往国府谒魏文官长，详述视察情形。大意谓历来谈治河者，多未亲睹全河，有理论而无计划，讲方法而不计及经济，故只有防而实未治。十时返寓，写友信及家书。十二时午膳。一时半往游洛阳名胜。洛阳为周公旦所营，瀍西涧东，背邙而洛作王城以朝山东诸侯，其东之金墉城，为成周以处殷民，其后东周、东汉、曹魏、西晋、北魏、隋炀、武曌、朱梁、后唐均曾建都于此，古迹不少。虽沧海桑田，不能认识本来面目，然古碑古物，触目皆是，而殷、汉、梁、北魏诸陵及王公寝墓，均有可见。中国文明之根源地也。故余时间仓卒，亦抽闲一游，同伴为王君柏臣等坐车先到东

八孔窑

新洛阳桥

关，有土窑一大座，内住贫户，车夫告余曰：此赵匡胤诞生地也。生时彤云蔽天，名八孔破窑，以有八户也。再过不远，有宋太庙，其邻为东大寺，规模其大，栋宇华美，但颓墙半圮，不堪入目。再行不远为铜驼巷，铜驼久已不存，巷内有老聃故里。又北三里许，有司马懿陵，碑曰：晋宣帝平原之陵。土陵一座，余无所存。再北约半里，有吕祖庙，形势颇佳，前临瀍水，然瀍已干涸，只有河痕；若雨潦暴发，则又洪水奔腾矣。由城者再入城边，转往西行，至周公庙。周公多才多艺，余幼读书传，未尝不怀想其人，今亲至汴洛，睹其庙食，渴慰可知。但此庙原在金埔，后被迁于此，失其本址，稍可憾耳！此地已□作文化院，以备研究古代文化，亦至得也。又西一里，为西宫，系唐上阳宫红叶题诗处，植树颇多，当称幽美。袁世凯造兵房于此，吴子玉亦在此驻兵数年。有广寒宫在西花园，现军事机关，多在此处。由此转西南，循洛水堤返程。洛阳新旧桥，只余桥孔，任人凭吊，不能通过。孟洛上游少森林，潦至则势滔天，过则若溪水也。回寓已六时，饭后，夜十一时就寝。

洛河口

洛河口黄河边之邙山崖

三十日

　　早。乘陇海东行车至巩县。六时开车，七时五十八分到达，往访县长，询以伊洛河口情形，据称：黄河河底日高，洛为倒漾，山潦暴发，则泛滥为灾，举目四望，山均童秃，不特水量不能调节，而土崖崩塌，风化至烈。随坐船往洛汭视察，见河水冲削，邙山倒落极速。查河沙之来，以河套为最重，而泥土之加入，以邙山为至多，故在河南讲求减少河泥，非于伏牛山脉南之邙山一带造林，及令山田田畔广植杨柳，并急于邙山河畔赶造石坝不可。视毕，由路步行回巩县车站。盖上水行船，非两小时不可，而不能赶及午后一时之火车也。午后，乘车回洛。伊洛工赈车务所长郭涵，孟津河工委员靳友兰，监察委员万宝祯、许鼎臣等来访，余询以伊洛、浬、涧详情，并告蓄水及森林兴利之关系，请其以所知条陈，以便汇入报告。郭随出伊洛河流概况及工程师蔡亮工查勘孟津县黄河工程计划书两份赠送。诸人去后，余即作书寄许公武、曾养甫诸兄暨发家书两札，饭后，准备明日赴龙门诸事，十时就寝。

洛阳龙门口

龙门石佛

三十一日

早七时，自洛往龙门视伊水。自洛阳南门外渡洛河，古洛阳桥，久名于世，至今只留一孔，以存鸿爪。其西为新洛阳桥，吴子玉在洛时所建。桥成，吴在桥观望，洪水忽至，

潼关市街

两端冲断，吴在中间正急急中，其步兵隔岸以竹排救之，始脱险。现所存者，即吴当时所立处也。渡洛后，南行十五里，至关公庙，关坟即在其中。关云长在樊城为吕蒙所害，吴以关头献魏以取容，魏重关之为人，镶以木身，瘗葬于此。关庙建筑宏丽，柏树成林，墓在庙后，园围护以红墙，坟前结构庄严，坟有小门，棺置其内，神思感触，忠惨之气，缅念无穷。余与张含英王柏臣诸君游览，复乘手车南行，再十里至龙门，有土人引游古迹，先到潜溪寺，栋宇相连，颓破已甚，卖碑帖者正搭印中。余购买十余事，即乘此登山。路小崖悬而石又滑，余穿皮鞋，行动至不安，只好攀扶缓上，而引导者为一前清孝廉，年五十余，手提水烟袋，步履矫捷，顾语余曰：斯真"一登龙门，声价十倍矣"。少顷，至顶，远望伊水悠悠，蜿蜒无尽。因询以水患情形，据称：龙门每年水高一次，约五六丈，龙门之内，亦高一丈或三四丈；若筑坝分水，则可减少。余细察一望均是童山，且有地可供蓄水，可植森林，而荒若此，有司之过也。余觉黄河本流重要工作，宜由中央办理；支流宜归省及

县领导人民办理之，在河南经过县分不少，类多以为多作一事，不如省一事。此种现象，非力加革除不可。余以上山之路太难，故改由南面而下，绕山脚北返。沿路石洞甚多，内均凿有佛像，而以天竺洞为最大。佛高八十尺，菩萨高七十尺，全铜高五十尺余，大小佛甚多。此种石洞石佛，多系唐制，碑则历代均有。时已正午，遂入龙门寨午膳，膳毕回城，已四时矣。余乘机往访国府秘书许静芝先生，畅谈约一句钟返寓。复往沐浴，浴毕晚膳，回寓收拾一切，作日记及致友人书。十一时离洛乘火车往潼关，所谓肴函之险，余境梦中而过矣。

十一月一日

早七时，余睡车适过函谷，北河南肴，火车穿山越谷，铁道离旧路颇高。在昔纤迟于此，终日始得七八十里，而征人之苦，每叹靡前，今则便利何可以比计。九时车到潼关，穿山洞，在西门外停车。军队检查行李颇严，余有护照，尚无繁扰，潼关在肴山山脉之北，其北临黄河渭水，城半枕山，凤称天险，曹操曾于此割须弃袍，历史上凤称三秦之锁匙，到潼入泰安栈。余自视察以来，未尝一日休息，每晚最早十时就寝，余多在十二点，早上五六时即起，颇觉疲倦。余于街上及城楼步行一遭，午膳后稍睡，五时起复出散步，晚膳后即预备往西安汽车包车，车资原价一百五十元，车站长只收半价。给价以后，约定明晨八时起程，今日得一夕安寝矣。

二日

　　早八时，由潼关西行，七十里至华阴。大华山亘其北，峰峦参天，沿途森林风景至美。六十里至华县，一路见新植白杨甚多，据土人言：昔年陕多树，雨旸时若，自前三年大寒，树多冻死，故天旱异常。正午十二时过渭南，午膳，一时复西行，二时三十分过临潼城。城北为骊山麓，即华清池，秦宫汉池故址，地喷温泉，杨贵妃常于此沐浴焉。池有七，第一二在第一旅馆内，布置幽洁，余均由民众自由入浴，第七池传即杨妃浴处。余游览毕，因摄一影以为纪念。复西行，三时过灞桥复前行。过浐桥，两桥雄丽，中间林野相间，又二十里，抵长安，寓西北饭店。少顷，李正之、刘潜两君来谈，是晚未作他种工作。

三日

　　早九时，往拜李仪祉先生。李系中国现代水利专家，对于治河，颇有研究，泾惠渠之成，大有力焉。余因贾筱侠兄之导，直至其公馆。李适患痔，扶病强出，余感不安，仍请其卧床谈话。李君年只五十余。

长安市街

有心人也，故谈约二小时，适寿

君士章至，经李介绍略谈，余即告辞，与寿约在水利局见面。午前十一时余往水利局，工程师总务科长培迁儒与寿均在局，余询问关中水利情形甚详。余本拟后日往观泾惠渠，闻寿云：白朗博士后日可到，不如同往更便。余觉机会甚好，遂决意候之。正午，与刘君伯龙、王君柏臣、贾君筱侠共午膳后，往刘、贾各寓，随接许公武兄自南京拍来一电并接公私函各件。许电系言政治会议推余为西北专校筹备员暨农林大学校长，兼黄河造林局长事。余于教育本非所长，顾以西北需此甚殷，亦愿权时担任，以待贤者。午后四时，应李仪祉先生约，赴义仙亭饭店晚宴。李不能亲到，由寿代表，七时回寓，九时休息。

四日

早九时，往省政府拜其秘书长耿寿伯君，畅谈约两小时，并请耿询杨虎城主席会晤时间。耿即以电话转达余意，当复今夜请余晚宴会谈。余因欲赴草滩坝，及往观渭水，长安无汽车可雇，耿即派汽车一辆，武装兵八名，保护出城，北行二十五里，至坝上之试验场。因经济困难，并无所有，只有办事员居此而已。此地遍地皆碱，昔有水渠一道，名民生渠，可灌地百八十里，资以植稻，今已淤塞，不能复用矣。如欲恢复，约费十余万元，即可灌地约三万顷。由此北行，五里至渭水之滨：河面极阔，岸无草木，易于崩塌。情形与黄河同，水不混浊。据熟知渭水者言：渭水自亚白镇以东均浊，其西则清，故治渭之法宜准黄河中段之法，以固定河槽，冲刷积沙，否则遍地泛滥且不能航行。午后一时回城，已二时矣。四时赴新城大楼杨主席宴，宾客甚多，约三十余人。杨问余：中央对于黄河如何办法，余告以中央对于黄河，亟图治理，只以从来未得了然全河情形，故派余视察。七时宴毕，返舍，以函请水利局以陕中图籍见赠，以便查知关中水利情形。余因连日劳顿，虚火发生，稍感不舒，饮山楂麦芽少许稍适，九时就寝。

五日

早九时，赴友人早膳，席中均陕人，谈及陕省连年天旱，民不聊生，军政各费均感困难。官吏向人民催迫过甚，人民不胜诛求之苦，多弃田而逃。汉中方面，粮食大贱，银物贵胜，亦相率逃命，若今年能得霖雨，遍及全省，尚可图救，否则不知如何了也。所幸陇海铁道，继续西展，临时救灾，较前略易。然现时拆屋卖料以度日者不在少数，每间房料只值一元。座中无不唏嘘太息。正午有称慈善家白隆博士者，乘飞机自晋到陕，长安各处，满贴标语，各机关地方团体均往欢迎，若救星之莅临，一般急迫待救之情形，可以想见。余发生一大感想，西北有如许之土地与人力，不自为谋，而专候慈善家之赈济，殊可悲可怜也。现时救济之法有二：一为政治之整理；二为铁道公路之沟通，否则日言水利，亦无益也。长安昔日街道多为石路，自开马路之后，将石移去，一遇风起，灰尘飞扬，行人苦之。贾君筱侯今日与我出游到碑林，见收容古石碑甚多。琳琅满目；搭碑工人，忙碌异常。余在长安感觉人民生路几全断绝，而搭碑人尚有一线生机。余等乘手车，风尘蔽目。贾君为余言：昔日长安城内有一富人，其女出外厌恶灰尘，富商以女故，特捐资购石筑全城道路。旧时之石路，道颇整洁，不知何时得再见也。午后四时，往水利局，请其将泾、渭、洛三河情形以书面见告，不意职员均往迎白朗，不遇一人，只留询件以备回答。返寓后，余以身体初愈，在家休息，派人到飞机场购买往兰州飞机客票。是晚早睡，因明晨须早起往视泾惠渠也。

六日

早，往视泾惠渠，八时自长安出发，西北行五十里，九时渡渭水，为咸阳城，四周多周、秦、汉、唐陵墓，文王、孝景、周公等墓均在焉。又五十里渡泾水，为泾阳城。沿途风尘，蔽大遮日，且甚寒冷。泾阳人民，受人祸天灾。拆屋卖料，所余孑遗，憔悴万状，余前往视察，适华洋义赈会会长白隆亦至，遂与同行，沿途人民，对白欢迎极热烈。按泾渭渠开凿之议，起于明，倡由李仪祉先生，而华洋义赈会以金钱之力助成之。人民处于垂毙得其救济，若生死肉骨，故对之若天帝。现在陕人心理，不暇谈高论，不及谈国家，谁与有饭食，即拥戴之，若国家再不能善保其赤子，将来欲其尽力于民族国家，恐难言也。余对于此事，刺激至深，以政府不能加小惠于人民，而日赖内外慈善团体为之施布，余亲睹此情，不胜痛苦。饭后十二时半，由泾阳偏北行，土人云：昔年沿途村庄甚密，今多墟废。六十里至社树，其地，元时出一将军姚姓，为驸马，亭台宫室，仍存遗迹，屋千余，而有人居者仅百户，盖逃荒也。自泾惠渠成始渐有重返者。又二十里至岳家山，泾惠渠即导源于此。泾惠渠者，系以白公渠郑国渠削曲改直，开一石洞，以为渠口而加以水闸。预计干支各渠，需费一百四十万，可灌地一百二十余万亩，已支用华洋义赈会四十万，陕政府四十万及赈款共一百零三万元。目前干渠已就，支渠仍未着手，故只可灌十余万亩。若再得四十万元，当可竣事。此渠当初照李之意，欲在乌儿嘴处起，凿山五里，水口提高，可灌四百余万亩，需款四百万元，嗣因经费无着，采用现时办法。余由岳家山下谷，至泾水边，察看标差为一千二百尺。五时三十分，由岳家山返，六时泾阳，七时咸阳，距长安三十里，车忽损坏，修理甚久，到长安已九时矣。

七日

在寓休息，午前寿君炎章来约游字画陈列所。所内陈列，精美者殊少，想多以漫藏为戒。午后，往修志馆，晤霍竹亭先生。霍朝邑人，对于黄河及北洛情形知之甚详，渭河自龙门之下，河面开阔，河漕不定，同时汾、洛河诸水会合，往往为患，至潼又作一束，始行固定云云。午后四时，赴青海驻陕办事处主任方云石君处宴。方系粤东潮州人，到青二十余年，乡里情深，叙谭至为亲切，而柏臣君与之讲谈福话，更动乡思，七时三十分回寓，与筱候君闲谈，十时安睡。

八日

早八时三十分，再访李仪祉先生。余觉黄河改源，不宜取道于泾而宜择渭，以渭凿山较易，航运便利，而冲削河泥太多，于下流河床不利。到泾则水清而利害相反，特询问治渭有何办法。经答以治渭工程不大，由长安接黄河至陕州一段，约一百万元即可使航运便利。九时三十分过长安新城南，见木料、旧家私、耕牛、大车甚多，排列出售，问诸途人，言系人民将屋料与车家私发卖，以所得作路费逃难。所谓老弱转于沟壑，壮者散而之四方者，不图于今日见之。过新城后，到省政府，请耿秘书与欧亚公司商量，许将至兰航线，循渭水而去，经泾水而回以便考察。耿与驻陕公司黄主任至善，允尽力请其办到。当去函商恳。旋得复云：去时遵办，回时须到兰请甘政府再与公司商量。复与耿畅谈种种，彼此至觉有趣。午后二时，出东门访康寄遥居士于寂园。园为康母墓，前起屋宇，视死如生，殊为难得，康为陕华洋义赈会分会长，热心公益，年来奔走求赈，人民颇沾其惠。康素食。留余晚膳，五时回拜赵守钰厅长。赵山西人，彼谓汾水若在凌井口作闸，以口上作湖蓄水，至为有效。彼对于河套一带至熟。

七时回寓，知飞机本日未到，不能依时由长安飞行。须八时到此，十时后起程。余将各事准备完毕，方就寝。

余对于陕灾情形，至为留

草滩壩附近渭水之风景

意询问，据一般人云：原因系起于十八年战争。时冯因军队乏食，将陕中各县存粮，悉索以应军需，凡商人贩粮入陕亦在途中收没，随因天旱，商人裹足不前，内外空虚，遂以至此。其致旱之由，则因森林缺乏，天气干燥，水利不兴所致。难曰天灾，实人事也。

九日

早十一时五十分，自长安飞兰循渭水而上，俯视甚清晰。由长安至宝鸡，两面开阔，河水较大，多淤而散漫；以上则山势仄狭，河道甚小。至天水，飞机转西北飞兰，沿途均童山秃秃，是以沙泥遇雨则冲洗入河，其治理之法，莫要于植林。然如何而能使森林普遍，则在政治与经济两方能适宜配置也。午后三时四十分抵兰，省主席及林厅长均派人到机场，以汽车迎接。在省府少息，即往拜林厅长竞，盖系旧识也。刘建设厅长汝璠派人招待余在公路局寄住。七时，财厅长谭时钦与林来访，谓不如在谭府为便，再三挽余往寓。余亦随之，是晚九时即歇。

兰州黄河铁桥

兰州卧桥

十日

早，偕柏臣兄出城，北过
黄河铁桥。该桥系西域要道，
下临黄河，河水甚清，羊皮筏
顺流而北，以往河套。桥北为
白塔山，白塔暨各种庙宇甚
多。庙内壁画，多有佳者，以
关帝庙尤美，庙多佳作，危楼
高耸，阶梯绝削。

兰州白塔山

余等登白塔颠俯视兰城，全部在望。皋兰山亘其
南，形势雄壮。十时回城，往绥靖处拜邓宝珊主任，建设厅长汝璠
及民政厅长林竞，在民政厅谈讲甚久，系研究宁夏引水入流沙事。
余觉此事费省而见效速，且洮、渭相通，将来青海、甘肃、陕西得
以直捷航运，亦殊便利，午后三时，往拜警备司令旅长段象武。段
系同学，无嗜好，每日作书，书法极佳，谈起国事，所见略同。四
时偕段同往警备司令部，应段与宁处长升三饭约，邵主席已先到，
省府各员，相继而来，尽宾主之欢而散。散席后，到邓主任公馆叙
谈伊犁旧事，感抚今思昔，无限沧桑。余因拟后日赴乌鼠山视察，
请其派兵保护，承慨允派定熟悉彼方副官一员同往，至可感也。七
时回寓，八时刘厅长来访。刘系天水人，曾留学美国，对于建设亦
积极进行。九时刘去，余即拟电拍致公武兄，十时就寝。

十一日

早九时，王家曾君来，约余往洛。十二时午膳。午后一时，往教育厅拜水厅长，榷运局拜同乡陈科长福诒，电灯局长罗源久。水系甘人，此次任职，甚抱热诚，因甘省兵多财难，以致无所施展，陈系粤人，在此已十余年。初来开办军械局及造棉厂，已二十余年。同乡人少，他地相逢，倍觉亲切。午后二时，旅长段象武来访。段系保定同学，约同谭厅长时钦往游四堡坪。此坪在城西，为皋兰西方屏蔽。乾隆年间回乱，赖此保守。由四堡坪西下，到雷坛，复西至小西湖。本日教育厅长水梓，建设厅长刘汝璠，财政厅长谭时钦，民政厅长林竞同请晚宴，遂于该处游览休息，湖面不大，然房屋之结构布置颇精巧。河山带砺，夏时树木成荫，颇为幽雅。内设有建设厅农工陈列所，所陈系皮毛所制，及粮食农具，得款艰而事难办耳。六时回城，七时抵步，即准备明日赴渭源诸事，十时就寝。

十二日

午前七时发皋兰，向洮河前进，二十里至二十里铺，沿途两旁均高山，途中所遇，均系驮煤与瓦器。余与柏臣君坐一轿车，一骡一马系之。绥靖署派参谋一员，五十旅派副官一员，随带骑兵六名，以资保护。二十里铺产煤，皋兰燃料，多仰给于此。又二十里至河干镇。该镇有店户三四百家，半为瓦缸店。盖该镇以陶器为大宗，煤次之。余在此午膳，以土制之麦饼及炒面作餐，食之亦善，饥使然也。饭后，复行上山，十里至关山顶，下行又十里，均盘旋小道，马行颇滞，又三十里至中堡，路尚平，到站已八时矣。中堡虽有人家二三十户，多破落不堪。闻昔年此地颇好，近因时有土匪出没，故冷淡如此。住店颇不洁，然余已经过此种生活，亦不觉苦。晚膳以面为食，九时安眠。

十三日

早六时半，发中堡，行邱陵水，道经白土堆，三十里至王府庄，天气颇寒，水已冰结，而孩童以贫故，多不穿裤，状至可怜，出王府庄后，洮河已在望，渐见树木。循洮行八里，至鄂沙，此处可西通导河县。又二里至洮河县城。城宽约四十丈，长倍之，人烟极少。余在此早膳，膳后南行，二十里至新店铺，人家四百余，适逢集期，烟叶棉花煤炭粮陈售极多，人亦甚众，有学校公所。其地为洮河繁镇，附近产烟叶。又二十里至新添铺，次于新店铺，又二十里至二十里铺。又二十里至八里铺。自鄂沙城至此，沿途山泉喷流，土地肥沃，民甚勤朴，沿崖蓄水灌溉，地又产盐，原田肬肬，悉种烟叶。所谓兰州烟者，多出于此。此地昔属大夏故壤，前人筚路蓝缕，启此山林，与夷狄共居，目屡经变乱，得维持不隳，此种精神，可钦可敬。洮河河水至清，但加入黄河，经宁夏，卷流沙，竟成下游之害，故余意极主张引之入渭以冲刷渭水及下游之沙，并藉增渭水航运之利。今日马颇疲，乃于八里铺安歇。

十四日

早七时，发八里铺，八时抵临洮县城。城为昔日狄道州治，南北长约三里，东西约一里，属洮渭间重镇，为甘肃富庶之区，但近年来苦于兵匪，有身家者多出亡，不能去者亦听其自然而已。幸今年收获尚佳，勉强过去，以待时清。余到城，即入县署，县长已于前日晋省，由其总务科长出晤，系一冬烘先生，对于大势，固茫然罔知，询以洮渭间情状，则摇头摆脑，议论甚多，一无中肯。余因想及此地当汉、番、回民族之冲，处置失宜，则杀机立见，以此昏庸而期望如是之人而任事，不虞偾事耶。因不得要领，因想起公安局（长）为学生出身，遂以名片召询。该局长到此时日无多，全局所属枪无一支，驻军日日杀人越货，只好拱手而视，一事不能办理。彼言：本县建设局长，系本县人，对于水利颇热心，余伤人往召，适因新渠决口，出视未返，遂托公安局长派一人为向导，并预先通知沿途绅士，以便询问。盖余此来，极注意于洮渭间情形也。余出县署，即往饭馆早膳。膳毕，午前十时，出北门西行，三十里至三十里铺，又行十里，路均平，水准无大差别。再上行十里，为四十里铺，倾斜为百分之二。又十里至窖店，倾斜为百分之一点五，沿途均土无石。又二十里为庆平，倾斜较大，约百分之三。由临洮至此，水准差约一百米达。此地与窖店间多红沙石，颇荒凉，山地大抵如此也。五时入店，七时晚膳。余因此段地形有记载之必要，作一断面图。备编入报告书内，以为治河参考。九时就寝。

十五日

　　早六时四十分，自庆平出发，五里至水车滩。由此上关山，渭与洮之分水岭也。如秦王寺与李堡，相隔只三百余米远，一面为关山沟，一面为清瓦沟。在关山梁行十五里，至乌鼠山，由此东南而下，地形陡峻，至曹家岘，只平面一里，而水准差竟至六十五丈，再行五里，又复落十丈，至渭源城亦如之，在乌鼠山顶过时，曾拍一照，盖东南人至者无多，故留纪念。自乌鼠山下行，十五里至渭源县城。城甚小，有第十四师之一营在焉。守城者验明护照，方许入。陇省军权至不统一，对于武装，彼此至须清楚。到城为午前十时，入城后往谒县长王端甫。城中馆店，均驻军队，县长遂扫榻请余及同行者在公署歇住。未几，金营长少白来见，略与寒暄，即偕县长营长出外，路过公安局，局长丘健民邀入局少坐，复往营部。丘系江西人，在宪警班毕业，初到是间，余问渭源县人口几何？岁收几何？据县长称：本县人口三万余，粮一万余，平均每人负担三元余，而地方又复贫瘠，饷粮急于星火，县长殊不易做，所幸防军维持秩序尚佳耳。回县署后，请县长通知驻官堡金营长，及觅定明日引导之人，因据土人言：引洮入渭，官堡、渭源间较乌鼠山为便也。县长随即照办。午后一时，登城游览，城宽长各约二百米达，墙多倾圮。渭城一劫于同治年间之回乱，复因民国十八年冯军在陇海线作战，将壮丁车马征发出外，近又常值天荒，人民饥死十分之三，故现此凄凉景况。此城东望首阳，西望乌鼠，南为老君山，渭水流其下，风景形势均佳。渭水经过城边水势尚小，下行纳左右水，其势渐大。余因感寒气，回署休息。渭源县西当回番，东连秦蜀，虽不如狄道之重要，然亦未可轻视也。余病初愈，感风尘又发，体质羸弱，不堪重任如此。是晚七时，即睡。

十六日

早七时，发渭源城，西南行，二十里至渔家川，上行颇平，转北行十里，上半坡。坡高约五丈，为渭源之极头；过坡下行，倾斜亦缓。水向洮河流注，凿通此处，亦足使洮渭相通。又十里至杨庄。又二里至小南村。又西北五里至乔家沟。沿途白杨成林，水磨之声厄厄。又十五里至官堡。堡建于山上，人家三四百户，绕堡而居。此地北通狄道、河州，东南通岷县，东通渭源、陇西，为军事交通要点。堡上驻有鲁大昌部一营。营长乔南坡，本处人。余专片上堡，渠出迎，入营部休息，余因询以洮渭情形，彼言：若由官堡引洮入渭，远不若自岷县乞米川入口，凿通露骨岭车排中间，有山三座，土石各参，路程甚近，且岷县产大木，煤与金各种矿物，至有价值。余以为凿通官堡，引洮入渭已有可能，彼处太远，将来如国家决定办理，则再以之向彼方详细测量，彼此比较。乔营长对于开发洮河及实业交通亦谈及，至有可采。彼言：宜注意民生，较对其他尤要。当余未莅洮渭以前，人每谓我鲁部军纪甚坏，人才亦差，观此，则人之好善，谁不如我。余在渭曾闻此地以前土匪甚多，自鲁收编以后，已不复乱，然士兵每日只得伙食毫余，即能安分，是知流为不法者，我政府当负责任也。余于此益觉甘省前途，并不悲观，在政治及军事上运用如何耳。营长留余晚膳，以白菜炒肉丝及笋及鸡蛋为肴，在此已不易得矣。四时再行，十八里至肩山堡。天已入黑，各家均关门闭户，叩之甚久，且以婉言说明，方肯开门。盖此为军队往来之道，人民与军队情意有所未通，故畏惧如此，是夜八时即睡。

十七日

早六时，发肩山。天光未明，残月照路，冰霜载途，征马缩瑟循它壁沟西行，三十里至陈家嘴，又十里至洮河沿，转北行三十里，传为唐郭子仪单骑见回纥处。据谓：姜维攻狄道，以美人为前驱，亦曾出此。此地去狄道城不远，为董卓故里，董坟亦在兹。三十里至狄道，正午到城，旧县长去职，新令尹未来，余往访公安局长并建设局长略谈，狄道为陇西重地，汉置平西王，历代有事。视此为西边要地。今驻兵不足一连，县政府诸官又疏懈若此，一旦有警，必至无措。余本日所过之地，多狄人，其南为赵土司所辖。洮河以西，则为回回族。正午在城午膳，一时复北行，四十里至新店铺。此地民国十五年前颇繁盛，近年苦于征发，已不如前，然由兰至渭源，除狄道城外，以此为最好；因此地产水烟叶也。河西回人甚多，一旦有事则其中不肖者即鼓动无知，过河扰乱，是政治教育力之有所未及也。午后七时晚膳，八时就寝。

十八日

早六时，发新店铺，西北行，二十里至辛店，又十里至洮沙城，路均平坦，余来时取道于此。在此洮河船只甚少，盖土人以骡马之便，不注意航运。又北行十里至王府店；转东北，又十里至白土堆；又北行二十里至中堡。自洮河属之郑、洮至此，上落丘谷，石块磷磷，人马至为疲困；且路边多断岩，无人修理，万一不慎，滚下深沟，必无幸免。道路之难如此，本日所经各处，余极留心官厅及税收机关。布告所言者无非催饷，所办者无非杂税，此间交通不便，逃走不易，故一经灾祸，人民只有坐以待毙。故此地人民困苦之状，随处可见。四时抵中堡，晚膳。余此次由兰出发，至今仅七日，明日即回抵兰州，对于甘省，有数点我不能或忘：一，人民困苦，由于兵多，非裁兵无以救人民于水火；而兵多结果，军队本身亦必败坏。二，历来军民长官，缺少民胞物与之念，忘记做官所以为民。三，人民为饥寒及环境所迫，不能起而革命；强者为军为官，弱者听天由命。四，无求学之机会，知识缺乏，非有省外之助力，则事业与经济，难期发展。五，甘省须赖强有力之中央为后盾，而其关键，则视陕省军事政治为转移。六，对于回汉民族，须有永久相安之计，否则杀机时伏。七，甘省对内交通不便，须于短期完成陇海路，不然，势必为英俄交争之点；无论谁胜，我民族均将供牺牲。以上七项，余印象甚深，总望国人对于甘省不可稍存秦越之念。是晚，八时就寝。

十九日

早六时四十分，发中堡，车由谷行，二十里上山，路至难，又十里至马泉沟，又上五里陡山，至关山顶。由顶下行，约十里至和尚铺，又二十里至阿干镇午膳。四十里回至兰州城。余回谭公馆，见屋中无人，物件狼藉，问之他人云：据昨日有教员带学生百余到公馆发生冲突。余细捡行李，发现余存旅费天津纸一千一百元，大元七百五十元及港币五十元，中国银行纸六十元均已乌有。余睹此情况，只好饬车搬至公路局。余已八日未浴，随往浴室就浴，浴后，到省府谒邵主席，邵云：此旅费由省府筹还，余云：只需旅费到太原即足，反正公款，不必照数筹还，但请证明足矣。当时在省府者有邵及各厅长与绥靖主任邓宝珊正调解昨日事，畅谈许久即归，是夜十时就寝。

二十日

本日休息，午前作信寄上海，声明在皋兰遗失汇款收据，请中国银行蔡襄理致电太原。午后赴粤旅兰同乡方达观、罗源久、张鹤年、方思武诸君之宴。七时，往慰问谭厅长，谭对于筹措东返旅费有所言及，因余赴乌鼠山寄存者，悉损失无余也。

二十一日

早，以公函请甘省府追查寄存谭宅所损失之旅费，并函上海、太原声明在甘遗失汇寄太原旅费收条无效，十一时往访段旅长，答谢派兵护送至乌鼠山视察。余因连日风潮险恶，颇多感触，盖此间民族复杂，英俄势力正相竞争，随时均有危机，故政治教育，应力求整理，不宜使内部常有纠纷，段深然余言，允从旁设法。午后四时，绥靖公署参谋处长来谈，继着邵主席饬人来请，赴省府谈话，彼此认为治理西北，以交通及人才为要，军事复杂，系一时状况，有无办法，视中原而定。八时回寓，发致曾养甫先生电，告以到达兰州情形。

二十二日

早九时，往参观陈列所，所内陈列植、矿、工三种，植物多药材，有甘草，党参，大黄，麻黄等；粮食有稻、梁、菰、麦等；矿多煤、铁、各种矿石，产地为平番、碾化、循化三处，天水亦产铜、煤；工业以毛毯及皮箱为著，惜工甚粗，尚待改良，十时回寓。午饭后，二时余，应粤东旅兰同乡之约，赴高等法院摄影，以留纪念。院长为曾友豪，粤五华人。本日有三处约膳，三时到水厅长处略谈，四时到省府，随往绥靖公署，因该署以余为首客也。七时再到省府闲谈，谣传共产党已进至兰关，距西安九十里，且杨虎城有一团变去云云；故兰城人心至为忧虑，盖无可恃之兵，一有缓急，无可应付也。九时就寝。

二十三日

早，在兰城内各街散步。十一时赴林厅长烈敷之宴。林因赴军事会议，十二时始回。此次兰州军事会议，并非军事调动及军队整理，完全系因甘省担负军费太重，灾后人口只余五百余万，家无余粮，而军政支出一千二百余万，除妇女外，男的负担平均人须五元以上，邵主席邓主任睹此社会破产情形，而军政又不统一，各部日求扩充，故欲设立军粮经理处，使各部轻减，计出席者为省府各委，绥靖驻甘公署主任，第二十八军代表，第十四师代表，新编第七师马鸿宾代表，新编第九师马步芳代表，二十六师马仲英代表，骑兵马步青代表等，报告以上各部人数，合八万以上。本日讨论结果尚称圆满，林宴中同席者有王柏臣及青军各军代表。午后二时，各同乡因昨日照片为照相馆不慎打毁，本日再约在法院重照。三时回寓，据航空公司云：现时公司因特别情形，再多派一机来兰，明日及下月一日约可搭乘。余以尚有人及物在长安，将请柏臣君先行赴陕，余则俟下月一日直接飞洛。余因旅费被劫后，甘省府虽允赔偿，余见其情形至窘，故决定不往青海，以免令其为难也。余因以公函寄青，说明旅费损失，不能前往，并告柏臣君到陕应办各事。是晚十时就寝。

二十四日

早八时，柏臣君赴飞机场乘飞机往西安。余因连日宴会，胃病又发，高卧至十时方起，十一时略食稀粥。餐后，王柏臣君回云：飞机水管略有损坏，须明日方能起行。余在公路局住数日，尚未到内部各处巡视，本日天气寒阴，始至各室一看，室内均未生火，甚感寒冷，始知甘肃职员生活之不易。午后一时，往东关邓家巷宣慰使署拜青海省府秘书长黎丹。余因不能往青，遂开列各事，请其回青查明函复。所请事：一，青海境内各河流之涨落时期，原因，及航运流量情形；二，各流域内可利用田作之面积；三，各流域内特别出产，及可兴之事业。黎面告云：青海水涨最大之原因为暴雨，期在夏季，其次为春间融雪，造林可以节之。至航运则除皮筏外，无可言。其余俟回青细查后再详答复。谈约一小时，往城外南街游览。南街为兰州货物集散所在，多庄口，以皮毛烟叶为大宗，土胰一物，所制虽不精，但发明最早，若能改良，则工业上可挽回一漏卮。要其法乃以天然所产之碱，加牛羊油煮之即成。午后三时回寓，天气阴沉，精神至不快，只好谈坐消闲。五时晚膳，膳后往访邵主席闲谈。八时回寓，九时就寝。

二十五日

余觉自是之害，不特足长轻视他人之心理，且为进步之最大障碍，故欲求党之进步，必先了然全世界上各党之长短；欲求民族之进步，必须了然全世界民族之长短；欲求一教之进步，必须了然全世界宗教之长短，取其所长，弃其所短，则得之矣。且也，中国合五大民族而成国，包容世界应有之宗教，更不可不求分工合作之途。余此次重来西北，深感有借此机关，研究回教之必要，特约一回教徒谈话，并请其代寻重要经典，俾资参考，然后再请其约一阿訇讲解。余意非仅为个人求知，且欲寻一解决西北问题之道也。正午，往建设厅，与刘厅长伉俪闲谈。午后观回教书及参观民众教育所。该所布置颇佳，乃以前所办者，现时似不重视。盖因经费困难，无力改进也。六时往广东会馆，访罗局长，谈甘俗，讲乡情。七时，偕公路局方科长往观北京戏；唱打俱佳，客地无聊，借此消遣。十时回寓就寝。

二十六日

早九时起床，看回教书，书名《归真总义》。归者，归顺也。真者，真主也。谓人当向天然所主者而行，教人之义，如遇孺子之将入于水火，应能强制使其离开，与之说水火之祸害，亦无益也，不如抱之以行，或制之以力；故不谈宗旨，先示教律。回教之精神，可见于此矣。午后二时起，赴警备司令部段司令饭约，六时往省府闲谈。邵主席接杨主席自西安来电，谓有兵两团与匪战于子午镇，正在激战中。以余判断，似系共产军之侧卫掩护，向汉中退却者，不然，似不应舍兰州而在子午作战也。七时回寓，九时就寝。

二十七日

午前九时，偕建设厅长刘君汝璠伉俪及主任秘书方君超一行游五泉山。五泉山为皋兰名胜，有五泉流出，故名。寺刹亭台幽胜，乔木甚茂，清流激湍，并有茶楼酒馆，夏天游人甚多，冬季则扃门寂净。寺离城约二三里，车马可行，至为便利。登临一览，皋城悉在目前。附近有岳飞庙，左公庙，儒庙，佛寺及旅馆，客舍茶楼，布置亦佳，惜近年军事频仍，公私交困，不能修理。午前十一时回建设厅。十二时在厅午餐。二时回寓。余胃病又发，胸至寒闷，食大蒜三枚方已。余尝谓中国民族之健全，全赖有两种食物：一肉食不易得，则赖豆之补养；二卫生不讲，赖蒜以除肺胃肠诸种菌疾，并以所合硫质作活动之生机，未知生理学家以为然否？本日于建厅遇陈敬修先生，为言此次赴青视察，其同伴卜君曾有艳遇。彼云：此次赴青致祭青海，马步云师长乘便于此开一军民联欢会，预征青中歌女歌舞，其中有一女译名海富者，貌艳丽，是日亦与会，女歌阕，卜君以汉语赞之，女娴汉语即趋叩谢，马即令女与卜谈，女推言语不通，强之后可。会散，女与母访卜于寺，谈至夜半，卜遣女归，女不去，母为之请曰：若去，则明日即为人所不耻矣。卜仍不肯，至为之请于陈，陈亦不能决，后马以军法处长为之说项，始纳焉。明日，女喜甚，番人并为女挂红道贺，盖青俗也。卜君断弦已久，本有偕妇之意，乃女以故土情深，不能如愿。女自此得意扬扬日，引吭高歌，青人之天真如此。午后返寓休息，九时就寝。

二十八日

是日，未往何处，在寓看回教之《正教真铨》，内中所言，系谓信仰与为人在自强不息，而五常之念，施拜戒聚，尤为提起精神之基础，是知宗教之组织，训练，纪律，对于政治上至有可取之处。午后四时，邓主任宝珊来约往晚饭，谈话至十时方回。邓接西安来电，共产党以南台为大本营，国军已到三师，尚有一师由华阴往截，如再接战两三日，则将来收拾至易云。是夜十一时就寝。

二十九日

往欧亚公司交涉购机票事。盖陕、甘原有汽车行走，因平、凉附近多匪，来往至艰，而航空机每星期只有一次，购定至为不易。余到兰即与之定购，前星期得一票已让柏臣君先行赴陕再乘火车往洛待我，我则直由此飞洛，并利用空中俯视长安至孟县间渭水与黄河之情形。正午看书。午后二时，至省府。因邵主席常约余作郊外骑也。三时乘马出东行，至较场，转至南郊。郊外有天主堂，建筑极伟，余问：天主堂何为如此宏伟？邵云：因天主教私人捐产甚多，且有长醒教产部分，故经费甚充裕。午后五时，入南门晚膳后，往访高等法院院长曾友豪君及其夫人。夫人名许纯，系法国里昂大学硕士，伉俪极相得，且均粤人。余与略谈乡事，即回寓，九时就寝。

三十日

　　早九时，偕邵主席驰马往飞机场，程约十二三里，本日陈敬修君返京，特往送焉。午后二时返城，即赴各处辞行。四时，应皋兰县长约，赴县署晚膳，至六时回寓，各友人来谈，九时就寝。

十二月一日

　　早九时过省府邵主席处取托带信，十时即赴飞机场，省府文武官送行者均到场。十一时十五分起航，经定西、通渭、天如等县。天如县属，多天然森林，水气充足，曾经下雪，又山势起伏甚高，飞机受气荡动，上下起落。午后一时三十五分，过宝鸡，远见尘头突起，系军队行动所致，过此，则出平原，凤翔在望。二时二十分，过咸阳，四十五分，抵长安，寿君天章来接入城，至水利局。时为午后四时四十分，即兰钟三时二十五分也。休息后，晚饭，饭后往晤李仪祉先生，畅谈约半小时，即回水利局，与寿君天章，贾君筱侯，刘君伯龙闲谈，随写致黄部长季宽，黄主席旭初两函，托贾君带去。贾、刘辞去后，与寿君夜谈，论及现时中国人才之补救，应以精神及能力之养成为必要，而精神之修养似宜注意历史。同时对于体育亦宜特别锻炼，如此精神能力与体力均臻完备，自能立己立人，以修身治国矣。谈至夜间十二时半始睡。

二日

早八时，乘飞机发西安，循渭水而飞，霜天濛笼，华山岭上，屋树了了，阳光反射，景致至优；若遇诗画家当增不少材料也。九时过潼关，风陵渡在其下，又东航，过肴函，下临丘陵，右傍大山，机身起落殊甚，雪后天阴，大地暗淡。黄河在陕州以上，河面尚宽，过此则狭险殊甚，航行至险。黄河上流之砂，冬季积淤潼陕之间，过此则洪水猛涨，推至下流，故此段尚有舟楫之便。若将底柱炸去，则直下更便矣。十时二十分抵洛阳、西宫，王君柏臣来接入城，转至东车站附近，寓长春旅馆。十一时午饭。午后一时，林厅长烈敷来寓，同往国府。国府已南迁，仅余秘书一员在焉。吕参军长汉群则在公馆，衙台风冷，落叶满阶，景至凄凉。出国府访吕，吕出未归，往其邻居铁道段长稍坐，未几，吕返，再往晤谈。余因数日未浴，乃往大观园就浴，浴罢归寓，写信寄曾养甫、许公武、何葵明诸兄，述近日经过，并写家书，告以行止，九时就寝。

三日

早六时三十六分，乘陇海火车离洛阳，车行高地，八时二十分过汜水，至平原。此为楚汉相持之地，汉王之败，汜水为之不流，幸得后方补充，人食充足，始获最后之胜。九时三十分抵郑州，郑州为陇海、平汉交叉点，过天桥，即为平汉站，北上快车已早两小时过去，尚有第十二次慢车停此。余以无在郑必要，遂乘之往石家庄，车少人多，极无秩序，免半票甚多，且不洁，餐车亦无，食时即在卧房内。十时离郑州，十一时过黄河桥。当余前一月余由开封乘汽车到此，坐摇车过河，转往武陟，至今往返已历五千余里矣。午后二时，过新乡。其地产棉甚富，但不及陕棉之佳；又有铁厂，未能下车参观。车至此，停约三十分。四时过洪县，太行山脉亘其西，淇水流贯平原，有山有水，特饶兴味，淇为卫地，水清山秀，《卫风》"淇水悠悠"，读之情神俱往。卫多君子，其山川之钟灵乎？此地较高，不受黄河之害，土为黄壤，田园相续，既无殷富，又无贫民，二十年来不受兵燹，亦安乐土也。过汤阴，天已入黑。汤阴为殷圩盘庚迁此，以避河患。前年发现故物甚多，在开封博物馆陈列；数千年文明，以此遗存不坠。七时过彰德，是夜宿车中。

四日

早四时三十五分到石家庄，往太原快车，须七点四十五分开行，余与柏臣入正太饭店，开一房休息。房洁价廉，且有热气管。曙色方开，天气和暖，余与柏臣君出外散步，灯火与明星相映。街均石砌，颇齐整，除警察外，尚无行人，静洁平坦，神圣宁爽，铺户开门者，只有一鱼菜店，列鲜鱼菜蔬果品，颇有条理，鱼系汉口运来，街上清道夫净街道路，管理至为得法，辛亥年，吴禄贞为镇统（即师长），驻节于此，正拟率兵进攻北京，袁世凯使人刺之，革命遂为顿挫。十数年来，中国多事，革命势力迟迟不能向北发展，此亦一重要原因。吴富改革精神，乃文乃武，士卒与之至有感情；被刺之日，军中如丧考妣。当时北洋军队，以吴所率之第六镇训练最精，殊可惜也。七点五十五分，乘正太车西行，路为狭轨；山西煤出外，成本加重者，以此为一大原因。然年来兵事不息，而车辆得以保全，亦全在此。所谓物无并利也。八时二十分至获鹿，路均平坦，附近产煤。过获鹿后，即入太行山，沿途系石灰岩，蕴煤极富，路穿山谷而过。九时三十分抵井陉县，流水环绕，城屋倚山而建，树木颇繁，此时水仍不竭，夏天景致更丽。在昔铁道未通，行路至感崎岖之苦。韩信取赵，舍此道而不由，良有以也。过井陉，山行愈险，坡亦较大，一时二十分过娘子关，两山中间，只百米达，尚有流水贯其中，晋东之要隘也。迁回曲折，有一夫当关之概，十一时三十五分车行至白羊墅，石多五彩构成，屋宇颜色颇佳。正午抵阳泉。此地附近产煤、铁，有制铁厂一所，出生铁，可供粗品机器之用，煤出口甚多，若得双轨铁道与平汉路联运，则利益殊大。阳泉有铁道与汽车骡马道，辏辐之区也。货物有煤、铁、粮食大宗集散，商业繁盛，煤块堆积满地。若在此将煤发电，用高压线输至平汉路，以为交通工业上之使用，则效能必大。一时四十分，过函阶岭；自此下山，一时五十分过寿阳站，距城约两里，该县产粮食，三时三十分过榆次，昔荆轲尝论剑于此。自此以西，复行平原。榆次有纱厂，于十余年前创办，资本四百万，占地四百亩。四时

山西阳泉之煤厂

十五分抵太原，省府派秘书王均一君来接，即入山西饭店歇息，随作书致曾养甫、许公武两兄。是晚八时即睡。

五日

　　早十时，省政府派一汽车来供乘用。余入城往拜王秘书长均一，随谒阎主任百川先生。余未到山西时，即闻阎对于经济之建设与政治之整理均有进步，且闻于黄、汾水利有所利用，因向其请教，阎云：余对于水利，于黄河方面，有两件：一即引河入汾，以行大规模灌溉；一即开凿后套，可溉十二万顷，均已派人测量，以定能否实行。至汾水方面，拟作水闸三道，即俗呼滚水坝，第一道系在兰村，离此地四十余里。余欲往参观并到龙门、壶口各处视察。阎即请交际科长郭君懋治到来，嘱其招待一切。余辞出，郭问予拟何时往参观，余答以明日。郭约明早十时派车到山西饭店同往兰村。余遂往建设厅谒厅长田见龙君，田黑龙江人，到此不久，谈论山西水利及各种实业，均以为山西产煤铁，且有山水河流可以利用，以之发电灌溉，前途至有希望，惟须作大规模之经营方能有利。余随以所欲询者预先写定一纸，关系于汾、黄之情形，请其详以相示，田欣然允办。十一时四十分辞出，往炮兵司令周玳公馆拜访。周为昔年同学同房，一别二十年，颇欲一晤，适往绥远，乃往中国银行取款，归寓已十二时半矣。余返寓前，有实业厅科员师秉德，建设厅科长姚德麟来访，留片于寓。午后一时午膳，三时往访实业厅长，不遇。四时姚、师两君再来。姚系山西水利专才，建厅特派之以为招待，姚并称当尽量搜集山西黄、汾水利方面材料，余请其极力汇集以供全国参考。未几，田厅长来谈，谓晋省进步迟缓原因，多因二十年闭关所致。余谓此说诚然，但二十年中，环顾邻省，均已不及；如此后觉得闭关不足，则他日长进，亦必基于此也。晋省现时有两种极缺乏：一即建设技术人材；一即经费。按全省每月收入二百万，以一百五十万用于军费，余五十万为政教费，故无余力以作建设，非减军额及利用外方财力，则不易进行。五时，省府庶务组组长郭向都君来问余需要何事，请先通知，俾便办理。余因明日往兰村及参观铁厂、机器厂、纸厂；后日往龙门、壶口所需汽车，不能雇得，向其商借一辆，用油由余自给，郭颔之。余因欲详知山西情形，请柏臣君购山西地理一书，此书分载晋省各县位置，沿革，地势，物产，教育，人口，区制，交通，胜迹，颇可为我参考。余因明日拟往兰村，准备地图向导等事，是晚九时就寝。

六日

早十时，乘汽车出北门往兰村，十时四十分到达，兰村当汾水出山之口，其上有长峡一百余里，广数十丈，于山口筑堰，可成一极大蓄水池。盖汾水水量，夏秋时，山洪水暴发，每秒钟流量七万余立方尺，冬春时，每秒流量只一万方尺；上下若筑一高二十丈之坝堰以蓄之，可容洪水时十四小时之水，可免水灾而资灌溉。抵兰后，先到出口点视察，再上山以了往势，深觉此为治汾最要之

兰村附近汾河风景

件，亦即黄河重要节制洪水工程之一，但须注意将来沙泥宣泄之装置，及其发电量之使用是否得宜。山峡与兰村之间，有一窦大夫庙名，窦名准为赵简子臣，与舜同时，当赵未秉政时，诸事一请询于二人，窦刚直，及简子临政，竟杀之，土人谓其能降霖雨，祈者至众。祠倚列石山，有清水潭，颇清冽，夏时至佳。如兰村坝高筑至二十丈，工程费预算须三百四十万，可灌田六十万亩。与余同行者有建设厅技正，绥靖公署交际科员王思贤。午后二时回至太原城，太原今之省会，昔为太原府，人口八万八千，民殷物阜，市廛齐整，屋宇美丽，此为十九年休养生息所致。不幸民国十八年一役，竟使经济困难，纸币低落；兵事之不祥如此。然以之比较西安，则不啻天壤矣。六时回寓，田厅长、姚科长约往晚餐，七时毕，回寓，将往龙门各事预备，是晚九时就寝。

七日

早九时，乘汽车出省会，东南行，六十里至榆次。其地桃梨树甚多，产米，麦，瓷器，有晋华纱厂，在昔兑汇极发达，民国以来，以无银业之专职以适合潮流，已一蹶不振。有马喊坡，相传系孙膑、庞涓交兵处。兰郊村乃蔺相如故里，祠墓在焉。又东南行，七十里至太谷，为晋大夫阳处父食邑，汉置阳邑，隋改今名，手工业铜器最著名，握全晋商业之牛耳，清时，县中票号，多至百余家，资本均在百万以上，各行省及蒙古莫不有其支店，惜以固步自封，不可复振。太谷在晋时为箕郜，所谓"焚我箕郜"者，此也。马岭山有庞涓墓，传即马陵道，城内有白塔，高十余丈，晋时所建。又六十里至祁县，以祁奚得名。又四十里至平遥，时已十二时二十分，即在车站午餐。饭后，游城内，街道房屋均好，且甚清洁。汉高祖破陈豨，以子桓为代王，都此。桓即汉文帝。又西偏南行，八十里至介休。秦置界休县，以介之推故，改界为介。该县南四十里为绵山，即介之推母子隐处。峻峰绵延，风景宜人，上有介之推庙，建筑宏伟；又有樊哙墓，郭宗林墓，又东南入山，四十里至静升。又四十里至灵石，有韩侯墓，相传汉高祖征陈，途次岭上，会吕后杀信，以首至，遂葬于此，其地产煤、铁、硫磺。又百里至霍县，又五十里出山，曰赵城。自介休至此，均行山峡间；汾水在路右，因此山之阻，故其上往往洪水为患。又四十里至洪洞，昔为周宣王后封邑，国号杨，灭于晋，晋武公封其子伯桥于此，后又分封于叔向。隋义宁元年，更名洪洞，产小麦，棉花，煤炭，石膏。皋陶生于此，有师旷故里，黄帝故里，许由洗耳之箕山。本日同行者为王君柏臣及建设厅技正杨君。杨君谓余：现晋省缺资本，不能开发实业。余曰：不然，有人无资，则可以有办法；有资无人，则

黄河流冰

绝对无办法。若苏俄初期，得德之技术人才与美之金钱，竟能兴起，可见资本与人才均可外求也。七时抵洪洞，寓一客寓，地方清洁，饮食亦佳。本日经过地方，多有山水，可以利灌溉，惜人民缺乏水利常识，而政府又不得良好技师指导，未能尽量利用，至为可惜。是晚九时就寝。

八日

早七时离洪洞，一路平坦，六十里至临汾，临汾尧时为平阳，尧都于此，为晋南重地，出产以棉麦为大宗，矿亦丰富，开采者少，以无铁道经过交通不便之故。有佛首塔，佛首为铁造，高一丈余，上筑塔琉璃，颇壮丽；塔外建一庙，名佛首寺，唐贞观时所建，城中有钟楼，宏伟可观，惜颓破已甚。临汾昔年颇繁盛，自十八年军事后，已不复如前。其东七十里之郭行村，有陶唐府墓。余等游佛首寺钟楼后，即在城内第一楼用膳，饭后，九时二十分，离临汾，出城行五里，有尧庙，七十里至蒙城镇均平原，少起伏。五十里至曲沃，原系旧绛即魏之绛邑也。北魏移治后因之，产烟草，棉，麦，而烟草之多，冠于全省，新绛故城，在该县西南，晋景公迁都于此，后人称绛故城，或曰绛宫。曲沃故城系在今闻喜东六十里，横水镇与绛交界地，以路曲而地肥沃也，由曲沃城西行，三十里至侯马，此为往新绛及风陵渡之分路点，又三十里过汾水，到新绛城，为晋国旧都，隋置绛郡，民国改为新绛，绛临汾水，夏时可以航运，水陆交通利便；且产棉，有纱厂二，火柴厂一，形势

尧庙远眺

黄河龙门口

黄河之龙门一

黄河之龙门二

黄河之龙门三

黄河之龙门四

黄河之龙门五

黄河之龙门六

前后皆山，雄壮异常，土地肥沃，又五十里至稷城，后稷诞生于此，有稷陵，在城北后山上，产粮食、瓜果、蔬菜。又五十里至河津县城，河津古耿地，商祖乙自商迁此，为王都七世，秦为皮氏邑。余抵县城，入谒县长，询以龙门里数及壶口情形，据称：此去龙门二十五里，去壶口未详，并云，地质调查所曾派方君进到壶口，凡经三月余，顷接电话，渠由龙门起程来县，见面询之，可得其详。余因龙门不远，遂往龙门。龙门有人家百余，河解冰时，则少有买卖，最大者为煤矿公司，有经理处，两间，街之尽头为禹王渡，为陕晋间往来渡口之一，与韩城来往为最多。渡口之上，有禹王庙，构筑曲折，亭台参差，系晋人为纪念禹凿龙门之功而设。其西亦有禹王庙，系陕人所建，东西相望，恍若仇十洲之宫画，栋宇金碧，琉璃翠苍欲滴。河凿门处，东西相隔十丈。河水出其中，两岸石壁，激湍可怖。当阳历七月，洪水泛滥，则水深二丈有余，现时不过三四尺。冬季河面宽八丈余，涨则满槽，河底平常隔年起落，今年忽低丈余。余视察毕，接河津县长电谓：方君今晚在县署住歇，欲余到县署以便谈话。余遂返城，与方谈壶口情形，壶口作水电有数难：一则砂来太多，现时水尚含沙有百分之一点五；二则夏季洪水满槽，不见瀑布；三则春时大冰块自上流至，往往将狭口塞住，水不能下，致成泛滥崩决；四则装置费用太巨；五则通至远处线，费多而消耗大；六则电之销路有限，七则引洮入渭，则河水必不能如现状，八则河套开渠，水量日减，故余以为如欲作水电，则各省均有河流可以利用，并应即将其不能办理由，宣示全国，以免将精神耗于此中，离城之西约四五里，有新辛庄，系司马迁故里，地方不俗，惟生活欠佳。盖汾水不治，田地不能适宜使用，且山多童秃，缺乏水源，常致旱灾，人事如此，可胜浩叹，余虎门人也，此次来到龙门，地理名辞竟成巧对，况平生喜游，得履史公故里，益足以增我钦慕，是晚十时就寝。

九日

早八时，河津县白县长以引龙门之水以灌河津地意见，作成书面，送来咨询，可否取用。然此系省政范围，宜由晋省自行规划。余连日晤晋省各当局均言经济困难，对于水利，有心无力。余谓尚可以自存，以中国患兵多，晋省亦然，诚能尽量裁减，以军费作种种经济之建设，何患无钱，有人谓余曰：现时汾水日减，灌田不足用，如何，余曰：当造森林，蓄夏水，则来源有自，耗费可减，自然裕余矣，八时离河津，经稷山、曲沃、临汾、霍县，原路而回，是晚宿灵石。余沿途留心水坑，见来源均甚远，长者百数十里，短者亦十里八里，若诚能设闸储水，广植林树，则不特用水无虞，且风景幽美，在新绛、稷县、曲沃、临汾，山雄水秀，平原广阔，真富饶之区也。本日行五百里，是夜九时就寝。

十日

余本拟早到太原，以小半日往各处辞行及预备往大同车辆等车，故早六时即由灵石出发，时天气尚温，至天明，则有风而寒，由灵石起行后，经介休，平遥，祁县，太谷，榆次以返太原省城，时为午后二时也，余沐浴后，即往建设厅实业厅拜其厅长，又往省府及绥靖公署辞行。徐主席病仍未愈，与阎主任锡山畅谈水利良久，阎拟请余多留一日叙会。余以车及各事均已定好，请辞。阎谓关于绥远方面，余当去电通知，余称谢辞出。未几，省府王秘书来谓：徐主席本拟请留一日叙会，既不获愿，则饭店费当由省府代结。余谓：余已向中央领有旅费，不敢领情，坚辞乃已。是晚八时就寝。

十一日

早八时，离太原，正北行，四十里至黄寨上斜坡，三十里至大盂上石岭，十里至石岭关。此为云中山南脉，过关后，下坡四十里至忻县。忻县产谷类，高粱，大小麦，黍，稷，荞麦，糜，粱，芝麻，葛，秫等及豆类，果有梨，枣，杏，桃，葡萄，核桃，柿等，木有榆，柳，枳，椿楸，松柏，桦杨等，药有甘草，黄芩，麻黄，黄柏，苍术，荆芥，柴胡，益母智，薄荷，防风，车前子，远志等。由忻北行，十里过云中桥，三十里至忻口，又四十里至崞县，沿途多树，滹沱上游之水萦绕，风景幽雅。又四十里至阳明堡。此去代城约十里为代县，时一时二十分，在此午膳。膳后，东北行，十里北上勾注山，盘旋曲折而上，两旁皆红蓝石，为石灰岩，颜色之美，胜于图画。有雁门关，所谓"雁门柴塞"者是也。三十里至山顶，再下行，三里出山，为广武城。旧雁门关系东广武东北，

旧路系环河沟而行，而分水岭
上下甚陡，山上有李广及杨六
郎祠。广武城在勾注山北，长
城连其两翼，秦汉在此防胡。
出广武之西北，有马邑，即韩
恢诱匈奴而不成功处，广武北

滹沱河上游之云中桥

行，四十里至山阴，又四十里至岱岳镇，一路平原无垠，昔日胡汉
在此角逐，烽火堡迹，尚多留存，今则五族一家，无复猜嫌，回忆
蒙恬、李广、杨六郎守边之事，亦只留残城破堡，以供游人之怀想
而已。此道在汉时，经此者有持节之苏武，兵尽自杀之李陵及和番
出塞之王昭君。故江淹赋云："情往上郡，心怀雁门，紫台稍远，
关山何极"，皆以形容英雄美人长征之苦。二十里至岳岱镇，余宿
之客店，系一人家；客至则父子夫妇自用一坑，而以余者让客。本
日北风大起，风尘蔽天，车中极冷。余抵站后，即入屋即休。平常
由太原乘汽车，一日可抵大同，转乘平绥火车。余因欲沿途详细浏
览，不欲于黑夜赶程。且连日未息，唯恐过劳致到绥不能考察，故
是晚八时即睡。

十二日

　　午前八时，由岳岱镇北行，一路平坦，人家稀少，三十里至
陈家堡。为杨建业兵败处。李华《吊古战场文》所述情景，仿佛似
之。又北行四十里至怀仁县城。此地据桑干河上源，颇有灌溉之

大同郊外风景

利，复北行八十里，至大同。大同东通张家口北平，西北为通绥远、蒙古管钥，得胜、杀虎两口，系北魏拓跋珪故都；明代边塞，以此为重镇，其东有平城故址，乃汉高祖以三十万众被匈奴围困处。昔时商务繁盛，自外蒙独立，平绥铁路修通，此地已由汇积地而变为通过地。若同成路未通，恐一时难复旧观也。大同女子长于歌唱，所谓"赵女"者是也。余到时正午，休息一时，入城用饭，并游览地方。今日天气晴朗，虽寒而风不大，午后四时，回北门外交通客寓，整理图书，并作赴绥准备。晚六时就寝，以备翌晨三时早起搭车西行。

十三日

早三时三十分，搭第一次西行快车赴绥远。当车未到时，余购头等票，车站谓须车到后，方知有无座位。余怪之，及至，余于人丛强觅得两位，乃请柏臣兄往购车票。盖车中头等位，除余二人外悉为宪兵所坐，在他处火车，宪兵所以纠正他兵，而此则不见他兵，只见宪兵，情形亦特别也。是日天气甚寒。车中无暖气，颇以为苦。车北行，经丘陵地，于月光中依稀可见，六时过平地泉，此地北通库伦东达察哈尔，西通绥远，宁夏，新疆，军事上之要地也。车到此转西行，过八苏木马盖陶，沿途渐有开垦，至卓资山□

田辟甚多，河流萦绕，再过三道营、陶卜气、白塔山之归绥一路，车站上均堆积粮食，以待输运，因今年绥属大丰，车运太昂，捐税又重，不能输出致谷贱伤农。余在晋时，见报载徐永昌主席谓：交通当局不顾大局，只知本身利害，观此信然。正午十二时，到归绥站，车站在绥远城西北约四里，绥城土人名新城，行政机关在焉。人家甚少，其西南为归化城，土默特衙门及陆军兵营在焉。外蒙古、新疆及河套一带商业，往时均于此散集，市廛繁盛。自铁道通达，人口已增二十余万。昔匈奴尝以此为重镇；单于时，亦居于此，原属昭乌达盟，其南二十里，有王昭君墓，王在当时，诚大不幸，然于千秋万世后犹得世人之怜惜，亦一佳事。若使当时幸得老死汉宫，亦不过若他之丽姬佳人生供一人之欣赏，殁则寂然无闻而已。午后，散步于两城中，余以国事感触，连日精神不快，借此消遣也。是晚八时就寝。

十四日

午前，拟视察报告书呈文，午后二时，往绥远城省政府，谒省主席傅作义，谈一小时辞出，往建设厅，适厅长赴归化城，未遇，遂回城，拟报告书意见，四时，傅派交际科科员李东原来谓：傅主席以此地旅馆不佳，已饬借定交通银行内住所，以备搬迁，余以所住之地，已较许多地方优美，且后日即须西行，不必搬迁，请其转为辞谢。六时，余与柏臣君往饭庄晚饭，食黄河鱼，极美，据云：系由包头来者。七时傅复派省府技士王君国英来访，畅谈后套情

绥远省城

形，黄河昔行后套，因北高南低，渐向南移，与流沙接近。当洪水时，水含沙量占百分之三，平日约百分之二，洪水多在夏至以后。华洋义赈会曾主张恢复旧河，将水滤清，并得以灌溉后套一带。余觉引洮入渭及以余水在宁夏引入流沙，至为必要，但恢复旧河，亦未尝不可，惟须注意坡度是否利水。余问：须款几何。王云：约二百万以内，但现正在测量计算中。余问五原田地，每亩值几何？答云多者三四元，少者数角。盖由包头至北平火车运费，从前每担约五元，今已减低四成，由绥起运为三元，而现时绥远小麦面，每元可购二十一斤，高粱三元一斛，马铃薯每元五百斤，黄面每元三十余斤，计现时每一劳动者，每月食用一元已足，食面者亦不过二元余。余觉欲繁荣绥远，第一须减低运费，其次须多移民，其三须有流动资本。王技正又云：此地产煤石棉及铁甚多，将来大有可期。至地方治安，昔年常苦匪，两年来经傅主席剿办，已渐平靖；交通亦由傅主席与张主任商请开特别快车，每星期两次，行旅稍觉方便矣。未几，傅以帖来请余及柏臣午后赴其公馆晚膳，是晚九时休息。

十五日

早八点，傅主席来寓，彼此谈论国内各问题并及绥远将来之繁荣计划。九时，余与柏臣君出南街，转郊外散步一周回寓，适建设厅长冯曦来访，谈及绥省，其要点：一，须交通便利，早日完成包宁路；二，须奖诱内地移民；三，须有银行

佛塔

以流通金融；四，黄河沿岸须造林；五，后套旧河宜恢复；六，宜兴农业工业，所论均极切事实。冯又云：现绥省政府正计划造林，于黄河南岸，尤为注意。盖防河之再南移也。午后三时，建厅秘书周晋熙君来谓：今早向厅长询问之件，一切资料，当备齐于下星期四快车返平过绥时送来，因余晨问曾向冯厅长请询数事，承允书面详答也。计所请询者为：一，黄河四季水量及含沙情形；二，民生渠之计划及工程；三，后套水利情形；四，屯垦办法；五，出产种类及情形；六，此后计划。余与周秘书谈论甚久，适西北通讯记者来访，询余此次视察经过及意见，余以拟稿与之看阅，彼满意而去。五时二十分，与周秘书同往傅公馆晚膳，同座均为与水利屯垦有关者，谈论两时余。傅并派定王技正国英与余明日同去萨拉齐视察民生渠并电知萨县县长照拂一切，八时返寓，是晚九时休息。

十六日

正午十二时，省府派员以汽车送余至归绥车站，并预备头等车一辆，一时车向西行，左河右山，行经其间，风景殊胜。午后四时

黄河之结冰（包头所见）

五十分至萨拉齐，县长来接，余因时间关系，不再入城，即乘带来之汽车，向民生渠而进，原定于夕时到达镫口，由镫口乘原火车到包，乃因向导不熟道路致入晚犹未到，加以道路崎岖，方向莫辨，遣人问路，而此地之村庄均围以大堡，夜则紧闭，呼叫为难，久之方乃开，得一人带路至黄河渠口。时幸有月光，乃下车视察一过，随即驶至镫口车站。车站亦系一堡，扣门久之不开，后与哨兵言明，方始放入，盖此地历来不靖，戒备甚严也。余以火车来接至少须两小时，询知由镫口可行汽车，遂直驶去，十时到达，入城已一时余。是夜即宿车站火车中。

十七日

昨夜睡过晚，早九时始起床，十时包头县长来访，谈半小时，一同入城谒屯垦会办王靖国、坐办石华严，询其办理屯垦之情形。王云：屯垦之事，始于前年，先以个人之力，费数千元，购地试行垦殖，去年始以兵一连试垦。傅主席亦有兵一连加入，以作兵垦之种种试验，结果均甚满意。今年阎先生出任绥靖主任，以生产救国为怀抱，始终不怠，遂将屯垦规模扩大。但兵垦较民垦为难，不特围堡须用公款，而农具一切，亦为数不赀，而工作又不如普通人之熟练。现正招集与此事有关各方，共同研究，拟先作一计划，尽力实行。至于垦务章程，亦正在拟议试办中。是时正值屯垦会议，人员毕集，乃请其以经过办法及组织章程与意见见示，允即饬人缮写交来，余意如时间许可，拟在星期四前返

渡冰

包头，往临河、五原一带视察，询以可否。据云：若欲往河渠各处视察，往返至少须十日。余因两月劳顿，神经衰弱症复发，不欲久稽，故决定本日午后返绥远搭特别快车返北平。因特别车每星期只一次，余与包头县长元梯、省府技正王国英君及柏臣君乘暇往游吕祖庙。庙在包城北端高地，建筑尚佳，全城在望。包城背丘面河，地势平阔，北通外蒙，西通宁夏，东通绥察，地势殊为重要。包头昔译名泊头，旧属萨拉齐，民国三年始改为县。全县人口五万余，而城内万余人，为河套第一大镇。包绥路现修至此，由此往西，四百余里至五原，再三百余里至宁夏。游吕祖庙毕，午膳后，即驱车至黄河岸。此处河面，水低时为三百米达，高时为五百米达；高水位时深二丈，低则一丈，现时冰结，余步行过河，南岸地亦多沃壤，可以灌溉成田。余此次视察河套，觉深水不足忧，农产亦富，惜人口太少粮价过贱，土地不便宜，故人口问题与农业经济问题，政府殊不容易忽略，否则开渠愈多，则困难愈甚。视察后回车站，乘火车回绥远，三时东行，车过镫口，民生渠在望，一路村树相续，颇类山东。午后九时，抵绥远站，傅主席派员接往交通银行下榻，余以仍在站上过夜，明日搭特别快车为便，谢之。随入归化城用膳后，仍在车站安宿，是晚十一时就寝。

包头居民纺绒线　　　　　包头之驼马市

十八日

早十一时，特别快车自包头到绥远站，余即过车，傅主席、冯厅长、王技正均来站送行。此车头二三等均有卧铺，且有暖气管，设置颇佳。傅言从前本无此种设备，今年以行旅颇苦，特向北宁路借来，初次搭者仅两人，因不能用免票与半价票也。今则殊为拥挤，尤以西行非先定不可。余意若得资本家来绥投资，则地方事业可期发展也。一时二十分开车，车中阅看地志，十二时午膳，膳毕午睡。因余近来劳顿时多，且因前请医生割鼻，因消毒不善，未能完全告愈。余体本强健，以此乃时以为苦。因感医药一道，与社会生活关系至重。余拟有关于社会意见一篇，特及此事，以期国人之注意。午后六时，抵丰镇。在昔平绥路仅通至此，所有出入蒙古、宁、绥各内地货物，多卸集于是，故其繁盛，今则只当过路，已非昔比也。故商埠之繁荣必赖交通与出产及人口之众多，乃可以言发达。到丰镇时，所拖三等车中，有一辆损坏，不能即时修理，因之耽搁两小时，终于放弃。是日九时就寝。

十九日

　　早六时，车过八达岭，到青龙桥山洞，长约五里，尽系石山。青龙桥有詹天佑铜像，所以纪念詹之功勋也。到青龙桥后，车不能直下，将车头改系后方，向西南行，沿长城外而走。长城均在山梁而过，越山堑谷，形势险固。古代赖此以御外寇，否则中原早已遍胡马，不俟今日也。然因此得苟安，忘外患，或即为中国不振之因，亦未可知。八时半，过居庸关至南口。昔冯玉祥以大军守此，与奉军相持，死亡枕藉。战争价值，且不研究，即以战术眼光评论，则亦未能赞佩。盖隘路前防御原则，必须工事特别坚固，且留有退却收容余地，而此布置，与原则相背，其损失固宜也。南口昔颇繁盛，自经此战，至今元气未复，而国民军阵亡将士纪念碑巍然高矗，益令人想见内战之惨。度南口，一路平原，人家尚多，而土质不若绥远远甚。因昨晚睡眠甚适，今早精神颇佳。九时一刻过清河，田园稠密。其地前清时设有陆军第一中学校，民国后改为第一预备学校，并有制呢厂一所，出毛线品，早已驰名，后因办理人不善停工，现又恢复矣。九时三十分抵西直门，五十分到丰台。在丰台耽搁半小时，转入平汉路，十一时到北平前门，寓北京饭店。即以电话约张含英君来谈。午后二时，往拜周泽歧、邝荣钟两兄，四时回寓。六时张含英君来访，继着周泽歧兄亦来谈及西北及山东情形，周言：拟约此间银行界暨华洋义赈会诸人晤面。周又询张山东近来进步原因，张言：在政治上韩固要好，而教育发达，人民向上亦为重要良因，历举诸事证明。十一时，返寓就寝。

二十日

早十时，与张含英君往地质调查所询问关于黄河流域地质事项，因丁所长不在，由陈列馆主任徐君光熙出见。徐云：所中对于黄河地质调查及地图两事尚无整个研究，现只作局部工作，余请其将目录材料见示，即购买数份。夫地图地质，关系国计民生至巨，除少数学者注意外余多以为不足注重，故所内经费甚少，不能施展，殊为可惜。十一时到协和医院医鼻。午后，整理图籍，并作信与甘绥晋各省当局，谢其指教招待。三时往故宫博物院陈列分馆及中央公园散步，晚到友人处拜会，十时就寝。

二十一日

早，与张含英君整理及计算报告书，午后二时，往游雍和宫。宫为雍正皇子时学佛之所，后登九五，改为雍和宫。昔有喇嘛千余人，每年由蒙古送来，现因经费困难，只余二百余人。宫中佛庙甚多，惜颇零落，有各种佛像，中有七丈高佛像一座，系以檀香木一株雕成，工作极佳；又有欢喜佛，系作人与人，兽与人交各像，像中男女，皆佩人头以为饰，清时，皇帝结婚，皆引至此参观，说明结婚非以徒供男女娱乐，将以产生除魔之人也。午后七时，赴周公馆晚膳，同席有银行界及平绥路诸君，周意系借此使彼此见面一谈西北开发等问题，是晚十时就寝。

二十二日

早十时，往保商银行晤王克敏先生。王对北方经济情形极稔，谈及人才，王言：人才到处皆是，用之得当，即才，否则非才；才有大小，以配置适当为宜。如茶房，小才也，但余等之才不能为之，故某事有某事之才。此种论议，予至有同感。十二时，往便宜坊午膳。余年四十有一，忆二十一岁时，第一次到此用膳以后，每到北平，必光顾之，始终无改于旧，而余齿日增，事业不进，无限感慨。饭后，往拜各旧友。午后五时，与张含英、王柏臣两君离北平。余因在津尚须搜索关于黄河材料及请人绘图缮件，乃同张君到津，柏臣先回南京。八时三十分抵津东站，寓六国饭店。余于居处本非欲华贵生活，惟因年来神经衰弱，必择清静地方始能睡眠，而商埠内之本国旅馆，多欢迎社会上一般纵情恣欲之人，深夜常有麻雀或高歌声音不绝，常使同寓者欲睡不能。此与社会教育至有连带关系，言教育者亦当注意及之。是晚十时就寝，半夜而醒，念及终年漂泊，公私无一可安慰，竟不能成寐。

二十三日

昨夜睡眠不宁，今晨十一时始起，起后，出外散步，十二时到市中午餐，因食西餐殊觉无味，且肠胃亦似不适，午后，在寓中休息，不愿出外；市中生活，久已厌弃，尤其是天津、上海、汉口等处使我感触不快。是晚九时就寝。

二十四日

　　早十时，往华北水利委员会，询问对于黄河方面兴办事件。该会成立于民国十七年，隶于建设委员会，即以前顺直水利委员会所改者。十九年十一月，第三届中央执委会四中全会规定建设委员会专任设计，不管行政事宜，并经第八次国务会议议决，该会改隶于内政部，水利建设区域为冀、鲁、豫三省及平、津特别市，嗣以水利区域，以河流为便，乃呈准建设委员会，改以黄河白河及其他华北湖河流域为范围。未几国府又特设黄河水利委员会，专司该河之规划治理，遂再加修正，以华北各河湖流域及沿海区域为范围，并由内政部修正该会所辖区域，以黄河以北注入渤海之各河湖流域及沿海区域为限。余到会先晤张含英君，随谒该会常务委员兼秘书长李书田，谈论彼此治黄见解，并参观该会各部。该会内部有测量工程，设计，气候测量三科，设备至合学理，人才均系专家。自九一八后，经费异常拮据，然犹能以百分之四十五用于河道及地形测量，百分之二十五用于水文及气象观测，百分之二用于设计及调查，用于行政及其他仅百分之十，精神至为可佩。主工程设计者为顾君明逸，主地形测量者为张君金荣，主气候测验为徐君世大。余自该会出后，张君含英往拜河北建设厅厅长，适渠往接韩主席不遇，遂驱车游津市，先到北宁路车站，游其公园，转南行，游天津城，复经日本租界。日租界以前至为繁盛，自国难发生，我国人痛祖国之被凌，纷纷搬往他处，极为萧条。可见人心未死也。出日租界，入法租界，过英租界，又入特一区特二区及意租界，巡游一周，乃与张君同用午膳。午后，余即回寓，张君返北大港筹备会办公，并托人画图抄写意见书。六时，赴李书田君饭约，饭后往游劝业场及各街，十时就寝。

二十五日

早十时，往中国旅行社定车位，十二时午膳，午后一时，到青年会张含英君处询所办治理黄河意见附图及抄写呈文各事，知已缮好，图亦在晒印中。二时半，同张君往看电影，片名《冰国大观》，系描写阿拉斯加土人生活及北极天地情形。阿拉斯加在美国购买时，世人不知其价值，现在世界风云日急。此地与冈察加仅隔一白令海峡，为亚美两洲至接近处，将来美对日本战争，必以此为根据。五时三十分散场，往劝业场顶楼饮茶。六时晚饭，七时往青年会取图及文件，八时回寓，八时三十分往东站搭津浦车南下。是晚十时五十分，在车中就寝。

二十六日

早八时，过济南，当前两月，余方自济沿黄河堤西上，今经过万余里，自北归来，而中间所阅人地甚多，故已恍如久隔，十二时过泰安，游泰山者均由是下车上山。十八年，国内大战，十九路军绕越至此，战局陡变。午后一时，过大汶口，二时三十分，过曲阜，孔子遗迹至多。余此次视察，关于黄河材料，耳目直接接触者至多，以在途中匆匆，所得书本材料，颇多未经过目，本日精神尚好，且车中无事，遂发箧检出阅之以与目睹者相印证，益觉明了。（古）人云"读万卷书，行万里路"，盖非书不能明理，非行不能实证，两者相辅，其益乃大也。

四时十五分，过邹县，民国十六年北伐，余曾到此，不觉又已六年矣，在此六年中，国内牺牲至巨，今且内忧外患，同时并臻，而余亦长在漂泊，未得为国家稍尽涓埃之力，更以爱我之父母兄姊相继逝世，家庭之中，无可相助相慰，游子天涯，伤感何已！六时三十分，过临城，昔年抱犊山土匪孙美瑶帮曾劫车于此，事后要求收编，北京政府纳之，未几将孙枪决，将其匪类缴械，至今此地乃得太平。是晚九时过徐州，随即就寝。

二十七日

早八时，车到浦口，即过江，先到丹凤街。摒挡一切，十时往晤铨叙部马秘书长旭楼兄，及考试院秘书长许公武兄，随往二条巷李磊夫兄稍谈，十二时回丹凤街午膳，膳后，往拜曾养甫兄，谈约三小时，曾即搭车返杭。曾为浙建设厅长，建设成绩甚多，尤以铁道为著。四时，往中央饭店住宿，因便与各方接洽且有电话可通也。五时二十分，往考试院谒戴院长季陶先生，报告西北民生近状，谈及西北人民及学生无出路，为唏嘘不置。季陶先生并论及作事，当准备时期，则宜注意宣传，俾各方得先明了怀抱；既作，则宜埋头做去。不必外求，并谓在此过渡时期，人的问题，亦极重要云云。戴先生留予晚膳以便长谈，同食者有朱骝先、许公武、马旭楼诸先生，九时回寓。

二十八日

早，往鼓楼二条巷拜黄季宽先生，谈此次视察经过，黄谓：多用公文，不如亲到，则政治设施，较为可通而易行，彼亦甚欲去西北一行，不知能否如愿。黄又问余拟往桂一行否？余曰：甚愿。黄云：余不久亦去，最好同行云，午后二时辞出，往陈道生医生处医治鼻疾，发现鼻内有脓点，将之钳去，敷药后，立觉舒适。陈取费不多，医术及道德均颇高。前三月出发前，得其治理，颇觉有效。惜未痊而上道，以致复发。四时回寓，拟黄河森林局理由书暨组织条例草案。盖应戴季陶先生属作也。七时，张君迪青来访，谈及滇粤铁道，已有具体办法。九时就寝。

二十九日

早九时，往教育部拜沈鹏飞先生，并询西北建设专校近况，沈以前次开会讨论情形见告。十二时午膳后，往各处散步。回寓后，作函复各方，发寄家书并寄衣料给长女易贤，次女钟仪，徇伊请也。晚八时，往安乐酒店访雷醒南兄闲谈，至夜十一时回寓就寝。

三十日

本日竟日整理视察日记及影片标题，编配成帙，并请人抄写报告书，缮正黄河森林局理由书及条例草案，以便分别呈送各当局。盖际兹百废待兴，第一步当先使有力者明了；第二步使全国民知之透彻，则进行自顺而成功亦有可期。是日十一时五十分，乘火车往沪，转杭。

三十一日

早八时，车抵上海北站，随即转过杭州火车，九时十分开行。午后二时抵杭，入西泠饭店，房间均告客满。盖适值杭州开运动会，又是新年，中外人士来此甚众故也。该旅馆经理系劳君敬修公子，特为设法腾出一房供住。是晚为除夕，浙建设厅长曾养甫兄约余及谭仲逵先生往新新旅馆过欧式之年，有音乐，跳舞及宴会，男女毕集，或化妆，或戴纸帽，谑戏风生，旅客亦得以略破沉寂。余因夜中不惯迟睡，十二时即回寓就寝。一事无成，国家多难，而余又添一岁矣，思之慨然！

二十二年一月一日

早，应曾养甫兄之约，往建设厅参加国府成立纪念会，曾请予演说，余言：中国与近东问题，早数十年我等均知迟早当爆发，土以欧战结果，虽损失甚大，但现时已寻得自强之路，我国不知准备，国难来临，势所当然，现时惟有于精神方面，奋我民族伟大之精神，取用世界科学方法始可救国。末了。并将视察黄河经过，略述一过。散会后，往观运动会。是日为女子篮球比赛，赛者系沪杭两方，天气甚寒，均衣单衣，精神至旺，一洗昔日雌伏之气。国人均以江浙人民柔弱，然近因体育之提倡，已渐壮健矣。正午，参加运动宴会，宴毕，往观中外足球比赛，双方均选手，结果中国胜一球。双方球艺，长短互见，大抵中国以活泼见长而气魄不经久，故初时连胜，及后攻守均不能继续卖力，屡失好机。国人于此，当知所修养矣。按勤习体育，不特可免疾病、延寿命，而人事之进步亦多赖有筋力有经验及老当益壮之人物。运动会对于体魄至有裨助，不可以一乐兴事视之。午后五时回寓，十时就寝。

二日

早九时，偕曾厅长养甫往青年会听化学会演讲，系论化学与经济军事之关系，发挥至为详尽，于我国现状极为适切。末复述硫酸亚之作用，系硝酸硫酸之基础，为肥料之媒介，但以之作肥则宜注意土性，非碱性土易使变酸，植物发育太速，不能满其需要，故宜施于湿地而不宜于过干及沙地。用时并宜薄敷，方为有益。听毕，赴体育场看表演烟幕弹及飞机炸弹、泪弹、夷烧弹，复旦大学理学院院长林继庸主其事。午后一时，赴教育厅长陈布雷与建设厅长曾养甫两位之宴，系以欢迎化学会者，宴后，偕养甫兄前往视察蚕桑试验场基地，六时至曾公馆晚膳，七时回寓，九时就寝。

三日

　　早，余写一信寄余女易贤、钟仪。易贤年十三岁，钟仪十一岁，均甚聪秀，文理人情亦颇通，前两年已在澳门粤华寄宿求学，得师保之训，进益颇速。余以爱怜儿女之心，故常着念。

　　又寄书长兄，报告自西北归来，并请照往年例送各贫乏亲戚银钱过夏历年。午后一时，与许佛航兄往徐村附近，参观其所垦植物场。场离钱塘江不远，离闸口火车站约五里，土地颇好，风景亦佳；低原得高地，尤觉其难得。该处有之江大学，有各家之茶树园，将来种植当更可观。归途至西湖楼外楼午饭，五时往看工业化学电影，系放硝化棉花及火药制造片，但字幕系英文，无中文解说，观者多不明了，幸余昔日亦曾研究此道，尚能了解。此片系化学工业会所赠，甚望以后对于此种宣传，务须注意一般人之程度及心理，方能有效。八时，闻日决寇平津至为严重。是晚九时就寝。

十一日

天降雪，往访刘守中先生，不晤。在京无事，决南归视我孺稚，并答两广当局敦请之殷，借以商榷建设事业。呈国府视察黄河经过情形文已缮好，其文如下：呈为呈报视察黄河经过情形，并附陈意见。仰祈垂鉴察核事：窃应榆于去岁十月七日，奉钧府第六十四号特派状开：特派王应榆为黄河水利视察专员，等因，奉此。查黄河发源青海，经甘肃宁夏绥远陕西山西河北河南山东入海，自西徂东，为我国大河流为患之最烈者。秦汉以降，治河者代有其人，然迄今尚无治理之方策。考沿河膏腴之地，备受沉沦之害，数千年来之损失，盖已不可以数计；今欲谋建设救国，则治河实为要图。应榆奉令之初，即先行搜集历代治河资料，研求其方法得失，以资参考，旋于十月十一日，自京出发，由山东利津沿黄河堤而上，经河北，河南，溯渭以至甘肃，转往山西，绥远，河套，沿途利用飞机舟车之便，往返一万七千余里，阅时八十日。凡黄河本流及重要支流如洮、渭、泾、沁、伊、洛、运诸水，及泾、惠、民生诸渠均亲到视察，其余亦一一详为访问。深觉黄河为患，原因有六：一，沙泥太多；二，森林稀少；三，河槽不定；四，河堤不坚；五，组织未当；六，人事失宜。盖黄河起于青海，以黄湟大通为源流，纳洮河，经兰皋，东北行，纳甘肃境内诸小水，过宁夏绥远境，折东流，至萨拉齐又东南至托克托，转南入河曲，以达龙门，而河曲龙门间两岸逼仄，流急坡倾，随淤随去，南至潼关，西纳泾渭，数流加入之后，泥土更增，东至孟津，地平河阔，邙山之土，为河水所削，于是拖泥带水，河底淤高而洪潦时尤甚，河槽以是变更，加以河堤之不固，又以河道弯曲，河口不畅，各流无调节之谷闸，而治河组织，省自为政，言治河者，昧于全河之形势，不理其本而治其末，以想像为根据，以意见为计划，其无功也，固宜。应榆此次视察所及，以为治河之道，第一步宜征集中外古今已有之切实资料，及阅察全河；第二步则宜集中专家，以初步为基础，实地研究；第三步以第二步之结果，前事测量，预算工费，致力实施，以力之所及，分年办理；第四步除害兴利，五年见效，十载有成。现在第一步已经实行，其余似宜逐步办理。抑尤有进者，我国数千年以农立国，至今每年棉木粮食糖纸等项，输入达五万万两以上。长此以往，人不我谋，亦难自存。黄河贯流九省，土壤肥美，适于农林，若治理得宜，漏卮可塞。在政治则教养不虞，在军事则兵食俱足；富强之基础可立矣。……

（南京：新亚细亚学会出版科，1934）

西北视察

新疆概况

王应榆

一、沿革

伊犁为古乌孙国，民族强盛，常有内乱，汉代用兵力平服，始置都护治焉。后相继叛乱，汉廷因远隔荒漠，置不征问。迄于唐初数百年间，我国或因纷争，疲于兵革；或狃于逸误，不复远图，于是乌孙国王自将境土划分酋长部落。迨唐兴，兵威远及，复入版图，设将军以资镇守。唐衰宋兴，伊犁又沦于突厥吐蕃之手。盖宋时版图不能远有，即滇池海洱之间，尚且画河弃郡，况此万里以外，中隔沙碛之域哉。元起沙漠，铁骑四出，征服西域，开阿里麻力府以监视天山北路。元亡以后，其蒙族仍留居于此，后称为准噶尔，以乌孙为巢穴，东北略地至乌梁海外蒙一带，南以天山为界，西抵格尔格斯平原，北至塔尔巴哈台。清代奄有中夏，准噶尔汗噶勒丹背叛不服。康熙三十五年，命费杨古西征，破准人于昭莫多。是年噶勒丹亡。自后频年用兵，未能歼灭。及乾隆初年，准汗阿睦尔逊再叛，遂乃亲征，大军麾指，所向披靡，二十二年荡平准部，西疆底定。于是移兵设防，分筑九城，于伊犁河北，以为建威销芒之谋。乃不数十年间，迄于道光中，俄人既侵有西北利亚及大格尔格斯之领土，处处边界，与我相接，要求向准部通商，而交涉自此繁矣。同治初，新疆复值回乱，时内地各省适当捻发披猖，不暇兼顾西北，而伊犁竟于同治五年失守。清廷从廷臣之议，请俄国助兵收复伊境。同治九年，俄土耳其斯坦总督进兵来伊，占据全境，我国政府屡请退兵，商议十年，不得要领。幸值内乱已平，国使得人，乌鲁木齐、玛纳斯亦相继以兵力收复。俄国见我国兵威方盛，遂许以九百万卢布赎回。然霍尔果斯河格登山以西，已非我有。欧战以后，俄人大被痛创，以穷无所归之民族，其经济政治必另求新途，故欧战告终之日，盖为西北多故之秋，愿我国民急起直追，以图补救。

二、山脉河泊

山脉

天山山脉发轫于喀什噶尔之喀拉租库山东北，行绕阿克苏乌什之背，至伊犁折东，行至鄂敦库尔岭，分为两系：其一东经迪化，展分南北，而尽于镇西哈密；其一自鄂敦库尔折北而西，由哈喇古颜山蜿蜒而下，复折而东，出博罗塔拉，经塔尔巴哈台而至于阿尔泰，号曰北山。伊犁山脉者，乃天山与北山分支点之两段山脉也。其二大干脉，在伊犁境内，天山复分两支：一自那林郭罗山分

水出焉，北流入于博罗塔拉河。其阳霍尔果斯河出焉。又西曰库克乌苏岭；库克乌苏水出焉，东北流入于博罗塔拉河。又北曰德木克山，其上有中俄二十八号界牌。博罗塔拉河出焉。又东曰萨尔堪斯克山；萨尔堪斯克水所自出，东南流入于博罗塔拉河，第三十九牌博在焉。又东曰巴尔堪斯克山，倬罗吐布拉克水，额哩克吐鲁克水所自出，东南流入于博罗塔拉河，第三十牌博在焉。又东北曰库库托木岭，第三十一牌博在焉。有水焉，东南流，入于博罗塔拉河。又东曰托洛梗山，又东，曰索岭；有水焉，西南流，入于博罗塔拉河。又东曰阿勒坦特布山，再东则入塔尔巴哈台境。

二、支脉　伊犁境内，北山支脉起于起倭尔塔沙，蜿蜒东行，至于大河沿，名曰千珠罕山。

三、分脉　北山正支脉外，其出正脉西南，西哈什河之北，回庄之东，则有克里则山；哈什河之北，胡鲁斯唐水之东，则有托拔岭吉尔格朗（乃老湟渠横过之水非特克斯之大小吉尔格朗）西五十里则有辟里沁山，辟里沁水出焉。其西则有毛盖图山，又西北为阿里玛图山，阿里玛图水出焉。又西北曰新开岭，白杨沟之水出焉。又西霍尔果斯之城北曰红山。其在正脉东西博罗布尔噶苏山之北，则有库苏（黑池京山）。

河泊

伊犁水道，可分两源：曰博罗塔拉河；曰伊犁。博罗塔拉河原出德木克山，导东流，其西北萨尔堪斯克山之水东南流入之，其西南库克乌苏岭之水东北流入之，又东别克津岛之水北流入之，巴尔堪斯克山之水南流入之。又东经罕乌苏卡伦南，又东库库托木水东南流入之，又东南流，鄂托克赛里东北流入之，索岭之水西南流入之。又东南流，经查罕喇嘛照之北。又东南经札克博卡乌兰喇嘛照之南。又东流，库乌存西克河自西南来会，东北流注于喀尔塔拉额西克淖尔。伊犁河有三源：一为特克斯河；一为崆古斯河；一为哈什河。特克斯河源出汗腾格里山北麓，东流经诺海托盖山北，又东流，木萨岭之水西北流入之。其北，格登山之水南流入之。东北行，经吉兰军台北，其北哈升岭之水东南流入之。又东霍诺海岭诸水并南流入之，其南查罕乌苏之水北流入之，又东阿古雅孜岭之水北流入之，又东莫烟泰岭之水北流入之，又北阿坦图水西来入之，又东库库乌苏水自南来会。又东北大小吉尔格朗自东南来会，折南流，特古斯塔拉岭诸水东流入之，崆古斯自东来会。崆古斯河源出鄂敦库尔山，西行至尔根南，霍尔霍吉河自东北来会。西北行，经脱脱山南，复西行，昌曼河自东南来会。又西行，特克斯一源自南来汇合，西流至野马土北，会于哈什河，自什河源出哈喇古颜山南麓，导西流布鲁木阿尔河诸水，自北并流入之，经齐齐伦托海克生托罗罕春吉诸草原，阿克伯所车斯吉里木太诸水，自北入之。春吉之水，自西南入之，复西行伊勒哈库、库巴布、拉克额林莫多、霍吉尔太、乌里雅苏台、萨提诸水，自北并流入之。西南流，苏布台水自西北入之，至阿拉哈什山西北，哈什桥转向南流，至野乌土北与崆古斯会合而西流，是为伊犁河。西北流经察布察勒山北分支，西流酿为锡伯渠。又西经宁远城南，又西经惠远老城南，又西乌河之水自北来入之。又西经塔尔奇城南，塔尔奇水自西北流入之。又西南流二道河，三道河之水，南流入之。又西经伊犁奇肯卡南，霍尔果斯河南流来会。又西北入俄境，会集齐齐罕河，萨玛尔河，奎屯河，吐勒根河，喀喇河，察林河，格根河，库陇癸河，车里克河、古尔班奇布达尔水、古尔班阿鲁玛图水、哈什柯楞水、库鲁图水、哈什塔克水在俄境凡西行七百余里而注于巴勒喀什湖。其入于赛里木湖者，则有阿尔奇吐哈玛尔河、干珠罕水，察罕郭罗水。其他不入于河泊，或籍以溉田，或伏于戈壁者，则有哈普塔海水，西里布鲁库水，哈拉乌珠水，布尔苏台水，胡斯唐水，库尔库类水，克侬根水，阿里玛图水，察布察勒水，札胡斯太水，乌库尔沁水，大霍诺海水。伊犁东北屏塔尔奇山，上有湖焉，曰赛里木，译名净海，又曰天池，周百余里，雪峰环之，影倒水里，不啻天然一幅画轴。湖面北宽南锐，陨箨噍羽不入于内；鲲鲡子孑，皆所不生。每日水潮起落一次，其水波平似镜，夜气澄明，有赤光上烛霄汉。湖之南，有松树头岭，上建龙王庙；登临远眺，一碧万顷。夏日夏畔，天气清凉，蒙民列帐张幕，星棋散布。富人之来避暑者，几于联袂结袖，出塞避人，一游其地，靡不心旷神怡，有留连不舍之概。

三、疆域形势

伊犁居北路之西，东界精河，南界库车阿克苏，西北两面界俄属七河省，东南接喀喇沙，东北通塔城。回环三千九百余里，东西长处一千一百余里，短处五百里，南北宽千里。内分察哈尔、额鲁特、索伦锡伯四爱曼绥定、伊宁、霍尔果斯三县及哈萨克、布鲁特各部落。

形势则东南北三面环山，西临霍尔果斯河，全部形势如簸箕，当中央亚细亚中俄往来孔道，扼天山南北路之要冲。东下乌苏，西出浩罕，皆有建瓴之势。一旦有事兵戎，则东据精河，西据萨玛尔，进可以战，退可以守。然自光绪八年划界后，俄人夺我萨玛尔险，与我共占那林河以西，而我天山北路之锁钥开；攘阿尔挽各山而我特克斯川之险要失。即那林河往来天山南北大道，亦非我之所有，良深浩叹！故今日而言国防之计划，惟于霍尔果斯河，格登山，那林，郭罗诸处，多驻精锐重兵。中俄有事，则我国之兵宜先取攻势，以霍尔果斯之兵趋占萨玛尔；以格登山之兵趋占阿尔挽各山；以那林郭罗之兵趋占那林河以西之地，出其迅雷不及掩耳之调度，占此天然之形势，然后守要御敌，方可再定攻守之策；否则纵能以兵为要塞，其谓用兵得地利之义何？

四、种族人口

种族

伊犁向为亚洲民族角逐之地，人种之繁，为中国冠。略分之，为汉满蒙回四族。汉人除土著以外，侨寓者以两湖陕甘人为最多，直隶人次之，他省人又次之。满族分为两系：曰索伦；曰锡伯。索伦来自黑龙江；锡伯来自辽宁。蒙族分为额鲁特，土尔扈特，察哈尔三系；额鲁特乃准噶尔之遗族；土尔扈特乃旧土尔扈特之一部，于乾隆年间，准噶尔既平，土尔扈特汗率其众投诚，所遗之部留于伊者；察哈尔乃元之苗裔，于乾隆年自张家口与索伦、锡伯同时迁来伊犁驻防者。回族分为哈萨克,缠头,回回(即散布诸省俗称为小教者是也)。哈萨克又分为黑宰、阿勒班、布鲁特、齐柳、苏完五部。黑宰本哈萨克汗阿布赖部下,于乾隆年间投诚中国,至嘉道年间,越入边境,至塔尔巴哈台山鲁克山一带游牧牲畜,嗣因伊犁失守遂陆续迁徙来伊。阿勒班与黑宰同源,收复伊犁后,先后由俄国来归者,布鲁特乃格尔格斯之一部,与苏完、齐柳均自俄国七河省逃来者。缠头又自别为二:曰塔勒奇缠头,乃伊犁向有之土著;曰哈什缠头,乃由新疆哈什噶尔迁来者。以上各族,衣食不同,相貌各异;而其形貌则汉满蒙古与回族中之回回尚觉相差不远,惟缠、哈两族,身躯伟大,碧眼虬须,衣突厥服,宛然一天方国人也。

人口

土著各民族,原以耕牧为生,除垦种地亩之一部分人民,多半归绥定、伊宁、霍尔果斯三县分外,其余游牧之民,虽散居于各部落,然各有其长以统辖之,以故人口之调查,较诸内地尚易。至若人口生殖之速,则惟哈萨克一族言之,实足令人惊骇。当同治末年,统计各游牧尚不满四千户,今则增至二万户(其中三千余户为俄哈归化者)。仅四十年间,增加五倍之多;生聚之繁,可想而知。兹特将民国四年调查各族人数列表如下:

种族	区别	户口数目	总数
汉人		5000	5000
满洲	锡伯	17300	
	索伦	1680	21080
	新旧两满营	2100	

种族	区别		户口数目	总数
蒙古	额鲁特		18300	31000
	察哈尔		12700	
回人	由陕甘迁来之回教人		3000	84900
	缠头回子		7000	
	哈萨克部落	黑宰	49500	
		齐柳	1500	
		阿勒班	18300	
		布鲁特	3100	
		苏完	2500	
总计			141980	141980
此外尚有侨居俄国之商人其实数尚待调查				

五、都会交通

都会

伊犁辖有九城：曰惠远、绥定、塔尔奇、赡德（即清水河）、拱宸（即霍尔果斯）、广仁（即芦草沟）、熙春（即城盘于）·惠宁（即巴彦岱）、宁远（即金顶寺，俄人呼为固尔扎）。惠远旧城，前在乌河与伊犁会流点之东北，旧日将军驻此，城之内外，人口不下十万，工商之所聚会，银号会馆皆备。前临伊犁河，形势颇壮，今则一片残砖碎瓦，白骨满地，狐鼠栖穴，惟余城壁童立，与夕阳对泣，殊不堪寓目。现下城在旧城北十五里，乃光绪九年所筑，因与旧城对称，土人皆呼曰新城。前清将军，副都统，四领队，伊犁协，皆驻城内，市肆殷繁，工商辏辐，人口约及二千户。城内以满人为最多，汉人次之。城之东北两门外，多是缠头。军队则扎于城之内外。自革命以来，将军副都统裁撤，只派镇守使一员，行政机关缩小，满人口粮及内地协款，皆已停辍，军队又已减少，于是金融奇紧，生计困难，商工亏蹶，市面萧凋，凡巨商殷富，多向宁远迁徙，故土人每论及现况，不胜今昔之感。绥定据新城之北，当伊犁东西南北大道之冲，东通宁远，西通拱宸，北达广仁，瞻德，南接惠远，居伊犁诸城之中心，商旅之所集，往日伊犁府镇驻焉，为绥定县治。人口较新城略多，回回最多，缠头次之，汉人又次之。商务以南门外为最盛。塔尔奇居绥定西十里，绥定、拱宸往来所必经；城之广袤，与惠远新城等。昔居民不鲜，经回乱后，已成荒凉。瞻德在绥定西北四十余里，人口约百余户，以汉人为最多，回回次之，缠头又次之，皆居城内，南街上有小贩商户数家。拱宸城逼近中俄国界，当出入门户，前清设通判一员，民国三年改设霍尔果斯县治。人民约百余户，多居东门之外，商户有二十余家，以买卖饮食日用零品为主。城内军队，有骑兵两排，乃守边戍兵也。广仁居瞻德之北，当伊新之孔道，凡由新来伊，首达此城。城内外有民家七八十户，景况与瞻德相似。熙春城为诸城中之最小者，在宁远之西北十里，城内前有都司驻此，及农家两户，今此官已撤，惟余沉沉深院而已。宁远为伊犁中俄陆路通商要埠，货物麇集之区，俄国租界，伊塔道尹，俄领事，伊宁县知事各公署皆在焉。人口约三千户，其种类之复杂，可称为人类赛场，其贸易，输出品则以牲畜皮毛，米面为大宗；输入品则以布疋，茶，糖，纸，烟杂货为大宗。国家设局收税，每岁收入之额，年有增加。

交通

交通乃文化工商之所系，统治国防，所关尤重。伊犁去中原万里，水不能通大洋，陆无铁路以资联络，平居闲暇，则工商统治受其影响，有事之日，奚所恃哉？查伊犁河自宁远以下，虽深浅不一，若稍事浚渫，浅水轮船帆舶即可通行。然河之大者在俄国辖境，而伊工商不振，苟河中通舟，反授他人以便；非徒无益，而有所害。至陆路往来通轨，一为绥定，北出菓子沟，东经西湖迪化以通关内之路；一为西出霍尔果斯以通俄属七河省之路；一为东通宁远，经那拉山以达喀喇沙之路；一为南越霍诺海、达板、大木萨、冰达板，以通阿克苏之路。惟诸路之中，东南两路，皆重山叠岭，险峻非常，车不能越。且往南路中，冰达板之上，终年冰结，夏日雪消冰滑，路傍深溪，稍一失足，立成齑纷；冬令天寒雪厚，举步维艰，而六素木喇嘛庙至冰达板之间，积雪没胫，往往有失路与冻毙之虞。前清该素木某佐领曾于路上树植路标，行人称便；后值伊犁反正，其所部以佐领平日管束过严，将其屠杀，木桩尽拔，亦甚愚矣。路上防冻之事，今年春，曾有人提议捐款于路间建设房屋，冰达板与喇嘛庙两处，备办皮衣，为借与过往贫民御寒之用；此方借着，他方交缴，时用不缺，诚善举也！至出菓子沟经西湖通关内之路，乃与中原联络，最关紧要，虽可通车马，然所经沙漠戈壁人烟稀少，对于军事则输送援救，多受窒碍。且今俄人自开以古拉斯克至斜米密巴拉金斯克之铁道，业经开车，将来中俄有事，敌人将西伯利亚兵队会于斜密，一循鄂尔齐斯河，乘轮船至阿尔泰，南趋绥来；一经塔尔巴哈台以趋西湖，则后路立断，行见人为刀俎，我为鱼肉矣。昔长庚之建议兴筑归新铁道，盖有见乎此也。然以我国现在财政之实况言，骤议筑此数千里之铁道。固无异画饼之充饥也。然则将奈何？依余之主张，不若先行取法于俄国之站车，其经营费较省而其运输力亦大。查俄国边地站车办法，每于一线路上，隔离二十至三十俄里（每俄里约当中国二里）设立一站，站内备车三四辆，一车配马两三匹，预备马一两匹；驿舍有床，并卖饮食，以供过客食宿。每站有站长一人，凡卖票及站内一切，均归其经理。其各站之联络，以车票为准，每站之马，只挽一站，遇他站车来，将票验已，立将车马交换，故一日能行二三百里。若此法施行于伊犁至兰州大道，将原有站舍修葺，作为新驿站，其隔离过大者，于中间加增一房屋，费力亦不甚多。及成就之后，则三千里路，二十日可达。数年之后，陇海铁路成功，则边陲虽远，鞭靮可及。至往来便利，沿路戈壁，则必为烟火相望，鸡犬相闻矣。洎乎人口既繁；然后开办自动车，专载过客细软货物，而以驿车运载重品，相辅而行。或直由归化经蒙古大草地，开办自动车以达古城，经迪化以至伊犁，则更便利。及国家财政日裕，而驿车自动车收入费又与日俱增，然后采天山之木铁以从事建筑铁路。或将归新之线赶速修筑；或将陇海之线由嘉峪关展筑至迪化而达伊犁，则万里之遥，朝发夕至，何畏乎强邻，何忧乎内政！

六、气候　物产

气候

伊犁处大陆之中心，地势高亢，无海洋以调和，寒热兼之。天山盘郁境内，峰矗云汉，北冰洋吹来寒风，被其阻荡，故一地之内，一日之间，而气候不齐。查伊犁昔日甚寒，近年以来，渐趋温暖。现数年，伊犁河两岸平地，夏日通常热至八九十度，冬令至零度下十度以内，夜间比日间当减十余度，即在夏日，若云霓连日，便觉凄凄。空气夏燥冬润，雨量甚少，最多之年，合计不过数毫或终年不雨，惟秋后降雪弥厚，冬至前后，积雪深达二三尺。特克斯崆古斯哈什诸谷内，天气较伊犁河畔稍冷。谷源一带，空气潮润，雨雪俱多。至于山岭，终岁积雪，天气靡常，夏季几无日不雨，雨后继雪，其峰岭上则惟六出飞飞。天气温热之时，雪由山麓渐渐上融，成水流下，平地栽种饮洗，胥此是赖。

物产

境内山脉蕴结，土壤肥沃，虽当寒带，而平川之内，气候温和，是以矿物多藏，动植繁有。其矿脉多而已现者，则有库库乌苏红山博罗塔拉之金矿，什素木之银铅矿，春吉山之铜矿，铁厂沟霍诺海之铁矿，那林郭罗之宝石矿，皆露显于地面。煤则随地皆是。惜掘矿人才缺乏，资本家又不敢冒险从事，致利弃于地，反增邻国觊觎之心。从前库库乌苏金矿，曾由公家开办，然所用非人，不从矿脉掘采，只在沙中淘求末细；复以在事人员，滥报销费，故卒至赔亏停办。现下该矿已无资本家问津，惟有少数回回自备干粮，至其地，用土法淘者，然每日只得数分而已。此矿欧战以前，英人来伊游历，曾不避艰险，携带帐幕，乃裹糇粮，前往查察。据言：矿脉之旺，不减汉河。什素木银铅矿，回乱以前，已经前人办过，颇著成效。及伊犁收复后，后人曾继续开掘，以未得其法，铅银分解不清，随亦停办。但春吉山铜矿。现有缠商牙和甫已依开厂办理。查该厂采矿，碾矿鼓炉，全用人力，烧炉十六座，每日一人能采矿三百斤，或碾矿百二十斤，炉用二人鼓煽，铜质得矿百分之八，每日一炉能出未净之铜二十斤，发售于迪化，每斤价值省票六钱。若以工数与出铜相比，则二十斤未净之铜，须用四工，复须净冶两工，每工平均可得约三斤。然伊犁工价昂贵，复用木炭烧炉及除运矿等费，故每年获利不多，规模亦未能扩充。应榆前偕杨镇守使出巡，曾至该厂及矿穴详观一周，见矿脉显旺，横断该山，若以新法开之，恐百年难尽。矿地前临哈什河，水力浩大，可以利用，以为打矿鼓炉，既省人力，矿炉可以多设，出铜亦速而多。从矿穴渡河上行八十里，有煤矿一所，若开采制成炼炭，以为烧矿，则价较木炭，既省且廉。

植物材木则有天山之松，河沿之桦，平野之榆杨巨。柳谷类则有大小稻麦，高粱，菇，玉蜀黍，荞麦。蔬类则有白菜，萝卜，苋菜，波菱，芹，葱，蒜。瓜果则有冬瓜，西瓜，丝瓜，黄瓜，甜瓜，梨，李，桃，杏，苹果，葡萄，樱桃。薯类则有马铃薯等。药材则紫草，甘草，贝母，泌麻，车前子，雪莲，而贝每一项，每年销往内地，最为大宗。由此观之，伊犁以一隅之地，其植物出产之多，其土壤天气之宜，概可知已。苟能设法培植，筹备输出之方；

其财富岂可量哉？查林木一项，往昔任人伐运，俄国人民，每年自由入山采木，乘伊犁河放入俄境，以供给俄属中央亚细亚。利权外溢，不可胜数。历任长官虽知之而不敢阻。一若天然产物应与强邻公有。自镇守使杨君苾伊，即组织林木公司，以商业性质，注意经营，始得挽回利权。

农产物，伊犁河两岸，土壤最肥，温度亦宜，惟降雨稀少，非凿渠引水，不能栽植。查伊犁河北，回叛以前，曾凿湟渠一道，东起哈什桥下三里许之地，西经宁远绥定，由乌河入于伊河，长约二百里，所过之地，皆是良田。及回乱时，失修日久，渠道渐塞，龙口亦被水冲坏，于是水不入渠。现下哈什桥至宁远县境各村落，种耕者日甚一日，每年需水之时，相集将龙口修补一次，虽能将水决至宁远，然龙口所用土石未坚，而哈什河流水涌急，殊不能抵御。岁岁修补，经费浩繁，甚非长久之道。惟旧渠口之上约二里处，河中有天然大石，水流不易剥削冲坏，若改为龙口，诚可一劳永逸。前者曾有人倡议改作，由此处另凿一沟，长三四里，中接旧渠，经过惠远入河。当时捐资者颇形踊跃，数已凑足，不知因何事而中止。"人民可与乐成，难于图始。"者，其斯之谓。果能由公家开办，则当时所费无多，而事后人民之受益，国家财赋之增收，诚非浅鲜也。查伊河之南，嘉庆年间，锡伯领队某见族人不耕而食，引以为忧，于是率其族将霍诺海沟及伊犁河之水掘长沟，灌入八牛录地方，使各家耕种。至今人皆足食，岁有余粮，运往河北出售者，所值不下十数万。其农业最易振兴，可想而见也。其他崆古斯、特克斯、哈什诸河下流，土壤亦沃，天气强能耕植。目下缠头蒙古等渐凿沟渠，开辟田地。将来伊犁农产物必不可胜食也。动物分水陆两类；陆上家畜，则有马、牛、羊、鸡、犬、豕之属；野物则有虎、豹、熊、罴、麋、鹿、獐、野马、野骡、野牛、野羊、兔、狐、獭、狼、猞猁、鹰、雉、枭、鹤、鹏、雁之类，家畜之中，马、羊、牛最为繁殖。调查其数，马约十三万匹，牛约十一万头，羊只已达百二万头之数。惟马匹相貌雄伟，性质纯良，服役年久，致远毅力，远非关内产马之所能及。常马自四五岁达二十岁为服役期，其间以八九岁至十五六岁最为强健，亦有至三十岁尚能乘骑者。饲养颇为简单，蒙哈马群，只食山草，即乘之，亦不喂料，草中撒以食盐，食饱即能行远。盖伊犁山草滋养分足故也。在平地服役之马，草料皆喂以苜蓿为最多，玉蜀黍大麦次之。苜蓿一物，为新省所特有，状类荞麦而茎长，初年无利，随手播种，则三四年内，只灌以水，割后即能自出。取以饲喂，最能增健马匹。至于牧场，伊犁全境内无地不宜，惟其中于羊马之间；不无区别。如六素木多良马，那拉特山产美羊，皆水草之关系也。盖养马之场，以酥油草为宜，养分既足，溼气又少；羊则不然，所食之草，若遇长硬，吃吃维艰，消化不易，且往往断折硬草，插入蹄隙，成病死亡。至于牛之一种，生殖本易，不择草场，原可大藩，乃伊犁工业不兴，皮、骨、角、乳，无销行之处，蒙哈所食甚鲜。游牧之民，于牛颇不注意，只附养于马羊群中，以为取乳之品，故不十分昌炽。窃以马匹能力，可以驮挽乘骑，乃天然器械，对西北平原旷野，交通贸易，多所籍赖，而军事尤为重要。查中国产马之区，首推蒙古，伊犁，然蒙古自清初以来，喇嘛教大行，人人渐严惰弱，兵革鲜少，爱马之心日淡，护马之方废弛，任其自生自息，故马体能力，日见退化。且库伦独立后，内外蒙良马多被抢去，转卖俄国，将来若欲养成良马以为国用，则伊犁实较蒙古为易。前者曾有人建议将外国良种与蒙古马配合，于河南省开设马场。不知马匹之体质，其始则关乎种嗣，日久之，则草场天气，关系尤深，而河南草荍短弱，养分甚少。鄙意以为新省巴里坤之马，耐劳而其性不驯；喀喇沙之马，体雄伟而禀性良善，乏持久之力。伊犁水草丰美，若能将巴喀之马，配合于伊犁六素木及察哈尔右翼，开设官马场，选择他国养马之良法而效之，则数年之后，国家用马，可无缺乏之虞。至禽兽之皮，羽毛足供衣料，不可胜用；乃伊犁硝皮之法未善，以硝含钠盐之故，运至关内，夏日返潮，销路不广，殊为可惜！其骨角中，鹿茸一项，虽稍逊关东，然运销于天山南北，每岁亦达巨万。水族类，哈什、崆古斯、特克斯诸河，鱼虾不产，惟伊犁河以下诸河，则有鲤、鳔花鱼、白鱼之类，每一投网可得数百；惟食者有限，出产过多，视为贱品，捕之者鲜。

七、工艺　商务

工艺

土著人民，科学知识低浅，日常衣用之物；皆恃天然物产与内省及他国易其所无，而历任长官，又皆以因循敷衍为事，不肯出丝粟之力，以提倡工业，以故百艺莫能与兴。现查伊犁制造物品之类，几如凤毛麟角，其略可言者，则为蒙哈之毛毡，桦木器，各种乳制物皆价廉而物美。次则哈萨克妇女之花绣帏幛，亦精致可观。

至皮革一物，宁远亦有制革厂一，但所出物品，未能良美，规模亦甚狭小。至于伊犁地物产可以作工艺原料者，如皮毛、林木、金、银、铜、铁、煤、羊脂、药材等物，不一而足，若能设厂制造，工艺大兴，不但人民衣用均能自给，且能化贱作贵，运销俄境，其富可翘足以待也。

商务

商务之权，大半操于俄人之手。其次则为天津人，然不及俄人十分之一。商人贸易之法可分两种：一以货易货者；一以币货交换者。以货易货之法，行诸山中之蒙哈。盖此两族不织而衣，以畜牧为良务，耕植为末艺，金银货币，不知为用，一切物品，惟恃牲畜皮毛互易。查山中贸易之法，由"货郎"贩物入山，随牧民行徙，购物不以币，不用现物交抵，凡牧民需用何物，即言定某牲畜若干，皮毛若干，于某时交缴，决不食言。届时力不能筹还，则将本利算上，如再难偿者，则为佣以退债。其收债之期，年分春秋两次，货郎乘其迁移冬夏牧场之时，俟于必经之路，按账收取。其物价因距收账期远近以为准，最贱之时，亦必本利相等，故伊犁之一般商人，莫不以山中贸易为致富之捷径。至若币货交换之法，均行之平地，一切购办，以币为主。物货运贩，以汉人俄人为最多。输入品以茶、布、糖、石油、铜、铁、器为大宗，玩饰品、纸料、药材、杂货、玻璃、瓷器次之。输出品以牲畜，皮毛为大宗，贝母、鹿茸次之。其输入品之货，源出自俄国及内省，俄货占四分之三，内地货仅四分之一，所用之币，区分三种：曰俄帖；曰省票（即迪化所出龙票）曰伊票；而诸帖之中，以俄帖最称便利。盖目下伊犁与内地兑汇未通，惟俄币乃能周转，此可知伊犁商场中，俄人之占据优胜矣。其故虽有种种，而其失败之大因，则在乎税约。盖新疆一省，自伊犁条约成后，俄人得于天山南北，无税自由贸易，于是俄国输入运出一切货物，成本较我为廉，故我商务自无与彼争角之余地。查该约业已期满数年，若我早日与之改订，对于俄商则行用各通商埠对外商之税则，复将内省出关物税减轻，将来西北商权渐图挽回，则年中税收亦奚止百倍，愿执政宁达速图之。

八、宗教　文言

宗教

伊犁民族，若蒙，若回，若哈萨克，若缠头，率皆纯朴，笃信宗教，故宗教之势力广而且盛。查各族宗教有四派：曰回，曰佛，曰道，曰耶。回教起于天方，由大食波斯以流衍于西域，自侨居之汉满蒙人以至其他种族无不奉之。其信也至诚至笃，其护持也甚坚且固；苟有叛者，即为罪人，其罚也严酷备极。世代相传，恪守宗风，是以至于今日，在伊犁之哈萨克缠头回回，莫不尊穆罕默德为无上之教主，夙与夜寐，无时或忘，其教旨以清洁及诛锄异教为主，以战死为升天之捷径。目下伊犁礼拜回教之所，除哈萨在园帐就近，别无庙宇外，余如缠头各村落，则有公共之吗咋（即礼拜堂），各家复有祭坛，（祭坛皆在家屋左右，画地成正方形，引流植树颇为幽雅）。大城之中，回回、缠头亦各有礼拜寺。新城、绥定、宁远各有两所，壮丽宏伟，为土耳其式。各城村中，每一礼拜寺置教主一人，名曰阿哄，以主寺务。

佛教起于天竺，经西藏以传于西域，蒙古，满洲。其教旨以清净无为，超度众生为主，讲因果，说轮回，导人为善。其在蒙，藏，满，号曰喇嘛教，内分红黄两派。蒙满人奉黄教，而蒙人信仰最为虔笃。其喇嘛之权亦最大，凡生丧祭祀，饮食医药一切行止，一惟喇嘛之命是听。蒙人之死也，其家产不得自由传其子孙亲戚，多入于喇嘛之手，其后人能得若干，一依喇嘛之命令。平居之时，喇嘛入其庐，随指房物，谓有鬼祟附着，即令送诸寺庙。民有争讼，官长虽有判断之名，其实多由喇嘛。盖蒙人以喇嘛为佛之徒，公明正直，常求其论曲直也。故为喇嘛者，不牧不耕不织，不劳而衣食无缺，财产丰富，是以蒙人有子，甚愿其为喇嘛；有二者以一为僧，三者以一或二为僧，此蒙人种族之所以日弱，人口所以日减也。查伊犁喇嘛庙，察哈尔左右翼，额鲁特各素木，各有一所，锡伯营一所，惠远旧城东二里复有一所，从前为满蒙之总庙，革命后已无香火。在伊喇嘛阶级之最尊者为堪布喇嘛，设一员，现住什苏木；次为苏拉喇嘛，设一人，驻六素木；又次为达喇嘛，共六人，各庙驻一人；又次为正格斯贵。委格斯贵；又次为正德木齐委德木齐；又次为格隆；又次为格楚勒，其数无定额。计伊犁一地，大小喇嘛约二千余人。

道教由关内传出，无道家专庙，无道行之可言，分布于城市，祠庙借衣钵之名，用以糊口，全伊计有三十余人。耶教为天主教，势力最微，几无人信仰。光绪年间，法人抵伊，曾于宁远、锡伯两处设立教堂各一所，后锡伯无人入教，遂于宣统元年将此所移于绥定两教堂，各设教士男女各一人，教徒共计六十余人。然皆籍以图利，无信教之本心，是方耶教，实难希发达也。

文言

文言者，人民精神之所系，国家文明之导原也。文言不一，则精神涣漫，不但政事政令，动多隔膜，即商业教育交际亦多所未便，故东西各国，对于国文国语一道，三致意焉。伊犁人种法令复杂，文言发源，绝不相同。居处各有其地，而国家又未能注意筹一统一之法，是以各种文言，毫不融化。前清之时，虽有义学汉、回学校，然规模甚小，未能大收功效。查伊犁文言大抵分汉满蒙回四种，汉文则汉人，回回新旧满营及行政机关用之，满文则满人用之。其法构有字头十二，所谓十二字头是也。每一字头，有原音六与辅音拼切而成，字头之数，多少不一，共字母一千四百三十个，以字母相合即成文；变化无穷，书法自上及由左而右。其言语兀骨敖牙与文字一致。蒙文结构体裁，与满文略同，亦有十二字头，每字头由原音七与辅音随意相合，切成新音，以字母相联成字。然蒙古文之中，在伊犁者与喀尔喀字头字体虽同，而一字头中，字母则多数个。其与满相别之处，除字母写法外，且往往有书此读彼，及同音异写等。回文则哈萨克、缠头、回回诸人用之，其结构则有字母三十二个，以一个或数个相连成一字，各字母附有小点，以点之位置，读音不同。至其言语缠头与哈萨克大略相同，惟回回则操汉语，布尔特则操格尔格斯语耳。

九、风俗 礼教

各种民族，除寄籍或侨寓之汉人外，凡属满蒙缠哈回，类皆分处于各游牧各圩子，故关于风俗礼化，种种亦各因之而异。兹特将调查满蒙缠哈回各族之风俗，分别记载如下：

生丧

（一）满人 凡妇人生子，其夫即往岳父母处磕头报喜，及三日，延妪妇二人，以盆承花椒艾水，为婴儿洗濯，俗呼洗三。亲戚来贺，则投钱于盆内，意以祝其后日富有也。主人宴宾客，先献最长者之酒三杯，次及其他来贺者，当洗三之日未来者，非满月不得进产妇之房。房门外垂以红布，恐生人不知也。满人病当弥留，家人即为换着新好衣服，死后则于室内置停尸床，将死者头西脚东，移诸其上，家人跪哭其傍，至第三日之夜初更时，将死者生平所着衣服，携于门首预定将来出殡必经之处焚之，名曰接三。陈尸三日以上，然后入殓，停柩于正厅，设灵屋，列祭品于前。殡日戚友来吊，已入房坐，丧家以长旱烟袋一杆，装以旱烟，遍递宾客。殡时亲戚皆送至坟上安葬，每值七日，举祭一次，至七七而止。守制之期为百日。

（二）蒙人 生子，中人以下不作喜贺；富贵家则杀马宰羊，宴会宾客，亲友入宴者须稍送礼物，以表贺忱。蒙人死亡，家人必延请喇嘛为之诵经超度，量其家中财产之有无，以决定葬法。葬法区分为三种：曰火葬，富贵之家行之；曰土葬，中人之家行之；曰天葬，平民行之。其火葬之法，将死者衣服脱去洗净，涂以羊油，裹以白布，以车载往僻地，伐木为屋，将其生平所摆及所爱器物饮食品陈于其内，然后举火焚之，三日后往视，其灰飘扬，则家人为之喜，若有余烬，则引为大戚，谓死者受罪于九泉。土葬与汉人相差不远，惟棺木如箱，尸缠白布，坐置其中，入殓之时，亲戚故旧，必酾以奶酒，家人设祭品于死者室内，殡后方行撤去。天葬之法，乃用车或牛马载之，家人相随，驰于原野，其颠仆之处，即为葬地，任鸟兽饲食，三日后视之，尸骸食尽，则大喜也，谓已升天；如尸骸仍完全无恙，则谓禽兽尚不食其肉，必罪大恶极，即当延喇嘛为其超拔。既葬之后，无论贫富，必向喇嘛酬劳。其家产，除死者生前所居帐幕，及其物品外，其余牲畜财产，概任取携，无敢拒焉，惟贵官之家，则听其所与耳。

（三）哈萨　初生时，其母即携之至流水处，并带柳条筐软布等物先洗婴儿，既净，以布裹之，置诸筐中，次自浣濯已毕，则以筐提回包幕，儿饥则就筐乳之，亲戚邻居，闻喜来贺，饮之畜乳，杀羊或宰马以答之。弥月后，产妇携儿往外家省父母，谓之回门。姊妹婶嫂，均来问好，畅叙别怀；父母飨之，赐以牲畜，其数多少不等，富者羊数千，牛马数百，贫者亦得羊数十牛马数头。故既婚男女，无论性情如何，未有不喜玩璋弄瓦者。

哈萨丧葬，不以棺椁，不以衣衾，人之死也，其家人即将死者衣服脱尽，用水洁之，涂以羊油，裹以白布，举哀不奠祭。邻舍亲友闻丧，则从死者家人痛苦。若死者有妻，戚友来吊，其妻以爪毁容，向之号泣，否则俗讥为无情。哭后即出外择看坟地，凡道路轇轕幅处，谓之好风水，将土掘开，然后回家将死者载诸马背，送至葬所，用土埋之，上垒石以为标识。其居丧之期，子之于父母，妇之于夫，皆四十日。死后周年，富者于坟侧设宴会飨宾友，宾友自携毡幕植居作赛马戏，带金银牲畜以赏犒赛者。

（四）回回 初生时，即延阿訇到家念经，于经书上选定名字，方便就乳，所谓过三日。满月周岁之习惯，与汉人略同，惟必请阿洪念经及享客，不设宴，只留饮食茶点或用饭而已。

回回有病垂危，家人即请阿訇为之念经，求救于天，及死，家人号哭，一面报知传丧人，（回回平时设有传丧人，若有人死，由其传丧）。使其在同地回回街市上呼报某人病故。凡识与不识，若愿往唁者，即往吊之。家人随将死者移诸床上，脱下衣服，由阿訇念经，用水洗之，既毕，套以白布囊，复重裹白布，移置架上，用白布罩罩之，念经超度，即日出殡。（如夜故则不过明午）。殓时妇女不得随行，亲属亦不得号哭，送至公共坟地，用土埋之，家人更将死者所有衣服洗净，送亲朋故戚，以为纪念。守制之期为百日亦有过七过十日百日周岁等。过七时，相好来吊，投以灰仪，谓之添油。

（五）缠头 生丧之礼与回回同。

婚姻

（一）满人 不论贫富贵贱，有男有女者，欲为秦晋之好，必先自相商，言定后两相对拜，男家立遣媒牵羊一只，携美酒一瓶及首饰衣料，送往女家为聘礼。其聘金之有无多少，随两家之意。及男女成年，两家选日完婚。旧满营之例，婚期将届，女家将女生年月日，书于红简上，置酒款媒人，饮后媒以红简还，谓之取红帖。若新满营锡伯营索伦营则无此。婚期前一日，女家宴戚友，婿公服乘车如岳家，拜其三代祖宗，随为招待宾客，岳父引向宾友前斟酒磕头，必指告曰：此吾家婿也，宾客亦起为礼答之。翌日，男家宴客，新郎偕年友以彩车往亲迎，至则延之上座，饷以酒席，然后女家亲友送女出，随婿以归。彩车抵门前，男家迎新妇入，偕新郎先拜天地，次拜神佛翁姑，再次交拜。既毕，新妇入房坐炕上，新郎即与宾客为礼，次日上坟拜告先祖。然旧满营之例，新妇是日必返母家，不见宾客，翌日回门上坟后，乃出拜戚友。

（二）蒙人　男子既成"熟人"，（蒙人呼既出痘之人为熟人，未出者为生人；生人不得论婚。）则邀媒妁携哈达及酒一瓶至有女之家论婚，诺则结哈达于其上。其聘礼以牲畜为主，数尚奇，自一九以至九九止。如贫不能出至九数，则当定为三五七数。礼物既交，然后两家约定婚期，至日，新郎盛服乘骏马，携已宰马羊哈达往岳家亲迎，亲朋随之，以马或羊首献岳父母，递哈达，余分遗诸女家亲戚。女家延新郎上坐，饷以全羊酒，两家宾朋互相纵饮。至次日，岳家再备酒筵，宴毕，新郎即与同来宾友上马，然后女出随后行，母家亦遣宾友骑送。新郎俟女上马，纵马驰归。抵家时，如新郎乘马在女家送客之后，则引恧愧。是日男家然生炭火一盆，男女皆至门，喇嘛为诵经，先向天拜，次及翁姑，饭后拜亲友，然后入房改妇装。蒙俗富者当有侧室；无退婚之例，其妇人如遇丈夫夭亡，不愿寡居，他人不能相强。

（三）哈萨　有子五岁或七岁，其父母为择日行割礼，先期通告戚友，届时延阿訇讽经，以麻药敷于童子阳物，出刀割下包皮，亲戚馈物致贺。富贵之家，杀牛马飨客，作赛马角力诸戏。割创痊愈后，则觅一有女者为论婚，双方许可，立征媒人议聘礼，定明牲畜若干头，元宝若干锭，鞍辔若干副。其牲畜之数，富者马达千匹，牛千头，驼数百峰，羊数千只，然后两方媒妁偕男女之父母或昆弟至河干踏水，示不退悔食言。其交情甚厚者，亦有指腹言婚，及常有未胎而先定者。言定后，男家按年将数送交，女已长成，如未清缴，则虽到老亦不过门。为婿者可得往女家与女共宿，女日间往他幕，不与夫谈处，倩嫂婶姊妹陪郎，饮食一切，均由女家供给，如产子，则属诸女家，将来交聘物迎娶，已产之子，亦不得携返。其或女家父母重财轻义，见婿家牲畜不能清交，另行择婿，则原定之夫，私至女家门外，俟女出，动之以情语，约其同归，如女首肯，则约期相遁，否则强扶上马而去。及既至家欢好后，以信通告女家，诉其原委，岳家亦无如之何。如男女及年聘物全付，则约娶日。及期女家戚友送牲畜，嫁者出其平日所作手艺，陈列房中，哭别家人。送礼者按其所送多寡，自将陈列品物分取，婿则乘马盛服，偕年友往女家亲迎。新妇衣红衣，戴红帕，坐银鞍马，随夫返。其女友亦必装与嫁者同样相送，惟不戴红帕，稍示区别耳。抵家拜教主翁姑，享来客既，新郎新妇坐于幕房之中央，女宾依幕周内围坐，外周则坐男客。去围帐，一男对一女相唱和，唱负者出戒指手帕送赠胜者。相悦，则起身乘马出外闲游取乐，至宾客尽散，夫妇将围帷复上，相入洞房。至明晨早起，新妇换白巾包首，改妇服，周年则戴白帽。其男子娶妻之数，随贫富而异。妇女出嫁，非生子不得回外家，丈夫夭亡寡居，除生己与己生者外，无论叔伯翁子，均可娶之，不愿再醮者，亦弗之强也。夫妇反目，愿相离者，则请官长为中人，立离书，相摹手足，中人各问之，愿再不为夫妻否？皆答曰：然！官长盖印离书上，男女反向而走，不复返顾。如有一回顾者，谓之情未尽断，中人得令回头为之调停，此哈氏之婚俗也。

（四）回回　有女将及长成，即觅媒妁为选婿，不论姓氏，言定挂坠为先，礼后送金银首饰，谓之大礼，其婚娶之期，男子在二十岁以下，女在十三四五岁，不能过迟。盖回经所载，女子十四岁不嫁，倘有失身，罪在父母。过门之日，由阿洪择定婚日，亲友送礼物，主人宰牛杀羊请客，延阿訇为诵经，新郎盛服，绣球红带二道，交叉垂挂，乘骏马，偕陪郎者（陪郎者为一人，装服与新郎一样），携彩车亲迎。岳家闻婿至则揖以入，款以茶俟嫁娘盥浴后，新郎即拜别岳父母，出门乘马与陪郎者并辔为前驱，女家亦派男女各二人相随送。抵家，不交拜，不礼先祖，惟新郎跪地由阿訇诵经而已。诵毕，亦作闹房之举，夜深人散，乃入洞房。娶妇三日，新妇入厨作面食饷客，谓之下厨。或婚后，夫妇有一夭亡，以鳏寡为不宜，过四个月零十日，即当另行配偶，虽四五十岁亦如之，惟有子不愿再醮者，他人亦不能强也。

（五）缠头　论婚，必待父母之命，媒妁之言。既定，则男家送衣服冠鞋全套，布疋若干，以为聘品。近亦有用金银者，然为数不多，其男女结婚期，与回回同，妇女亦有十岁即出嫁。故往往有致夭折。婚日，富者备具款客，男子往亲迎，女子出阁，首蒙绣花巾帕，或乘彩舆，或乘马，视路之远近而定。新郎为导，笙箫在前，送者在后。家道贫寒或娶妾，则无亲迎彩仗，男家只派轿车一辆，壮汉数人，往会女家父母，见女即拘之车中，急驰以归。至家门首，夫妇皆下，阿洪为念经，然后入房，戚友则对新夫妇作谑笑谈以取乐。如结婚后夫妇反目，即自由离异，谓之零干，其手续与哈萨克同。若有妻男子，单独出外至半年以上，必与妇人约定归期，及期不能践约，或书信断绝，妇人得有自由改嫁之权；男子返家，不得过问。

居处

（一）满人　迁居伊犁方面者，初来时，公家即为建营房，其式则周围皆筑墙垣，房舍即倚墙而起，内分上房，东厢西厢。惟锡伯营则上房在围墙内之中央，前搭马槽，后开菜地，室内有土炕一座，其余陈设与汉人无异。

（二）蒙人　逐水草而居，多择平川之内，不似哈萨克之深居山谷。其围帐撬幕以御风雨，与哈萨克同，惟周围木篱与毡间无毛线之廉，椽枝为直杆，地不铺毛毡，较哈萨克为劣。饮食宿寝，均在其上，富贵之家，均分幕而居；中人以下，一家大小同眠一处，客来即令之杂宿。至男女避嫌之事，毫不讲究也。

（三）哈萨　逐水草而居，散栖山中，夏偎山顶，冬依山麓，无城郭宫室，以幕穹为屋，谚称包房。内敷毛毡，重层排叠，入室即脱套鞋，富者分房而居，常人父母子媳儿子共住一幕，隔以帷帐，父母寝上，子媳居右，儿女居左，过客居中。眠不点灯，睡卧即在地毡之上，亦有用床者。其包房之制形，圆顶如覆釜，以木条为骨干，周篱以木条斜编成块，每块可以折合成束。每幕有木门一对，置于篱间，以便开闭。其顶架为一圆圈，周围椽枝支于篱木叉之上：幕干之外为毛毡，以绳捆之，即可居处。此种幕穹，虽不及宫室之坚牢华美，然其携行便利，亦有足称者。

（四）伊犁回回　居处，均系土房，外绕围墙，架大门两扇。

马厂牛棚，家多备有。屋内近窗处设土炕一座，陈设与汉人无异。

（五）缠头　居处有村落乡镇，其相宅不择地势，以近水能栽树为佳。家屋之制，通常外绕围墙，内分院落，寝舍有车马者，尚设有车房马厩。室内席地而坐，有矮床，日间用以饮食款客，夜用以寝卧。其殷富之家，亦有用西洋式椅桌铁床等者。

服装

（一）满人　与各省满人同。

（二）蒙人　衣皆长大多左衽，礼服常服与满洲同。男子之为喇嘛者，尚黄红两种；平民尚青蓝，女子多红绿衣。靴之制，男女无别，惟男子必腰缠以带。喇嘛着紫红长衣，有位者套黄马褂，平常者套黄背心。其冠帽常人为尖帽及反缘毡帽。各种礼帽，其尖式帽形如圆锥，须系以红线。反缘帽与前清冬季官帽略同，惟无顶无缨，缘边较大而色白，周缀黑边，为毡所制。喇嘛帽因阶级有别，有职守者帽式平圆，径可盈尺，顶为塔形，皆铺以金箔。无职守者与满洲小帽同，但色黄而顶坠以红线，女子之冠，未嫁者多戴尖式帽，皆以布制，已嫁戴反缘帽，富贵之家，嵌以珠宝金银，绣以花线。男子皆留辫发，女子未嫁，只编一条后垂，既嫁，则编两辫左右垂于耳傍。大贵之家，间有盘髻如满洲者。

（三）哈萨　服制，无分贵贱，色尚黑白。男子之冠，分内帽外帽。内帽为布或绸制，形如覆碗，其顶圆，平常戴不脱，外帽有皮制毯制两种，戴于内帽之外。皮制者式样有二：一为锥形，有四辫垂于耳额后脑，而后垂者稍长，状若狐尾；一为圆盘形，外缝以布或缎，内为皮版，缘周外卷。毯制者色白如半卵，戴时反折边缘，绕黑布一周。一年之中，戴皮帽之日居多，毯帽甚少，多有全年不戴毯帽者。女子帽制，未嫁时与男子同，于归后初年裹以白巾，后改白帽。衣服男子内外衣均系叠衿，领与古汉式同，衣长及膝，裤为汉式，腰缠布带。处女与男子无大异，惟色多红，不缠腰带；既为妇，则内穿白长衣，外套短褂。外衣四时以皮呢棉为主，虽夏季下城，汗出淋漓，不敢改薄。盖恐受暑气也。足上所践，男女皆为革靴，外再穿套鞋，凡入房，即在门间将套鞋卸下。哈萨不喜用首饰，间有手戴戒指者；其随身之装饰，在马鞍上多嵌以白银及红蓝宝石。

（四）回回　衣服与汉人同，惟男子之冠则为回式小帽，其状为锥形，色白或黑布绣花，亦有衣努噶依及缠头等服者。此盖毗邻俄境，沾染外人习气之故也。

（五）缠头　服制，无分等级。服色冬季尚黑，夏季男子尚白，女子尚花，男女服色与哈萨相差不远，名曰袈褵。惟男子之冠，外为圆锥状，其形校哈萨克盘式者略高而边缘略小，妇女不戴白帽。盖花色或红色巾，内服为花布所制。夏日一般多不穿外面套衣，男女均然。男子不留发，妇女则编小辫无数，垂于后脑及左右两旁。其装饰品除手镯戒指以外无有也。惟良家妇女外出，首上必蒙以帕，及以纱罩面。

饮食

（一）满人　与土著汉人同。

（二）蒙古　饮食，初皆羯肉酪酱，以充饥渴。除额鲁特所属之六苏木外，余已渐改，以面茶为主体，牛羊乳佐之。性嗜酒，饮甚豪，见酒不醉不止，故因醉坠马而死者，常有所闻。现察哈尔领队，对于该管蒙众，颁布禁酒之令，然一至城上，则酗饮之习，仍未改焉。

（三）哈萨克　饮食以牲畜之肉乳茶糖为主，近渐有以油炸面块相辅而食者。平常以牛乳和茶充饥，富家则每食必肉，以羊肉为最多，以马肉为嘉品，然非值冬令，或贵客降临，或逢节度，则不宰马。其食肉之法，无配料，多用清炖，间有煎炒燔熏。马肉大都喜切碎，装于马肠之内，挂悬房中，俟干而后食。不食已死动物，不食猪肉，不食烟酒，食无筯匙，以手为箸。□马乳，每当夏秋，无人不吃之。伊犁马致弱之因，多基于此。其人饮食量，可大可小，平常之人，一食能尽二岁羊一只，马牛乳十余斤，然食乳茶数碗，亦可止渴。

（四）回回　戒食豕肉，戒食烟酒，日常食料品以牛乳羊肉面包为主；其待客以全羊席为最恭敬。

（五）缠头　日常饮食，富者以牛乳糖茶，和馕食之，贫者即以西瓜或甜瓜或备以茶和馕食之。戒豕肉及酒；富家款宾客，则以米饭和羊油羊肉为饭，名曰"楂饭"。不宿客来，则加脂油，多则食量少也。食不用筯，以匙或手代箸，食之前后，必须盥手。

节庆

（一）满人　有三大节：曰年节，端午节，中秋节。年节除日未后，各家于门首遥望祖宗坟墓方向，焚纸拜跪；次入室内，于炕上置小桌一方，设三代祖宗神位，罗列点心果品冥纸于前，先拜家佛，次及先祖，烧纸钱。年卑幼者，向尊辈磕头已，举家老少男女，共坐一桌用饭，谓之团圆饭。饭既，往戚友家拜他人先祖及其家人，俗称辞岁。是夕妇女不睡，作扁食谈心，至四更后，摆香案于房檐下，燃烛烧香，院内燃火两堆，向外朝拜，谓之迎神。卑幼与家长拜年，食扁食，天明出外与戚友贺年，其相见之礼为磕头。端午节日，天向曙，各家至野外采艾茎柳条，归悬门首及佛像上，童子以雄黄点于头面，谓可以驱邪。富贵之家，亦有互相馈送之举，名曰拜节。中秋节除拜节外，无他例，富家赏月，与汉人无异。

（二）蒙古　有年无节，其期即在阴历十月二十五日。届年节日，家家户户皆以面为灯，点以羊油，名曰海灯。拜佛念经喇嘛照灯火如星，日夜不息，喃喃之声，闻于里外。五日以内，各家宰羊杀马，拜佛已毕，乘马往亲友处拜年。自近而远，入门遇则伏拜，主人亦报之，随以碗酒相敬，坐食乳肉，祝人口平安，牲畜蕃殖。此外尚有达喇嘛出巡之日，春秋各一次。届日人民于喇嘛必经之道，竞以哈达横路，伏跪两旁，达喇嘛乘佛舆而过，手持佛杖乱击，中则为吉。否则获罪云。

（三）哈萨　有尔的与古尔巴呢两节，其封斋开斋，与回回同，有刲羊跳舞角力诸戏。

（四）回回　庆节，一年之中有二曰；一曰尔的，一曰古尔巴呢。尔的者，译称大年，凡满一年，即过尔的。尔的将届，于前一月每日念经五次，各家当天未明用早饭，日落后晚膳，见日即不饮不食，至过大年之前一日止，名曰封斋。在此封斋期内，饮食必丰美。相传此一月内，其亡故亲人，皆回家视察，不可恶食，致生冥感。呢尔日数日内，互相拜年，馈送物品，则以糖茶二者为主，人人须往清真寺诵经。呢尔后七十日为古尔巴呢，译名小年，三日间为竞马刲羊诸戏，如因跌马而死者，则谓之升天堂，家人不以为戚。年日各人均宰一牲为许愿，因俗传入死后当过河桥，生平许愿之畜，及死即乘此过桥云。

（五）缠头　年期封斋，与回回同，惟值封斋期内，在礼拜寺内架羊皮鼓一面，大榆树木梆一具，早晚派人更番击之，嘈杂不辍，鼓梆之声缓连相应，若合音节。然年期既届，多有男女跳舞之举以为娱乐。此其稍异也。

祭祀

（一）满人　家祭，除年节外，则有清明中元及十月初一上坟之例。上坟时皆提冥纸衣焚之，俗称十月一日送寒衣，故所焚之衣较多。

（二）蒙人　祭祀可分为二种：曰家祭，每一帐幕，多设佛龛，位于入门之左隅，燃长命灯，每早起盥后，必叩头诵经，食前必先列于佛前，至于宗祖，则未闻有祀之者。曰鄂博祭，每于夏日无雪之山顶，垒石如塔，上插木杆，悬经符哈哒，飘扬空中，杆脚以小绳贯羊骨，书藏文线之，谓为山神所居。每岁致祭，为祷福驱灾。每值阴历四五两月，择吉日，大举鄂博祭时，喇嘛持法具诵经，杀羊一头，献其皮首与哈哒幡帜，羊脾骨挂于鄂博以降神，男女伏跪周围，听经祈祷，既毕，举行赛马角力诸戏。男女毕集，远近来观，一年喜庆之事，未有盛于此者。

（三）哈萨　奉一神教，不祀宗祖，不拜多神，惟穆罕默德是祭，无牌像，无品物，以西为神居。每祭，先盥洗，随而西拜跪，祭期为年节，婚姻割礼诸日。

（四）回回　平日所最敬奉者惟知有穆罕默德一人，凡有回回聚居之处，必建修一清真寺，每早晚纷纷赴寺内诵经礼拜，若遇父母兄弟夫妇死亡之后，亦有周年上坟之例，但上坟时不用香烛宝物，只跪坟前念恩悼文，且诵且哭。

（五）缠头　与回回同。

习惯

（一）满人　当前清时，呱呱坠地，即有口粮，人人以为天然富贵，故习于逸惰。性喜音乐，丝弦檀板之技甚长，其调多清雅。

（二）蒙人　性纯朴，男女少别，以清闲及为喇嘛为有福，遇污垢以衣拭之，客来则与家人杂宿。

（三）哈萨克　伊犁为中国二大产马区之一，而原野遥阔，适于驰骋，故骑乘一道，人人莫不能之，尤以哈萨克为擅长。查哈萨在襁褓之中，父母即抚抱乘马，二三岁稍能行走，即为作小儿鞍，备马车学乘坐，牵之行走。此鞍制法，与常鞍略同，惟前后高起，不能倾跌，左右各缚一小棍，活而不能倒，至五六岁改换，使自行练习，教以控纵之术，十岁后即能行进中作起立及轻骑诸事。所谓熟则生巧也。

哈俗重男轻女，男子多不视事，凡管理牲畜，构撤包幕，线缝衣服，调治饮食，织造围毡及一切事务，莫不委诸妇女。男不食不敢先食，男不寝不敢先寝，男子终日惟结伴闲游食肉而已。

哈民奉回教，喜洁净，身中长毛之处，剃去无余，三日一削爪，十日一理发。性情剽悍，亲朋送别，必交首抱腰，握手接吻，互相痛哭。凡有过客，识致不识，均留饮食，盖谓客为天所赐，不容慢待也。过客次数，自一至九为一番，每番由五起至九止，在奇数者必窃一物，取有出有纳之意。知其俗者，多先问当何次，如在当窃之数，先自送物些许，以免其盗。俗好抢劫，家虽丰，仍行之；有得，则归以矜人，以为好汉。然畏法殊甚，若惩其一，则远近肃然。

（四）回回　与陕甘两省之汉人相同，惟对于同族，均有休戚相助之义，性好胜，遇他教则视若仇人，不能破除畛域之见。

（五）缠头　性驯良，男女均喜弹弦琴；琴与琵琶形略相似，中以铜丝为线两排，随手挥之成调。男子喜唱胡歌，声调最凄楚，其语句则呜呜不可辨。夏日炎热，辄于路旁或树林阴处洒水于地上卧之，习以为常，不生疾病，亦可怪也。其有烟癖者，则采葫芦瓜为烟具，空其心，鉴孔于瓜之腹际，内贮于水，装蔴扎烟叶以吸之，气味辛烈，令人不可逼近。每年自四月至八月间，园林茂盛，天气和暖之时，缠女每于果木丛阴之下，铺毡毡，歌唱跳舞于其上，两旁对弹铜丝弦，拍羊皮鼓以应之，手足一舞一踏，必按鼓声；旁观之人则高声喝彩。赏以天罡银元，缠女即欢跃叩谢以为荣。大富家妇女，平常不常外出，不得已时，其行必以夜，不许越宿。

（完）

（原载《新亚细亚》1933年第6卷　第1—2期）

视察西北感言

王应榆

菜庭先生，广东东莞县人，本会会员，现任黄河水利委员会副委员长。先生努力革命，为时甚久，对西北之国防工业，尤所注意。往返多次，远至新疆，并以伊犁考察所得，赐之本刊，将陆续发表，以供国人之参考。兹编则今春同戴季陶先生同赴西北视察时所得之感想；切实简要，诚建设西北之重要参考也。

余自民国四年以后，到西北已有多次，以此次所得印象为最佳，中心喜悦，莫可言喻，盖一则见人心向善，二则风调雨顺，三则全国于开发西北一事，由思想而言论，由言论而调查，由调查而渐次实行，将来之西北，当未可限量，兹将此次视察所得，分别言之。

余于三年来，每年到西北一次，前岁视察黄河，当时大众心理，以为有兵即有救，兵多则更易着手，然彼时陕甘青军队，多而庞杂，纪律废弛，土匪亦到处横行，是年正值灾荒，而膏腴之地，悉植鸦片，民食以之缺乏，强者铤而走险，弱者沦于沟壑，兵饷既由省拨，更复重征于民，彼此争利，缴械时间，不逞之徒，更复挑拨离间，搬弄是非，无论宗教民族，均岌岌可危，虽知识分子，大声疾呼，亦无济于事，迨后人民受得诸般苦楚，知徒托空言，无异望梅止渴，乃殷殷望治，同时军事当局，亦感饷糈缺乏，统治困难，有力图整顿之趋向，人心于焉稍苏，天心亦于焉稍转，今日之否极泰来，即此一念向善之果也。

去年随黄慕松先生到新疆，局面虽较前为佳，然孙殿英方雄据绥远，日人正扰乱长城，新省又复不靖，人心惶惶，如履薄冰，此次入潼关沿途，即见行人货物，往来熙攘，民鲜菜色，到西安后所见觉事事物物，均有蓬蓬勃勃之生气，政治已上轨道，各军均纪律严明，学生风气，亦趋良好，至甘肃青海方面之回教，不特保持其固有之精神，抑且方兴未艾，近更兴办学校，培植人才，青海马主席，军长马步芳，于马子仁团长受伤群情汹涌之际，能态度镇静，制止报服，以此长才，治彼青海，头头是道，天时地利人和均得之矣，确是戴院长此次西行，造福地方，实非浅鲜，于洛阳文化之复兴，各处救济事业之扶助，正教之提倡，造林之促进，农事之创立，水利之关切，使中央德政，远播边陲，无怪三省民众，胜欢雀跃也。

宋子文先生继戴院长西上，当能收得更大之效果，以宋先生魄力之大，昔年扬子江之万里长堤，一举手而成，此次西上，定能为三省民众解决一切也。

余尝以为一国之隆盛，因系乎建设，而人和实先，否则一盘散沙，亦无从着手，若人心向善，思想整齐，事业自易进行，今三省民众，已得天时地利人和，只要积极计划，步步做去，自可跻于繁盛之域，或为现世界之极乐国土，至西北之物质建设，约可分为下列诸端，一、建设宜尽量吸收现役及退伍军人，以减少内争，二、西北建设之切要者，为交通、农林、矿业、工业四项，建设计划，似宜由中央规定，除煤油及侧重军事之事业外，除先奖励地方人民办理，如力不及者，则由中央补助或直接办理之。

交通 甲、交通，A陆地——铁道汽车，铁道则以陇海延至新疆，平绥延至宁夏肃州及大同，联接潼关之线为最要，汽车为最急件，其主道为西安通兰州肃州哈密至迪化大道，路程七十二站，约五千二百里，现时可行汽车，惟略有不平，若以二百万元修理，则通行甚畅，使用五吨车三百辆，资本约二百万元，若免征税若干年，治安已好，人民亦有力行车，国营省营亦佳，支路为包头至兰州，长安经延长至绥远，长安至汉中，平番至西宁四线，查包头至兰州线，中有一段沙漠，若黄河筑拦水坝，以水灌沙，可使之变为土壤，不特便于行车，且可种植及减少入河之沙，免为下流淤患，其费约一百万元，汽车行驰，可由人民营办，长安至绥远约千八百里，其中有三原至榆林一段，山路崎岖涵洞桥梁，工程颇大，约需七百万元，若使用兵工，可减一半，沿途产煤油及煤铁材木，联络陕绥，于经济军事效用极大，行车可由民办，长安至汉中约一千里，由长安至凤翔已可通汽车，惟由宝鸡过秦岭，系山地工程，约三百万元，用兵工约二百万元，汉中为陕中粮食最富之区，而汉中现金太缺，此路如成，可使两方调节，平番至西宁线，由兰州沿黄河至西宁，中有高山，筑路不易，初期为省费计，将平番至西宁之原路，略为修理，即可行车，其费约二十万元，此路为青海要道，将来青海之开发，赖之甚多。

B水道，水道为常要件，西北航运，要者为黄河之西包由西宁经兰州至包头段，渭水由宝鸡至陕州段，新疆南路塔里木河全河查青海产粮及材木矿物，甘省食粮多仰赖之，惟此河中多石，若将其炸去，可行浅水轮船，费约二百万元，渭水为棉花出产地，铁道运输不及水运之便，开浚深之，不特得其运输之利，且于沿黄有益，费约一百万元，塔里木河两岸土壤肥沃，适于耕种，且产鱼极多，由焉耆到和阗，水深可行轮船，开发南疆，较汽车犹为省便，经费大小，随力所及。

C航空、航空本至有希望，然因空站不多，人事上之妨碍，此诚宜请中央予以妥筹。

农林 乙、农林，我国每年输入棉及棉织物约四万万两，在东四省无恙时，粮食一万三千余万两，现当不只此数，木材约五千万两，糖约八千万两，而西北幅员广大，土地肥沃，若引水灌溉，到处宜于农林，如山西之汾水，若得兰村谷闸筑好，每年除免水患外，可增加粮食四百万担，工程费约二百万元，陕西之北洛水引渠费约一百三十万元，又溉地一百二十万亩，年可产棉一百二十万担，或粮食四百八十万担，甘肃之洮河西岸，新疆之天山南北伊犁哈密吐鲁番焉耆河克苏，到处沃壤，可引水灌地成田，北路产粮，南路产棉，资本大小随意，绥远之民生渠，坡度迂缓，沙停水滞，若将渠口改上，可便利灌溉，费约五十万元，兵工减半，至于材木，则陕北晋北天山岷山，多参天乔木，最便者为岷之阴，可由洮河放下黄河，一以供陇海包宁铁道之用，一以供人民建筑日用之需，若一面培植，一面采伐，当不可胜用，资本约三四十万元，即可开办，其利益尚须派人详细计矣，其在天山者为将来新省铁道之需，采运极便，其在伊犁者，尚可利用河流，售于俄国，以俄领中亚材木极缺，可得高价，及畅销资本开办费约二十万元，陕北晋北则交通稍难。

矿业 丙、矿业，现代矿物，以煤油、煤、铁、金、铜为最要，查新疆乌苏县，陕西延长县，均产煤油，延长则地近而量小，且深藏于地下，凿井较难，乌苏则自然流出而量大，但均为陆空军及交通要品，自应视为要图，其制油，则用硫酸，而硫酸之原料，附近均有可采，硫酸厂除机器运费外，每日出酸七吨者，约六十万元，于净油用之外，以之供给制军用土石工程火药及一切工业之需，至煤油蒸馏器，单简者二百万元，此外玉门，亦有煤油，但量不多。

A、煤之产地，山西绥远陕北新疆，遍地皆是，甘肃青海亦足，含量亦多，若果开发，最好除于铁道附近，可廉价运出者外，其余在煤区作大规模之电厂，以高压线施配于远方，凡火车电车工业农业冶金之切用力光化电者，悉以供给，惟资本颇大，而经济至为有利。

B、铁之产地，山西陕西绥远青海新疆均甚良富，此时大规模做者，以山西绥远为最宜，以其近于铁道，且晋有兵工厂可以利用炼成用钢，再用此钢及煤，制造各种机器，以发展一切实业绥远之铁质极佳，且近铁道近煤矿，将来需用铁轨修路，不虞销场缺乏，至于新疆则迪化伊犁所产更富，煤尤方便，但非兴筑铁道，只能以最小规模办理，以供本省现时之用。

C、西北产金之地，以新疆阿尔泰山和阗为最富，现时以人工开取，每年可得六万余两，若于合理方法，增加人数，使用机器，前途当更发达，其他青海之贵德，甘肃之洮河，蕴藏亦属不少。

D、铜为电器日用之原料，新疆之拜城、迪化、伊犁、和阗，青海之贵德，所产至多，若用水电以行采冶，不特足供西北各省之用，小办亦见效至速，资本可大小自如。

工业　乙、工业，查工业应办者固多，而于军事经济切要者为硫酸厂硝酸厂炼钢厂机器厂电气厂毛棉纱厂硝化厂磷厂等，A硫酸厂，硫酸系急要件，为化学工业之母，军用及工程火药之所必需，其开办费已详于煤油条，B硝酸厂，自制陶器，除房屋运费外，约三万元，C机器厂，为制造一切机器之基本，规模大小，效力所能，最少者约二十万元，运费在外。D炼钢厂，炼铁规模甚大，区小者不合算，此特不妨先作小规模者，炼成生铁，转炼成钢，不计成本，营利经济，而为储备技术人才，及免金钱外漏，开办费约一百万元，亦可做到，E电气厂，电气已占万能地位，西北多雪山，山水不断，若于山西之兰村，陕西之洛水，西宁之湼陕，新疆迪化之博尔塔拉湖，设置大电厂，各地设置小电厂，则交通农业工业，得一廉价供给，规模愈大愈省，F毛棉织厂，西北产毛棉，而人工廉，此种工厂，见利速大，兰州毛厂机器陈旧，规模太小，若欲多量吸收甘青宁各省之毛，则必增添机器，聘请精好技师，扩充固不嫌其大，但至少增加购置新机及扩充费一百万元，否则成本太贵，至于棉纱厂，在陕设立最宜，以其为产棉地，水陆运输均便，现时有人提倡，在渭设厂，若予以免税减运，各种援助，则其利不只限一隅，新疆于迪化有小厂，只供军队衣料之用，扩大之最小亦于制造力之所得，可以挽回，G硝化厂，为军用火药要厂，无烟火药爆炸药电影片人造丝之所出，现时最好将华阴厂太原厂扩大其制药，使成完全硝化厂，其补助之力与效能成正比例，而人才为最要，H磷厂，西北产磷及兽骨制成纯磷，平时为火柴原料，有事为流质火之剂，开办费约二十万元，以上各件，为立国必不可少者，如一时为财力所限，则宜分别缓急，次第举办，若至实施仍当具体详为规划计算，用人尤须得当，技术之外，企业学识人品操守，均极紧要也。

（完）

（原载《西北问题季刊》1934年第1卷　第1期）

洮岷一月行

王应榆

余到任已三阅月，应内诸事，略有头绪，因拟亲赴地方视察，以为施政之根据。且值赤匪盘踞川西北，经蒋委员长督率围剿，釜底游魂，有窜扰甘境之势，故决往洮西各地一行，预作防御之计。因洮西一带，民族复杂，宗教歧异，加之地势阻塞，民风强悍，实为历来西北安危之所系也，同行者有王子元、蒋超青、刘镇国、杨印贞、金伯韬、杨世昌、谢寿山诸君，并骑兵十名，轻装以从。五月二十八早八时，自兰出发，经八里窑二十里铺，再四十里，抵阿干镇。民二十一年，余考察洮河，曾经过此。是时天灾人祸，极目萧条，今有熙熙攘攘之象矣。一时午膳，二时起行，十七里至关山隘，此为皋兰西南门户，民十五刘郁芬部守此四十日，天然险要，有一夫当关之势。地属皋兰县，余问居民疾苦，则云征工筑路。负担甚重，而军队采集粮秣，多有不依规定者，骚扰太甚。余告以军队采集粮秣，已经省务会议议决撤销，筑路则属公益，义不容辞，由关山循马泉沟下行，三十五里至中堡。中堡人民自取消拨款制后，颇有生机，盖甘肃地土本肥沃，天雨则丰收，故人民之元气恢复亦易。入洮沙境，县地暨地方人士来迎，余一一问慰。乡长向余言，本处自二十一年以后，风调雨顺，民力渐苏，目前负债已渐清偿，惟地方时有变兵游匪出没，全县仅有枪二十支，有警辄无法防御。教育则困于经费，现正筹办，成效尚未多睹。余告以宜提倡家庭手工业，妇女以毛织衣，颇可为经济之补助。学生归家，更宜使帮助家人做农工工作，读书之目的，不可以作绅士自期，当以所得知识，贡献地方。农民宜利用水润地方，每年种树。生有子女，即为植树若干，以为他年教养之需。更多筑山塘，籍以调剂水旱，此事皆轻而易举，苟能实行，利莫大焉。久不临鞍，忽作长途乘骑，倦极，八时就寝。

二十九日早六时离中堡，循中马泉沟而下，凡十五里。此一带多乱山，环山行，又十五里，至刘家沟，再行二里，即洮河沿矣。途中对于道路，留心研究，以有一此路，可舍关山原道，由皋兰县西行，经七里铺入七川沟越关山之西，而出关沟。经关沟口中堡直下沙楞洮河边，地平而不绕，将来之汽车铁道，大可取此路线也。至河沿，复沿河南行，七里，至洮河县城。城中人口三百户，较昔岁繁荣多矣。地方官吏出迎，余询以地方水利建设，据云，洮河最需要者，厥为十户渠之平均灌溉。余告以宜由县长饬下渠之乡民，帮同将水坝筑高而放水，以先下后上之法调剂之。其次要求，省府补助筑滩材料费。因洮河有滩曰谷龙滩，全部雇工兴筑，须二万余元，若人工由地方征调，再有三千元购料费即足。又次为辛店乡之排潦渠，因雨后冲土从山水下，易将渠道淤塞也。洮河流域，河西多回民，河东多汉民，过去常演仇杀之惨祸，余诚地方人士，务宜捐弃前嫌，彼此亲爱，先由有力者与知识阶级多多交际往还，使情感日趋融洽，则奸人自无从施其挑拨也。午后二时，离洮河城，二十里至辛店。所谓辛店，因汉辛将军得名。又二十里至新添铺，一路田野青绿，树木间之，洮水襟带，风景至优，惜烟苗过多，令人不快。当地以产黄烟为大宗，皆销于四川之中坝。自赤匪蹂躏川地后，碧口之道不通，销路停滞，烟庄大半倒败，该地之田赋，照例分为上地粮，下地粮，而上忙粮期，则在收成之前。其筹款则为两月高利借贷，青苗抵押，至为吃苦。且银根奇紧，民尤困殆。此间水利甚好，所有工力，均按田滩派，彼此均乐为之。余抵新添铺时，临洮县长王重撰马团长三纲均远道来迎。新添铺有铺户四百所，学校一所，学生百余人，分初高两级。每年经费，由黄烟抽用，每百斤值二十元实利由二元至七元者，则捐学费一元，学生每年学费六七元。余二十一年曾宿于此，是时人民甚稀，困苦殊深，购买食物，已成问题，今则稍见恢复矣。惟余年年于役，公私无补，不无怆怀。今日乘马，上午若甚倦，下午殊不见苦。

三十日早五时察看新渠，六时出发，西南行，遥望远山积雪，皓白如银。一路绿草如茵，渠水纵横，杂树夹道，良多趣味。行十二里，至二十里铺。又二十里，抵临洮城，皆沿河而进。临洮秦为陇西郡治，晋置狄道郡，北魏为武始郡治，吐蕃置武军，宋为熙州治，金为临洮路府治，元因之，清时改为州，民初改县，十七年改今名，地当陇南陇西之要冲，土地肥沃，人民强悍，兵事必争之地也。洮河之水利，应用甚便，旧有柳林、好水、结河、政河、永和、郭公六渠，灌田二万五千五百余亩。新修渠有巴洋、永宁、德远、工赈、新民、洮富、东峪、崖湾八渠，灌田五万六千余亩。未成者有济生、博济、洮惠、抹挪、安川、丰黎六渠，可灌田十二万二千余亩。全县人口，计十万。余此来目的有二，一为考察吏治，一为考察军事，前已言之。午后因召集地方官绅开谈话会，提出研究项目。关于军事者，一、为修筑碉堡之征工办法。二、为坚壁清野之办法。关于吏治者，一、粮房之改革，二、公务自治人员之待遇及水利森林手工业之提倡，均须分别调查明白，以资推进。前者决定出人者不出食。出食者不出人。伙食依田亩分担。后者则留待明日之研究。余顺便询及地方教育情形，得悉各方面之刻苦精神，较皋兰为好。全县有初小学校一百零五校，完全小学三十一校，中等学校县立者三校，省立者一校，民众学校一校，总计学生一千七百人，内有小学生一千五百人，经费每年二万二千元，社会教育经费每年五百元。学生均能勤苦向学，回家亦能操家庭原业。惟中学以上之学校，既不能升学，又无出路，前途至为危险。全县商务，端赖黄烟，近受川中赤匪影响，在中坝损失约二三十万元。目前赴川之道虽已可通，惟商人尚畏缩不前也。本县地亩计六十万亩，水田占二十万亩，山地占二十万亩。平原之地，现时不得水者，占二十万亩。新渠中，博济渠现苦无款修筑，抹挪、安川、丰黎、济生各渠，如得省府补助三五万元，即可成功。其交通要道，北为通皋兰大道，以康家岩三十里铺为最险要。东通榆中山道，以新营为最险。通渭原道有二，一、经窑店乌鼠山，中以鸟鼠之关山为甚险要。二、经官堡，其地亦最险。南通岷县，一走官堡黄翔沟，以黄翔渠为险要，而官堡则扼岷渭之要冲。一可沿洮河过酒店峡，峡亦险要。西南通临潭，过洮河，一走莲花山，一走苟家滩，以莲花滩全谷城为险。西通临夏，一由临洮过河，一由辛店过河，经宁定，以宁定为险。其东有岳麓山，其西为宝鼎山，其北即康家岩，南即岚观坪。午后，驻军长官行政官及地方自治员水利教育邮政税收农会党部康乐自治局局长保安队长等，次第来见，余均询问甚详。晚读图志。

三十一日上午，读当地史地图书。十时，临洮各界欢迎前往讲演十一时，参观城中各学校，职教员学生均能刻苦授受，学风良好，师生陶然一堂，教授方法亦佳。各校校款既微，又因黄烟滞销，职教员欠薪竟至三月，而絃歌不辍，殊可嘉尚。午后二时，出榆西，至洮河浮桥视永宁渠及洮堤。此处工程，系光绪十五年狄道府余知府所筑，民国九年，地方绅士杨世昌修堤，浚渠，植林以利灌溉，经十一年之力，历经变乱，工程不息，卒底于成。贤劳懋续，至可佩嘉。至今河堤之内，林木幽茂，渠水贯流，水磨徐动，于此可见地方绅民，如能自动努力，则建设事业成功固亦甚易也。临洮水利协会委员张国光为陈临洮水利经过甚详。洮河河道甚好，不特宜于灌溉，且可为工业动力之基本，不十年后，其荣富必可预期，人才亦将次第出矣。四时回城，七时开临时会议决定，征工方法及拟具增加"县经费意见。"

六月一日早七时，离临洮城，南行十里，至黄家滩视工赈渠口。此渠因民十七临邑匪旱交加，哀鸿遍野，邑绅杨世昌、师进德、李叶庚、张国光等倡议筹款修筑，以工代赈，遂募集担保借款人。分担五十股，向甘肃银行借款五千元。议定渠成后，由灌水地亩拨收。结果未能完成，改由担保人归还，作个人捐款，继由旅外同乡募捐赈款二千二百元，于十八年春，在城南开修洮水渠实行工赈。其后更由地方各机关借款一万余元，乃告成功。计渠长二十余里，灌田一万余亩，共用款三万二千余元。每亩收回银四元，除还债外，尚余二十元。未得渠水之田，与得灌之田相比，其收入为四与十，且收获之确实，尤非无渠之田可及也。渠口初做太直，并接近山沟，时为冲塞，后经改修数次，始告完善。视察毕，沿河再南行，十五里至德远渠。此渠之开浚，系由邑绅张廷选捐银数万两，并请库帑七万，共计十余万两，以作工费，初由岚观坪挖开暗洞，不意过水即圮，渠以塞闭，派人入内工作死数十人而辍。王德榜方伯将沿洮高坡，挖低二十余丈，开为明渠，以十营抽五，轮流开挖，阅七月，引水入渠，未几口决渠塞。民十三邑绅张维请准省款一万元，复加修理，十四年竣工。以张明远为名誉经理，杨世昌，师进德，张国光为协理，另于河沿口作坝。惜渠堤崩裂功败垂成。十七年，复于岚崖开凿石洞，又因匪乱停工。继复兴筑。十八年天灾人祸，人多逃荒，觅工不易，乃相约预支伙食及安家费用，始得二十余人。至十九年三月，始告完成，计石洞长一百余丈，高四尺五寸，宽三尺，引水畅流，坚固无比。渠长三十余里，灌南川田一万余亩。此次共用去一万五千余元。二十三年因水量有余，加开东渠一道，费银一万余元，渠身长二十余里，灌田一万余亩。十一时，视察洮惠渠计划线。此渠原由地方人发起，以款绌而辍，后请省府补助，业经委会许可帮助。观其计划，亦颇可行，但渠跌水两米达，倾斜太急，渠身易坏，灌田水量亦减而渠口不能节流，用工太大，亦其弊也。正午，渡洮水，由河道南行，四十里至苟家滩。复渡河登山，山径狭窄，沿下临洮水，至为危险。复行三十里，至土牌，人家约廿余户，莲花山在望，遂驻焉。

二日早六时，离土牌，沿洮河南行，至南屏山，层峦叠翠，河水畅流，乔木甚茂，山花极美。忽浓雾蔽天，寒气澈肌，大有雨意。行二十里，至峡城，人家二十余户。又南行，崖峰奇突，道途曲折，石路崎岖，下临洮流，仅一线可通，行旅不禁心悸。二十里至酒店峡。又二十里为新堡，人家约三十余户，多为各县难民聚居于此。前因担负粮草过重，小民生机几绝。余等憩一土司之家，其家长去年为匪所杀，仅留大屋一所，殊属可怜。正午，复南行，离洮河，过喇嘛里庄。再二十里，至柏林堡。上行四十里，越马鞍山则草原碧绿，道路宽平，南行十里，至中寨集，人家百余户。昔年户口甚旺，今岁因川乱，商旅裹足，而烟款甚重，致繁荣之村，骤形衰落。

三日早七时，自中寨集出发，沿洮河东南行，三十里至梅川，其西北为通陇西大道，西南通岷县，东通漳县武山，唐以前为临洮县治。转西南，行三十里至县城，鲁大昌师长张县长瀚及全城官绅均出城欢迎。岷城背金童山，面洮水，形势颇为雄固。唐末，陷于吐蕃，至明始复移治于此，岷县自东汉至晋为临洮县地，魏为溢乐县，周为宁人县，叠川县，合川县，溢乐县，隋后为临洮，唐末为吐蕃所并，元为岷州，明清因之，今改岷县，但叠城始终放弃焉。岷县气候寒冷，产粮仅足以自给，其他以木料及当归，莞参，贵芪等药为大宗，每年值百万元。近因销路不畅，每年复派烟亩款甚重，人民苦之。余因连日辛苦拟稍作休息。

四日早起，细阅地图，并询问道路形势及地方情形，十时，赴岷县各界欢迎会。午后三时，应鲁大昌师长约，视察堡垒屯粮诸事，决定堡垒由鲁师长负责，督率军民兴筑。其材料之征集，保甲之赶编，民工之招集，由该县张县长负责办理，而由鲁师长指挥之。

五日早八时，集合地方人员，根据昨日决定，将任务分配，并决定，即日派员会同师部参谋处人员在岷县城附近相度地势，构筑堡垒，以为计划基础。午后，上金童山，观岷县附近形势。金童山密接城南，城之得失，以此为冲，登山俯瞰，全城在目，且处处炮力可及。一旦时局紧急，此山殊不容忽视。下山后复到城内外散步。县城西通临潭叠州，南通沙藏，东南通宕昌西固，东通武山，实为交通枢纽。城中人口，在民国初年，仅百余家，现时已增至十倍。岷县为唐洮，岷，宕，叠，四州之一，宋以后将叠放弃，竟成空城。县城商业，以小南门外为最盛。县中出产，以药材为大宗。年来因汉口、郑州、香港药行倒败，药品跌价，地方遂大受影响。当归为本县唯一出产，往时值价五六十元，今则只值四元。入品以布匹为大宗。当地不产棉，人民亦不知注重毛织物，故衣服所需，多自外来。自民国三年，白狼西鼠过此，颇有骚扰，以后尚称安静。十七年，马仲英到此，地方受害甚重。十六年，马高两部，彼往此来，人民益苦。十九年，鲁师到此，地方治安，虽有进步，但担负甚重。今兵站取消，拨款停止，较前已稍减轻，惟烟亩款担负仍极重耳。县中教育，不甚发达，全县有中学一所，小学六所，女小一所，中学生五十名，小学三百五十名。全年经费约四千六百余元，有学田基金六百元，余由百货抽附加捐补助之，以药材之捐款为最多。近时药材销路停滞，教育经费，大感困难，加以人才缺乏，进步殊无可言，此地风俗俭朴，南部多番族，悉习汉语。从前土司，除杨土司外，多已故土归流。城中生活尚佳，各乡则仍在凄惨中度日。五时，接朱主席电，属注意临潭、夏河两路防御工作。余即将在岷两日观察所得一切情形报告之，并请派员到临洮附近构筑堡垒，以固冲要。

六日早，接见地方士绅及自治乡村长，询问地方疾苦与地方出产情形，并征求应兴革之意见。最后余特就民族间相互亲善之需要及将来合作之途径，详为解说。午后二时，参观县立中学校，女子小学，第一小学，民众学校，及火柴厂附设工读学校。各校教材既多缺乏，管理尤欠完善。看此情形，深感必先做到富足，而后足以言教也。中学校内有宋明碑碣，内载用兵洮岷事迹及建寺设教之意。本日已将堡垒计划决定，计半月可以成功。五时赴法院参观，据云，此地人民好讼，自杀之案甚多，往往极微之事，即牺牲性命而不顾。又多抢案，民情甚强悍云云。此亦教养无方之过欤。

七日早六时，离岷县，沿洮河南岸西行，一路皆平坦，二十里至大沟寨，四十里为野狐桥。过桥，循洮河西北行，十里至西大寨，休息午膳，由此自西北经三岔可至临潭县城。余为视察洮河形势，乃循洮河而行，傍山沿河，蜿蜒而进，山高气冷，一路时见村落，鸡犬之声相闻。又经官窑中寨凡四十里，至秦关，一路麦田甚茂，惟均为屯地，人民担负甚重，诚宜速改此种制度以苏民困，沿途居民，扶携相迎，质朴之气，表现无遗。秦关之西，有桥联络洮河西岸，系华洋义赈会所筑，名阳花桥。南通大浴口至叠城松潘一带。由野狐桥以西及洮河南岸。为番民所居，凡四十八旗，北部已有田庐，务耕植，南部仍为游牧生活。

八日早六时，离秦关西行，越山坂，凡十五里，至新寨，北通临潭新城，西沿河边至卓尼，南渡洮河入大浴沟。过叠州，可至松潘大道。余偕土司金事指挥官兼洮岷司令定禅寺大师杨积庆及同行诸人渡河，卫兵行李则令直往卓尼寺。渡河后沿洮河西行，至伯至。伯至为土司行政之所，群山拱抱，林木参天，人家约百余户，皆藏族也。住居为半汉半藏式，言语悉已汉化。此处土司，原在南诏。明承乐初北来，征服是地，呈报明室。明以其功，册封为金事指挥官，建寺于卓尼，抚绥斯士，至今百年来，不知兵争为何事。民十八，为马仲英所扰。始见干戈，本土司所辖四十八旗，各有总管，无事为民，有事为兵。北部务农，南部仍多游牧。信仰佛教，所有宗教，政治，军事，常以寺宇为发号施令之机关。人民有子三人，以二人为喇嘛。每送一人，则月纳粮一斗于寺，以供食用，遗产亦悉送之庙。盖因宗教之信仰，生命且可以布施，至于财产，更无所吝惜也。余等在伯至行政所休息，午饭后，即同往卓尼寺。寺在伯至之西北，洮河北岸，杨积义特修一桥以联两岸。由伯至至此，凡十里。卓尼有城，系永乐二年所建。民十八刘郁芬征调番兵往临夏临潭作战。卓尼空虚，马仲英率回人三四千，由间道登卓尼北方山顶，卒然下袭，城陷，屋宇三百余家及卓尼寺，同付一炬。现寺已修复，经堂及住所凡两座，所有工料，悉为征调而来。因番民住处，须有寺院，方能安居，否则均纷纷他徙也。本寺盛时，有喇嘛四五千人，十七年以前，尤有七百，现时仅四百余人。寺中除大禅师外，有"堪布"一，以经理事务，有"僧调"一，司管理僧侣，"讲经"一职，为讲授经典，"戒经"一职，为维护教规，"文典"一职，为考证经据，"金事"系领民之官，"禅师"系领教之职，"指挥"系领兵之长，故杨一人而兼三事，权力颇大。到寺后，与杨略谈至夜深。杨颇留心大势，智识甚富，对于兴学，修桥，开路，造林诸事，颇有振作，但环境常使之不安，至为悱恻。

九日早七时，离卓尼寺，行二十里，至马厂沟，过梁即非土司所属，马厂沟以北，同治年之乱，被杀甚多，后逃至土司所属，得以保全者不少。十二时，抵临潭新城，与地方人士谈话，询问地方情形，复登高观览新城附近形势。夜间阅览《洮州志述》。

十日早，考临潭之沿革。临潭系禹贡雍州地，秦汉以来，已归中土。晋为吐谷浑，置洮阳郡，寻改为洮州，隋初因之，至炀帝，废州置临洮郡，唐为洮州，或为临洮郡，属陇右道。唐末，陷于吐蕃，号临洮城。宋熙宁五年，以熙河洮岷通远军为一路，各置帅，时未得洮州。元府二年，得而复弃。大观二年，收复后，仍改为洮州。建炎后，没于金。三十一年，收复又失。金元为洮州。明洪武四年，置洮州军民千户，隶河南卫。十二年，讨洮州三十八族番三使事，我筑新城于东陇山，以旧洮城为堡，升为洮州卫军民指挥使司，隶陕西都司。清因之。雍正二年，改隶巩昌府。乾隆十三年，载卫理以原驻西固城同知，收为抚番同知，移驻于此，民国后，改为临潭县。地方前遭白狼之蹂躏，后因十七八两年之兵匪，庐室焚毁，人民死亡流离，至今犹满目荒凉。洮地番回汉各族共处，西通黄河青海，南达四川之松潘，北至蒙古，东达秦陇，人民强悍，而知识低下，往往以小故而起大纷争，演成惨祸。此地产林木药材，气候高寒，不宜稻粱，尤不能种棉麻。多雨雹，辄为农产患，产小麦青稞，亦足自给，果有桃李及杏，禽有鸡鹅鸭，而所谓马鸡者，尤为特色。兽有马，牛，羊，驴，骡，犬，番犬至为雄伟。野兽有狼，猞狸，水獭，鹿，豹，石豹等，其皮出口甚多。木为松，柏，杨，榆，桦，青桐，小竹，与柳。古迹有临潭废墟、石城堡、叠州城、侯和城、寺稷、王家湾、鸣鹤城、营盘、梁将台、羊头城、拉家寺、石殿跌、尚什拉勒关、铁城堡、吴相城、水地城、覃卧城、洮源城、广思城、洮潭废县、合川废县、常芬城、封德故城、理定废城、甘松城、溔川城、沓中戌、通岷岩、定秦岩、刘龙沟堡、纳怜诏、李都督墓、马状元墓、秋官塚、威武王将军塚等，本县历代人物，在唐则有李晟，李愿，李愬，李宪长，李听，李琢，在明则有李献，薛国相，李崇文，薛成龙，薛廷璋，赵光廷，白玉玺，陈玉兰，冯万年，王进祥等，其他贞烈士女，笔不胜计，所谓地灵人杰，询不虚矣。洮州古城，原非今地，已废成田野，无可考矣。今城系明洪武十二年西平侯沐英平定各部落。后屯兵二十万于东陇山之南川，因地筑城，周九里余，旬日竣工。甚旧，堡系永嘉中吐谷浑所筑。后周得其地，唐为临洮郡。明初尽圮，始筑洮州卫城，周二里。自改建新城，以其地为险塞，寻更为堡。以控番族叠部。其风俗，同治以前殊朴厚，自经乱后，盗窃颇多，然敬畏官吏，仍如旧日，若能加以抚慰教养，皆是良好人民也。该地教育，自十七八年后，极衰败不堪，全县有高小四，初小八，民众校二，女小一，全年经费计四千元，学生八百人。番族土司，除杨绩庆外，已皆改土归流。杨族系卓尼族人，永乐二年献地来归，十六年授职。正德间，赐姓杨。吴三桂之变，有功清室，嗣后平剿里错番。光绪六年，兼摄护国禅师。现杨积庆系杨作霖之孙。所管四十八族，辖属区域，东西凡二百里，南北凡六百里。共属五百二十族，一万一千六百户，分隶于各族，士兵二千，骑兵五百，步兵一千五百名，守备闸门五座，隘口二十五处。其俗北部务农习工，高楼暖炕，与汉民相同。但居在楼下，而上则置草料。食尚乳酪，春冬不易裘褐。性颇敦厚，客至，则妇女馈食甚恭。出则好鲜衣佩刀，负枪，乘骏马，妇女发辫多以银牌珊瑚为饰。俗信佛，然好械斗，斗后，按照人命相抵折，余则一命以一百五十千文了事。不偿者，永远报复。得寺僧调解，则可了结。喜劫掠，所得供于寺僧，而不吝。葬用天葬或火葬，疫死者，则支解沉之于河，南番皆幕居，日逐水草，男女衣长裘而无裤，右袒履靴。共言语分叠部，着褂，西番三种，各不相同，而西番语则汉商多习之。临潭于明代有茶马之制，设茶马司，以司其事。当洪武初，于陕川十取其一，以易番马，以茶五千余，即易马一万三千余。近二十六年，规定上马茶百二十斤，中七十斤，下五十斤。其意在取马，以重军实，茶由我给，可受羁縻也。临潭佛寺凡五，以卓尼为最大。早八时，赴欢迎会，余致词，劝导各民族亲睦和善。十一时，参观各校。午后二时，决定防御守备之区域。市民无家可归者，多来跪求，余心凄然。四时处理诉件。

十一日早，决定临潭新城防御计划。正午，离新城，西南行二十里，至马厂坡。转西行，十里为羊里，又五里为李岗，又十五里为羊胜。一路均沐英屯兵旧地，以其屯官为名者也。此一带屯粮甚重，民十八，国民军以改屯为民为名，骗去二万余金，仍无结果。故政府诚宜忍痛改革此制，以纾民困。又十里至旧城。沿途各村，学校学生。皆出迎，精神颇好。一路草原麦田相间，无高山峻岭，将到达时，难民群来号哭陈述十七八年变乱惨况及目前无所依归，厥状甚惨。稍息，接见地方人士，并询以后之调解善后办法。

十二日，由岷县经卓尼临潭新城至旧城，一路庐舍为墟，流离载道，均为过去民族仇视残杀之痕迹。细察此种情状，目前固极应设法彻底解决，否则拖延下去，终将再演不幸。故余以为宜使彼此惊疑日趋泯减，尤宜致力于知识阶级，使为有力之转移。早八时，招集旧城人士讲话，告以以前痛苦，悉由于二三不肖之徒与军阀利用仇杀以为利己之企图，此种罪恶，不在一般民众，实在少数之煽动者。往者已矣，惟望以后各方知识分子，领导民众，趋于和睦亲爱之路，父老领导子弟，教以守法和平之道，并宜彼此多多来往，泯去猜忌心理，则祸患自可消灭于无形云。九时，出视城厢，男女老幼，跪途嚎哭，泣诉家散人亡及亲族惨死之状，并请余往视万人坑。查临潭十七八年之变，事定后，吉鸿昌利用卓尼番民受害之仇恨心理，诱回民上庄，将三千五百人不分老幼，悉行杀之掘洞数十，从而葬之，骸骨累累，观者无不陨涕。临潭旧城，在唐为洮州府治，十七年以前，居民有二千余家，津沪各商号均有座庄，收买番马药材麝香皮毛等物。自经十八年变后，一片焦土，非复昔日情状矣。现时上庄者仅一百二十余家，多无衣食，情境至苦，临潭番地，往岁多恃皮毛药材出口大宗，自外方市况不佳，颇受影响。幸去年番马输出一万二千头少纾窘状。本城回回新教，设有一合作社，凡在教内者，共同劳动，由公家经营一切生产事业，一人服务，一家得食，所赢余者，悉归寺门。去岁售出之一万二千匹马中，即有七千匹其所有。经商范围，东至津沪，南至江孜，西至青海之红岩，西北至肃州。经理其事者为马明仁。系回教中之新教主。回教之徒，强悍耐劳，若善为诱导，使之有勇知方，实最有希望之国民也。十七八年之乱，全在冯部希冀征服临夏，回民得一笔军饷。此一念之差，致万家涂炭。余到临潭旧城，仅一日有半，而耳目所触，无不悲酸。救济之道，全在教育，而目前补救，则在为政者一本和平亲善之旨，善为处置耳。午后参观小学两所，并到嘛呢寺。四时赴马明仁家晚餐。

卓尼及临潭新旧城，穷苦无归者，其情极可悯，余施青稞各二十五斤，并着临潭县长往杨土司处商量归还难民田地办法，使生者不致流离。并将被杀尸骸，觅地安葬，以慰幽魂。此地人往青海河源及川藏为商者甚多，余均细细详询交通状况，庶平日地志中所不见者，得以了然，以为研究之助。

十三日早七时，离临潭旧城，西行十里，至古诏川，为唐时洮阳旧治，西平王李晟之故里也。又西北行，十里，有边墙，为蒙番旧界。过此，则为杨士司属。越山坡，五十里，皆行平川，至上湾稞罗，稍息。一路农牧兼业间有村落。由此上日奴可哈再下平川二十里，至仁多麻寺。又行平川三十里，至买务寺，则天气甚寒，只能畜牧而不能种田矣。自边墙入番界，居民均番族，服羊皮衣，宽袍阔袖，右袒其臂，腰束以带，夜以为被。食料则为酥油及青稞粉。人皆乘马带剑，有事则男子皆兵，各揣三日之粮，三日以外，则由兵马地粮支给。敌少则攻，强则避之。火枪甚准，不中不发。信佛教甚虔，平时家务及一切生产，悉委妇人，男子则乘马游闲及携带子女。习惯不洁，嗜酒者甚多。不谋私利，急人之难。不仇异教，忠实不欺，诳其一次，则终身不信，对其所信仰者，命之赴汤蹈火，亦所不辞。买务寺有僧一百七十余人，经堂一，活佛公馆二，喇嘛屋七十间。另有民街一，住户汉民三十余家，回民十余家，番民三十家。有小学校，系十八年汉回难民所创立，故多为其子弟。寺之主持者，系拉卜楞嘉木样活佛代表。余驻节寺中，各喇嘛人民头目悉来迎拜，递送哈达焉。按番俗人死后，为天葬，只有葬场而无坟墓，每于山巅立山神，年之阴历五月一日至十五日，众至山头呼喊，盖祭天神也，本日适为阴历五月十四。故沿途均闻呼喊之声。此地人民自卫力甚少，缺乏训练，缓急殊不可恃。遇马仲英、马廷贤过此，凡七八次，如入无人之境，顺从者则负供应之责，达者则悉被烧杀，故受害最深。

十四日早七时，离买务寺，天雨，气候骤寒，行草川凡三。买务番兵数百，奉命来护送，背枪佩剑，衣毡裘，冠绒帽，或为角状，或类反盘，少年则乘骏马，戴头饰，驰骋成群，漫弥山谷，西行三十里，为黑错寺。地通临潭，松潘，甘致，河曲要道，故地方情形，亦较复杂。清光绪年间，曾起叛变，由杨土司以番兵平之。寺有喇嘛二百七十余名，附近有回回及汉人难民二十余家，亦群诉冤苦。寺临要隘，草生野绿，河水萦流，形势殊为开展。寺有九层高之大经堂，尤称雄壮，在寺稍息，十时离黑错寺，上山北行，大雨骤至，马时滑跌，至感艰苦，三十里至洛加寺，洛加之水出焉。此水为大夏之支源，循水而下，凡二十里。顺流向北一百五十里为临夏，复转西十里，则入隆洼沟。再十里，为隆洼寺。自黑错出发所经之处地势渐降，气温亦高。由加洛至此。两岸皆高山，林木苍翠。隆洼沟山中多煤，随处见煤脉暴露。苟能开采，利用洛加之水，运输亦便。本日所经之山，为西倾山东来主脉，洮夏之分水岭也。夏时常降雪，气候颇寒，适牧而不宜耕。惟洛加以下，尚能种植青稞。

十五日早八时，离隆洼沟。由隆至夏河有两路，一上大煤山，路险而捷，一为西路，稍纡而平，但桥已冲坏。余等由前路上峻阪，凡十五里，至山巅。新雪犹未消融。下山，七里，至沟底，复转北行，十里至大煤滩。西行，循夏河而上，道途平坦，凡三十里，至夏河县城，城离拉卜楞寺五里，全县官绅，拉卜楞警备司令及各寺喇嘛均出迎。抵寓后，各界来见者亦多，三时出外访问。

十六日早八时，赴夏河各界欢迎会。十二时，赴宴。午后一时，偕黄司令正清，县长邓隆及同来诸人赴三苦平视飞机场。该地距县治十五里，周围均山，中为平原，北通甘家滩，西为循化，西北通同仁，南通甘孜松潘，均系平川草地，西通河曲为甘青川藏将来交通之要路也。山上有旧堡遗地，《水经注》称为故哈什城，现无可考，或系汉时羌人所筑亦未可知。余昔只读地志，未临斯土，以为由此至川青各地，必皆崇山峻岭，孰知到处皆为坦途。视察后返帐幕休息，午餐，食羊肉，颇饶趣味。帐外青碧一片，神气怡然。

夏河汉为白石县徼外地。唐以后，入于吐蕃。清归循化厅，属拉卜楞寺。民国十五年，置设治局。十七年，改县。全县人口三万四千余，藏族占百分之十八，回民占百分之十二，汉人占百分之八。藏民为八千二百户，多畜牧。全县面积二万七千五百方里。县治为旧拉卜楞附属，街与寺相隔一里，临大夏河。其地高出海面九千五百英尺，周围皆山，河水贯其中，故产青稞、豆、蘑菇、及牛羊、狗、马、哈儿、獾、草猫、狐狼、猞猁、诸皮，牛马羊诸畜，出产亦多。羊毛、木材、酥油、马尾、猪鬃、羊肠、羊油诸品，均为大宗，年值约八九十万元。水田约六百亩，旱田八百亩，均为自耕农。农产青稞小麦约一百六十石，值三千元。中等农户，年获约百元。输入货物，为布匹、茶及工业品，运输均以骡马驮载之。县治无城，商户四百家，多回民。全县小学校七所，学生二百七十余人，番民仅廿余人。黄子才司令极力提倡番民教育及卫生，然格于习惯，复以交通不便，进步甚少。畜牧方法，多不合理，如草场之变换，病畜之医治，畜种以及水草之选择，多不注意。此外关于兽肉、兽毛、乳酪之制销，亦不加以讲求，生活未进步，知识亦低下。番民身体强健，但不活泼。今日周游竟日，对于县治之防守，颇作详尽之考察。四时，赴黄子才司令寓。

十八日早八时，参观拉卜楞寺。此寺建于民国纪元前二百八十六年，其大活佛嘉木样一世，系拉卜楞甘家滩人，到藏学经，学问超越，为达赖五世所赏识，河南亲王迎之归，建慧慈寺，嘉木样即为该寺大活佛，设"襄助"一，以襄理一切事务。设"绩哇"一，以管财政。设"业力哇"一，以管地方事务。设"堪布"一，以管一切内务。而"业力哇"与"堪布"，则各兼番兵团长。寺设大经堂，为公共诵经之所。设菊巴札仓，为习密宗之院。设蒲巴扎仓，为习《医药》之院。设德科扎仓，为习时轮金刚法之院。时轮金刚法即自卫之军事也。设结多札仓，为习历算之院。凡喇嘛入院，先到大经堂习经三四年后，凡愿入何院，即行派入，使修专门之业。此外尚有十八"囊谦"，以助嘉木样佛办理外方一切佛务。嘉木样与囊谦各有公馆与经堂，皆金碧辉煌，雕画美丽，而囊谦之馆，附有施主住房。其习业先诵读，使明经文，次讲授，又次辩论。辩论时，由听众随意发问，待其解释，解释不合，则众哄笑之。诵经之地，冬则露天，夏则于树下，每日两次至三次，习以为常，半年一考。寺内附设藏经楼，藏经书，备各喇嘛随时借阅。有印刷所，藏印版，备印刷之用。每逢大典，则会食宴客，以奶茶及甜咸羊肉及酸奶为飨，每人一分。本日先拜嘉木样，次由"堪布"引往各处参观。其旁尚有一寺，陈一释迦谟尼铜佛，高四丈，用费二百四十万元，系清光绪二十四年所建，以骆驼二百余头，分部由张家口运来，然后装置。三时回寓，四时以后，看《西北民族来源考》。

十九日早七时，离夏河县治，三十里至大煤滩，十里山塘，一路尚称半坦，入峡口，又二十里，为一中滩，有大寺，其大活佛原与嘉木样一世在西藏同学，东归其居于拉卜楞寺。嘉木样一世圆寂，遗嘱以沙沟寺大佛继之。后与嘉木样二世不睦，为众所驱，建寺于此。所有黑错洛加各寺，均归其统辖。由寺下三里，洛加水与夏河来会，水势渐大。由此至洛加寺仅四十里，至黑错寺，亦仅五十里。循夏河而下，又二十里，为红墙，又十里，为咱咱寺，其侧有观音讲经之草家滩。十七里可至夏河县治。十里为桥沟，宿焉。今日所行，均循夏河而降，其方向先东次北，又西北，又转而东北，两山峡路，多林木。桥沟有庄户四十余家，临夏河而居，田园山色，风景尚佳，天气较拉卜楞为暖，麦亦茂长。此间番人多习汉语，回汉番聚处无间。

二十日早七时，离桥沟，循夏河而下，东北行，两岸皆壁，凡二十里，至清水，人家二十余户，均临夏逃来难民，以小商为业。有小学校一所，学生十人，汉回番均有之。又五里，至金滩，有佛寺一。南有小道，可通买务。又十五里，至土门关。明时以此为汉番分界处。自土门关以下，山势顿开，田原辽阔，村落相望，而周围多高山，雨阳时若，山地田园，莫不呈青茂可爱之色。二十里，至谟尼沟口。又十里，为双城，明时有两城，故名。历经变乱，人家仅七十余户。此地西南经土门关，至夏河临潭，西出老鸦关，可至循化。大力甲山终年积雪，银峰冲天，其南则出槐树关，经太子岭，西行而至买务。太子峰山势雄伟，为西倾干脉，上矗霄汉，夏日积雪不消。其东则通临夏县城，平原无垠，悉属麦田，大夏河由西南而东北，老雅自西来汇，槐树沟水自南入之。此城之北有高地，曰杨家坪。登高一望，山川形势，雄伟秀丽，逊清以至今日，人才辈出。民国以来，出主席凡八，其他军事人材，更不可以胜计。地灵人杰，岂不然欤。

二十一日早七时，离双城，东行，道路平坦，树木夹道，渠水横流，而秀麦一碧，农民有安乐之象，几不复忆及五年前悲惨之遗事矣。四十里至临夏城，城中文武均出迎迓。午后三时，往各机关拜访并出东门赴校场视飞机场，上北原山视察附近形势。临夏城在大夏河之阳，北原之南，故登原可以俯瞰全部。观其形胜，全在北原，守城必须守此。民十七之役，国民军得占优胜者，以此故也。余平日不喜任意对地方官惩戒记过，接厅讯，云有须提出惩戒者，余心至为不安。余此次到甘，一切用人，不讲历史关系，而运用往往不灵，环境使然也。

二十二日早，接见地方各界领袖，询问所管一切情形及地方各事。午后，参观城内各学校并步行各街巡视。六时，赴马司令眉山宴，并研究难民上庄及调解各方意见，

二十三日早八时，出南门，到八坊参观回教各寺院及南关小学校，随转西关及大拱北，十二时回城。临夏县自汉至唐为抱罕县，后陷吐蕃，宋复为河州治，金因之。元为河州路。明清为河州。民国初，改为导河，十七年改今名，以前宁定和政永靖均属县境，十八年乃分县。境内为西倾山脉，河流自县西积石关入境，东南行，复东流，入永靖者为黄河。自县南夏县远坂入境，经唐汪村，入毛笼峡，至永靖入黄河者，是为洮河。自夏河县入境，经土门关，东流至县城南东出泄湖峡，转北入黄河者，是为大夏河。此外

有牛眷河、樊家峡等，皆系小水，直入黄河。全县人口十六万五百余户，汉人七万二千口，回人九万三千余口。其东乡民族强悍，原为蒙古族；唐汪村系汉人信仰回教者；南乡民情纯善，多信佛教；西乡尚武好猎，回汉各半；北乡习工好文。宗教为回、佛及基督教。以回教为最多数，回教有新旧之分，而旧教又有门宦之别。新教起于民国二年，时宁定之果园地方，有马梁园阿衡者，曾朝拜土耳其，回临夏后，在八坊大寺开学授经，倡兴新教。甘提督马安良反对之，乃赴新疆。途次凉州，故青海主席马麟时为宁海镇守使，迎之到西宁，遂立新教。旧教历史悠远，凡有学问得一般信仰者，即为教主，子孙世袭，称为门宦。其坟墓称拱北，谓北辰众拱之意。其名称，一为胡门教，居唐汪川和政宁定等处，拱北则在宁定西门外；二为白庄教，居东乡九会宁定一带，拱北在县东苗家乡；三为巴苏他教，居镇南乡，其拱北在巴苏他四花寺，散居谟泥沟。其教主为马朵爷，于光绪二十一年之乱死于法；四为张门教，居大湾头及康乐设治局，拱北在东乡大湾头；六为华架场教，居西乡韩家集一带，拱北在西川；七为大拱北，在县城西，其教旨主清静，大部教徒在四川保宁、陕西西乡，在甘肃者仅三四百人。县中有国民党党部，成绩甚佳，以其经费节余办一建国学校，学生教员，大有生气，一切表现均足令人钦敬。全县学校有初级中学一，完全小学六，初级小学二十四，幼稚园一，初中全年经费一千五百元，小学五千余元，教育行政费一千四百元。以上经费，由教育局经收，得二千余元，粮谷附加一百一十元，基金息一千余元，农村学费一千零六十元，房租六百四十四元，烙印升斗税三百余元，斗行三百余元，杂货行二百余元，更由回教促进会经收二千七百余元，作第二完全小学经费。当民国二年开办教育之始，进行甚难，以后得各方之助，始行铲除一切阻力，次第兴办。该县水利，引用大夏河者有渠十三，引洮水者有渠四，其田地最好者为大夏河所经流域，土人呼为东西川。其交通，东至洮沙，北至永靖，西南通夏河，西通老鸦关，至青海同仁，南通宁定，西北通永登乐都。本县以农产为大宗，多种麦豆麻谷，每年有余，则运销皋兰、夏河等处。瓜果甚多，杏尤佳，木产以杨、柳、榆、槐、梧等为最。商业以收买皮毛为大宗，均由永靖自黄河输出。全县在十七年前，人口三十余万，经过兵燹死亡及流离他方者，达十余万。民情强悍耐劳，在清代以利田互制之政策，遂酿成同治及光绪二十一年之大变。冯焕章垂涎马安良遗产，挑起汉回番之仇杀及军民之屠戮。寺院昔日均以阿拉伯文授经，'阿衡'原不主读汉字。近因潮流所趋，民知日进，学校均用汉文本，而附以阿拉伯文及回经，此地回民中之知识阶级，均能注意教育，实一很好现象。临夏一地为回教根本要地，不特甘肃治安所关，亦为西北安危所系。其集中之处，为城西南八坊一隅，旧有五大寺、十八小寺。教规为每日天明礼拜一次，午后一时一次，五时一次，七时半一次，八时一次，共凡五次。平常礼拜在小寺行之，星期五日，乃作大礼拜，在大寺举行。昔时寺之建筑极壮丽，十七年因国民军与马仲英作战悉毁焉，现所修者，仅五寺。同治三年，陕西白彦虎之变，马占鳌响应于临夏。及后左宗棠西征，马投诚，悉戮异己。其子马安良承之，现甘、青、宁各军，多与有渊源焉。民十七之役，马安良势力殆尽，新势力马步芳等起而代之，其旧教则以马鸿逵为重心，统领回军，驻于宁夏。本县仓库，民六由绅耆喇世俊、邓隆发起，捐基金四万二千余元，籴粮备荒，至民十八，被国民军提作军费，仅余三千元。其收入田赋，民屯正项一万二千六百余元，民屯正粮五千四百二十二石。民众团体有商工农会，军事有警备司令，司令官为马为良，人至公平，六年以来，汉回得以稍安，均赖其力焉。地方经济，以农产为大宗，皮毛业因抽税过重，多衰败。盖皮毛大部来自夏河，如毛百斤值十元。在青海抽税四元，甘宁各二元，既八元。此外更加税运，到津成本竟至三十二元，故销路不旺，影响甚大。四时，临潭难民代表来谒，余告以现正研究救济办法，不日即可实施。

二十四日早，接朱主席电，令饬夏河、洮岷两保安司令，办粮接济松潘。余以夏河粮秣缺乏，请由临夏同往采办，交夏河司令转运前方。正午十二时，赴临夏欢迎会，午后二时，去电兰州本厅，将惩戒县长呈文撤回。余以为威德不滥施，则人易怀畏心，只要施之适当，收效自易，故齐威王赏戮各一，而齐大治，惜世人多不明此义耳。四时后，与杨世昌君披阅地图，研究永靖、临夏、皋兰之交通水利，盖甘省之要务也。近接京讯，北平、天津方面，日人将重演九一八故事，国力未张，任人宰割，至足痛心。余在甘任事，喜人民之强悍有为，而上下近亦颇具努力上向上之象，盖既呈朝气，诸事便有兴革之望也。

二十五日六时，离临夏。由临夏赴永靖，本由北原直向北行，余因欲看喇嘛川情势，故改向东北，循大夏河而下，行十五里为小北原。中有石峡，大夏之水出其中，水势怒泻，若凿渠引水，灌两岸之地，可得万余亩。昔年杨世昌长永靖，以石阻流，拟提高水面，终以水力过大，其功不成，但其所见亦有甚是处，吾人不宜以失败而忽视之也。此川天气温暖，宜于农业，得水便可成良田。由此顺川而下，麦皆葱茂，盖得雨水之赐甚多，虽稍旱亦无伤也。居民房屋，当十七八年之乱，被马仲英所焚毁，仍未全复。再四十里，至永靖城。此城昔名为莲花堡，建于民国纪元前十三年。是时杨增新宰河州（即宁夏本县），此城原为河州北乡，曾经五年前之大乱，杨防患未然，即筑宁河堡于南乡，复用兵工修莲花堡于此，以为保民之计。其用意，一所以固黄河渡口，使与兰州得安全之联络；二为利援师；三为严防卫，使有事之日，人民得堡自卫。十七八年之役，马仲英横行无忌，所有本县汉民村落，无不被焚，人民逃走无路，得堡遂保全生命三万余人。杨氏先见之功，足以千古矣。本县有黄河、大夏河、银川河、洮河诸流，又有良好平川，惜不能利用，殊为可惜。全县人口三万七千，城中人口四十余家，学校计有高小四所，初小二十四所，经费全年二千一百元。午后五时登白家坪以观察形势，嗣复接见士绅，披览故牒，以考方情。

二十六日出城，看附近田畴及一切攻守形势。本县高原多而低地少，虽有河流，未能利用以事灌溉，一切多诿诸自然。幸今年雨旸时若，收成尚佳，若天旱，则将成赤地矣。现时全县计旱田一千一百六十顷，水田七十五顷。永靖驻军过多，时将民枪收缴，地方警卫力薄，一旦有事，将不堪言。此地形势，控制临夏、循化，联络省垣，六岩孩颇为重要。

二十七日早五时，离永靖城，过黄河浮桥，沿黄河东北行，经许马家、黄李家，又二十里，至白塔寺。转北行十五里，为丁巨家川，一路水车甚多，树木蔽道，田禾秀茂，果枣成林，堡垒相望，呈安闲之境。自同治以来，两经大乱，幸无大损，虽军差担负甚多，而人屋尚无恙也。再北上陈家原，越小山，经尤家原，至黄河边。此一带十七八里均为原野，一无树木，行旅殊苦燥热。下原行，凡五里，至刘家峡，洮、黄汇流之水也。入石峡，奔流急湍，用舟横渡，再循河而下，五里为小川，人家凡百余户，均孔姓，仲尼之后也。自宋以来，即聚居于此，村人多令闻，持礼让，同治之乱，以善处得免。十七年之变，以自卫而全。明德之后必昌，其此之谓乎？小川滨黄河，富于农产，以枣及黄烟出名，小麦亦佳，惜未禁烟，莺粟累累，令人痛心。

二十八日早六时，离小川，东北行，过上原，至红柳台，又北行二十里中无人烟，上大山头，复下峻坂，十五里至上旋，少息，登高观朱喇嘛峡之水势。十二时大雨突至，一时冒雨向东北沿河右岸而行，三十里至青石关，大通河自北来会。出关又行平原，十里至新城，人口四百户，人二千五百人。地面甚大，然无水渠可用，所架水车，每车成本五千余元，每年修理费约六七百元，仅可灌地百垧，合二百五十亩。如黄河水小，则尚不能灌。今年雨足，收成可望丰登。所产以青烟为大宗，旱地多种麦，收成惟天是赖。过去人民所苦者为兵站筹办粮草，诛求无餍，今稍减轻矣。有小学校两所，学生一百九十名，学费由田亩摊收。一路人事麻烦，至此始得半日安静休息。

二十九日早七时，离新城，东关平原二百余顷，皆旱田也。又十五里，至梁家湾。又东行，曲折于河山之间，凡十五里，为西柳沟。由此而南，循沟底有汽车道，可通小川，约五十里，再东行，局势展开，田园一望，约三百顷。二十里至崔家湾，登白云观休息焉。正午又东行，十三里，至七里河。其南为通临夏唐汪川之要道。又七里抵兰州。本日所经之地，若于青石关引渠灌溉，地方农产，可望增加，且此渠更可直通至东干镇，为利至溥。

此次出巡，共费三十三日，行程凡一千五百里。关于番回汉之民风土俗、性情、生活、组织，莫不一一加以考察，于政治、经济、军事、文化，亦随时注意，搜得实际之材料不少。余尝以为研究西北问题，莫先于甘肃，而甘肃之要地，自为潭夏黄三河流域中间之一块土地。但道路未经修理，不通车辆，故旅行甚难，兹竟如愿以偿，实深安慰。而余经次骑行结果，多年积痼，一旦霍然，尤觉欣幸。返厅后，披阅各方来信，多是报告天灾人祸以及种种不幸之消息。国难民困，亟待拯救，吾辈负有地方政治之责者，应如何励精图治，以尽一部分之责任，此余视察归来以后，所朝夕惶虑，不敢一日自安者也。

（原载《新亚细亚》1935年第10卷　第3期）

伊犁视察记

王应榆

第一章　沿革

沿革

伊犁为古乌孙国。民族强盛，常有内乱，汉代用兵力平服，始道都护治焉。后相继叛乱，汉廷因远隔荒漠，置不征问。迄于唐初，数百年间，我国或因纷争，疲于兵革，或狃于逸误，不复远图，于是乌孙国王，自将境土割分长部落。迨唐兴，兵威远及，复入版图，设将军以资镇守，唐衰宋兴，伊犂又沦于突厥吐蕃之手。盖宋时版图，不能远有，既滇池洱海之间，尚且画河弃郡，况此万里以外，中隔沙碛之域哉？元起沙漠，铁骑四出，征服西域。开阿里麻力府以监视天山北路。元亡以后，其蒙族仍留居于此。后称为准噶尔，以乌孙为巢穴，东北略地至乌梁海外蒙一带，南以天山为界，西抵格尔格斯平原，北至塔尔巴哈台。清代奄有中夏，准噶尔汗噶勒丹，背叛不服。康熙三十五年，命费杨古西征，破准人于昭莫多。是年，噶勒丹亡。自后频年用兵，未能歼灭。及乾隆初年，准汗阿睦尔逊再叛，遂乃亲征，大军麾指，所向披靡。二十二年荡平准部，西疆底定。于是移兵西防，分筑九城于伊犁河北，以为建威销芒之谋。乃不数十年间，迄于道光中，俄人既侵有西北利亚及大格尔格斯之领土，处处边界，与我相接，要求向准部通商，而交涉自此繁矣，同治初，新疆复值回乱。时内地各省，适当捻发披猖，不暇兼顾西北而伊犁竟于同治五年失守。清廷从廷臣之议，请俄国助兵收复伊境。同治九年，俄土耳其斯坦总督进兵来伊，占据全境，我国政府屡请退兵，商议十年，不得要领，幸值内乱已平，国使得人，乌鲁木齐玛纳斯亦相继以兵力收复。俄国见我国兵威方盛，遂许以九百万卢布赎回。然霍尔果斯河格登山以西，已非我有。今者苏俄之土西铁路，业已成功，新疆之形势，益趋严重，原我国民急起直追，思有以御救可耳！

第二章　山脉河泊

山脉

天山山脉，发轫于喀什噶尔之喀拉租库山。东北行绕阿克苏乌什之背，至伊犁折东行，至鄂敦库尔岭分为两系：其一，东经迪化，展分南北，而尽于镇西哈密。其一，自鄂敦库尔折北而西，由哈喇颜山蜿蜒而下，复折而东，出博罗塔拉，经塔尔巴哈台而至于阿尔泰。号曰北山。伊犁山脉者，乃天山与北山分支点之两段山脉也。其二大干脉，在伊犁境内，天山复分两支：一自那林郭罗山分支东北行，折而东，尽于特古斯塔拉，与天山正干，成一大谷，特克斯出其中；一自霍尔霍岭西行至于阿拉哈什山，与天山，北山正干成哈什崆古斯两谷。哈什崆古斯二河出其中。北山复分一支，自倭尔塔沙至于大河沿西北，与北山成博罗塔拉谷。博罗塔拉河出其中。山脉正支各系，又随地异名，更号不一。试将伊境各山名，详述如下：

天山

一、正脉。天山正脉，在伊犁境内，起于汗腾格里山。特克斯河出其阴。有莲焉，白色，产于雪中。名曰雪莲。其东北曰木萨尔山，广宽二百里，其上多终古不化之冰。冰桥之下，厥为雪海。（伊通阿克苏之路出于此。所谓水达板，雪达板是也。）木萨水出焉，西南流入于特克斯河。又东北曰阿古雅放山，阿古雅放水出焉，北流入特克斯河。又东北曰莫烟泰岭，莫烟泰水出焉，北流入于特克斯河。又东曰博孜阿德岭，其上产金库，库乌苏水出焉。又东曰胡斯太岭，胡斯太水出焉。其南为特军迪哩克岭。又东为他什巴山。大小清格朗水出焉，西北流入于特克斯河。又东北曰那拉特岭，其阴昌曼河之水出焉，西北流入于崆古斯河。又东北曰鄂敦库尔岭，崆古斯源出其西。

二、支脉。天山支脉在伊犁境内有二：其自西徂东者，起自汗腾格里山西北之那林郭罗山。国界第一界牌在焉。其东北为诺海托盖山，第六界牌在焉。又东北过特克斯河，为阿尔挽各山。其东为格登山，上有御碑亭。乃乾隆二十年破准噶尔于此，勒碑刻铭以垂纪念。格登水出焉，东南流入于特克斯河。又东为哈升岭，哈升水出焉。又东北曰霍诺海岭，其阳霍诺海水出焉，南流入于特克斯河。其阴大霍诺海水，比脱脱水出焉，北流入于地中。又东曰恰什太山。又东曰苏阿苏山。又东为查布察勒岭，有水焉，北流分溉田庄。又东曰沙尔博克沁山，又东曰特古斯塔拉岭。特克斯东流至此。西北流四十里，与崆古斯会，西来支山至此而尽。其自东趋西者，起于鄂敦库尔岭之西南霍尔霍吉山，霍尔霍吉河源出其西，西南流入于崆谷斯河。其西曰阿布拉山，又西曰胡台吉，又西南曰脱脱山，又西北曰春吉山，多铜矿，春吉水出焉，东北流入于哈什阿。又西曰阿拉塔什山。

三、分脉。自那特山分支西行。出于昌曼崆古斯两河之间，曰昌曼山，其西为嚼古嚼克山。

北山

一、正脉。北山之首，曰哈喇古颜山，哈什河出其南麓。又西曰特穆尔哩克山，西曰伊勒哈岭，伊勒哈水出焉，南流入于哈什河。其阴精河之水出焉，北流入于哈尔塔拉额西克淖尔，其西南为乌拉苏台岭，乌拉苏台水出焉，南流入于哈什河。西北曰博罗布尔噶苏山，有水焉，西南流入于哈什河。又西曰塔尔奇山，其阴为赛里水湖，有物焉，状如常鼠；有鸟焉，绿身而长尾，与鼠同。而出则乘鼠张翼而行，其名曰骎。其树多林禽，苍松桦柳，产茶产药草，多礼鼠元獭。其西库乌存西克河出焉。东北流会博罗塔拉河，入于喀尔塔西克淖尔。其南塔勒奇之水也焉，西南流注于伊犁河。又西北曰倭尔塔沙山，又西北曰博罗和洛山，鄂托克赛里之水出焉，东北流入于萨尔巴吐河。又北曰别克津岛，别克津之水出焉，北流入于博罗塔拉河。其阳霍尔果斯河出焉。又西曰库克乌苏岭，库克乌苏水出焉，东北流入于博罗塔拉河。又北曰德木克山，其上有中俄二十八号界牌，博罗塔拉河出焉。又东曰萨尔堪斯克山，萨尔堪斯克水所自出来，东南流入于博罗塔拉河。第三十九牌博在焉。又东曰巴尔堪斯克山，倬罗吐布拉克水额哩克吐鲁克水所自出，东南流入于博罗塔拉河，第三十牌博在焉。又东北曰库库托木岭，第三十一牌博在焉。有水焉，东南流入于博罗塔拉河。又东曰托洛梗山。又东曰索岭，有水焉，西南流入于博罗塔拉河。又东曰阿勒特坦布山，再东则入塔尔巴哈台境。

二、支脉。伊犁境内，北山支脉起于起倭尔塔沙，蜿蜒东行，至于大河沿，名曰干珠罕山。

三、分脉　北山正支脉外，其出正脉西南西哈什河之北，回庄之东。则有克里则山。哈什河之北，胡塔斯唐水之东，则有托拔岭。吉尔恪朗（乃老湟渠横过之水，非特克斯之大小吉尔恪朗）。西五十里，则有辟里沁山。辟里沁水出焉。其西则有毛盖图山。又西北为阿里玛图山，阿里玛图山水出焉。又西北曰新开岭，白杨尔之水出焉。又西霍尔果斯之城北曰红山。其在正脉东西博罗布沟噶苏山之北，则有库苏墨池克山。

河泊

伊犁水道可分两源：曰博罗塔拉河；曰伊犁河。博罗塔拉河原出德木克山，导东流，其西北萨堪尔斯克山之水，东南流入之。其西南库克乌苏岭之水，东北流入之。又东别克津乌之水，北流入之。巴尔堪斯克山之水，南流入之。又东经罕乌苏卡伦南，又东库库托水东南流入之。又东南流，颚托克赛里东北流入之。案岭之水西南流入之。又东南流，经查罕喇嘛照之北，又东南经札克博卡乌兰喇嘛照之南。又东流库乌存西克河自西南来会，东北流注于喀尔塔拉额西克淖尔。伊犁河有三源：一为特克斯河；一为崆古斯河；一为哈什河。特克斯河，源出汗腾格里山北麓，东流经诺海托盖山，又东流木萨岭之水，西北流入之。其北格登山之水，南流入之。东北行经吉兰军台北，其北哈升岭之水，东南流入之。又东霍诺海岭诸水。并南流入之。其南查罕乌苏之水，北流入之。又东阿古雅孜岭之水，北流入之。又东莫烟泰岭之水，北流入之。又北阿坦图水，西来入之。又东库库乌苏水，自南来会。又东北大小吉尔格朗，自东南来会。折南流，特古斯塔拉岭诸水，东流入之。崆古斯自东来会。崆古斯河，源出鄂敦库尔山，西行至尔根南，霍尔霍吉河自东北来会。西北行经脱脱东南，复西行昌曼河自东南来会。又西行特克斯一源，自南来汇合。西流至野马土北，会于哈什河。哈什河源出哈喇古颜山南麓，导西流布鲁木阿尔河，吐察罕乌苏，托尔板察汗，阿苏木尔莫多，阿尔怎既吐布洞，折苦布洞，哈布奇克布洞，乌拉苏台，哈尔郭罗巴尔，建吐沙尔布拉克诸水，自北并流入之。经齐齐伦托海，克生托罗罕，春吉诸草原，阿克伯所车斯，吉里木太诸水，自北入之。春吉之水自西南入之。复西行伊勒哈库库，巴布拉克，额林莫多，霍吉尔，太乌里雅，苏台薩提诸水，自北并流入之。西南流苏布台水自西北入之。至阿拉哈什山西北哈什桥转向南流，至野马土北，与崆古斯会合而西流。是为伊犁河。西北流经察布察勒山北，分支西流，酿为锡伯渠。又西经宁远城南，又西经惠远老城南，又西乌河之水，自北来入之。又西经塔尔奇城南，塔尔奇水自西北流入之。又西南流二道河三道河之水南流入之。又西经伊犁奇肯卡南，霍尔果斯河南流来会。又西北入俄境，会集齐罕河，萨玛尔河，奎屯河，吐勒根河，喀喇河，察林河，格根河，库陇癸河，车里克河，古尔班奇布达尔水，古尔班阿鲁玛图水，哈什河楞水，库鲁图水，哈什塔克水，在俄境凡西行七百余里，而注于巴勒喀什湖。其入于赛里木湖者，则有阿尔奇吐哈玛尔河，干珠罕水，察罕郭罗水，其他不入于河泊，或借以溉田，或伏于戈壁者，则有哈普塔海水，西里布鲁库水，哈拉乌珠水，布尔苏台水，胡斯唐水，库尔库类水，克依根水，阿里玛图水，察布察勒水，札胡斯太水，乌库尔沁水，大霍诺海水。伊犁东北屏塔尔奇山上有湖焉，曰赛里木。译名净海。又曰天池。周百余里，云峰环之。影倒水里，不啻天然一幅画轴！湖面北宽南锐，陨□唯羽不入于内，鲲□子子皆所不生。每日水潮起落一次，其水波平似镜，夜气澄明，有赤光上烛霄汉。湖之南有松树头，上建龙王庙，登临远眺，一碧万顷，夏日湖畔，天气清凉，蒙民列帐张暮，星棋散布。富人之来避暑者，几于联袂结袖，出塞游人，一游其地，靡不心旷神怡，有留连不舍之概！

第三章　疆域形势

伊犁居北路之西，东界精河，南界库车阿克苏，西北两面界俄属七河省，东南接喀喇沙，东北通塔城，回环三千九百余里，东西长处一千一百余里，短处五百里。南北宽千里。内分察哈尔，额鲁特，索伦，锡伯四受曼，绥定，伊宁，霍尔果斯三县。及哈萨克布鲁特各部落。

形势则东南北三面环山，西临霍尔果斯河，全部形势如簸箕然，当中央亚细亚中俄往来孔道，扼天山南北路之要冲。东下乌苏，西出浩罕，皆有建瓴之势。一旦有事，兵戎，则东据精河，西据萨玛尔，进可以战，退可以守。然自光绪八年划界后，俄人夺我萨玛尔险，与我共占那林河以西，而我天山北路之锁钥开，攘阿尔挽各山，而我特克斯川之险要失。即那林河往来天山南北大道，亦非我之所有，良深浩叹！故居今日而言国防之计画，惟于霍尔果撕河，格登山，那林郭罗诸处，多驻精锐重兵，中俄有事，则我国之兵宜先取攻势，以霍尔果斯之兵，趋占萨玛尔，以格登山之兵，趋占阿尔挽各山；以那林郭罗之兵，趋占那林河以西之地，出其迅雷不及掩耳之调度，占此天然之形势，然后守要御敌，方可再定攻守之策。否则纵能以兵为要塞。其谓用兵得地利之义何？

第四章　种族人口

种族

伊犁向为亚洲民族角逐之地，人颣之繁，为中国冠。略分之为汉，满，蒙，回四族。汉人除土著以外，侨寓者以两湖，陕，甘人为最多，直隶人次之，他省人又次之。满族分为两系：曰索伦，曰锡伯。索伦来自黑龙江，锡伯来自盛京。蒙族分为额鲁特，土尔扈特，察哈尔三系。额鲁特乃准噶尔之遗族；土尔扈特乃旧土尔扈特之一部，于乾隆年间准噶尔既平，土尔扈特汗率其众投诚所遗之部，留于伊者。察哈尔乃元之苗裔，于乾隆年自张家口与索伦，锡伯同时迁来伊犁驻防者。回族分为哈萨克，缠头，回回。（即散布诸省俗呼为小教者是也）。哈萨克又分为黑宰，阿勒班，布鲁特，齐柳，苏完五部。黑宰本哈萨克汗阿布赖部下，于乾隆年间投诚中国。至嘉道年间，越入边境。至塔尔巴哈台山鲁克山一带，游牧牲畜。嗣因伊犁失守，遂陆续迁徙来伊。阿勒班与黑宰同源，收复伊犁后，先后由俄国来归者。布鲁特乃 格尔斯之一部，与苏完齐柳均自俄国七河省逃来者。缠头又自别为二：曰塔勒奇缠头，乃伊犁向有之土著；曰哈什缠头，乃由新疆哈什噶尔迁来者。以上各族，衣食不同，相貌各异，而其形貌则汉满蒙古与回族中之回回，尚觉相差不远。惟缠哈两族，体躯伟大，碧眼虬须，衣突厥服，宛然一天方国人也。

人口

土著各民族，原以耕牧为生。除垦种地亩之一部分人民，多半归绥定，伊宁，霍尔果斯三县分外，其余游牧之民，虽散居于各部落，然各有其长，以统辖之。以故人口之调查，较诸内地尚易。至若人口生殖之速，则惟哈萨克一族言之，实足令人惊骇！当同治末年，统计各游牧，尚不满四千户。今则增至二万户。（其中三千余户为俄哈归化者。）仅四十年间，增加五倍之多。生聚之繁可想而知。兹特将民国四年调查各族人数列表如下。

种　族	区　别		户口数目	总　数
汉　人			五〇〇〇	五〇〇〇
满　洲	锡　伯		一七三〇〇	二一〇八〇
	索　伦		一六八〇	
	新旧满营		二一〇〇	
蒙　古	额鲁特		一八三〇〇	三一〇〇〇
	察哈尔		二七〇〇	
回　人	由陕甘迁来之回教人		三〇〇〇	八四九〇〇
	缠头回子		七〇〇〇	
	哈萨克部落	黑宰	四九五〇〇	
		齐柳	一五〇〇	
		阿勒班	一八三〇〇	
		布鲁特	三一〇〇	
		苏完	二五〇〇	
总　计	一四一九八〇		一四一九八〇	
此外尚有侨居俄国之商人其实数尚待调查				

第五章　行政教育

行政

伊犁本属特别区域，其行政制度大约与察哈尔、热河，绥远、川边大同而小异。各行政院机关有由镇守使直辖者，有隶属于伊犁道道尹，而归镇守使监督者。其直辖于镇守使者，在镇署内有垦牧局一所。下分两科。关于蒙满事务，则由旗营科管理之。关于哈萨克事务，则由哈萨科经理之。蒙满各族，均有领队，以为之长，曰察哈尔领队。额鲁特领队。锡伯领队。索伦领队。领队下为总管，佐领等官。佐领直辖驻防军民，乃上下事务转承之官也。计察哈尔正副管各二，曰左翼正副总管。右翼正副总管。佐领八员。额鲁特正总管有二，副总管有三。曰四素木副总管兼佐领事。曰六素木正副总管，曰十素木正副总管。佐领十九员。锡伯索伦各有总管一员。锡伯佐领八员，索伦佐领八员。凡有案件均须层层按级上下，不得越步。哈萨克之长则为千户长，或辅国公。其下为副千户长，百户长，五十户长，各长官皆本族人，遇有缺出，则由该系族人公举，而由镇守使委任，凡一千户长，或辅国公所管之牧地，则因是千户长之名，或职称其游牧。如辅国公游牧，某千户长游牧。每一游牧事务，由该管千百户长经理，副千户长，五十户长助之。若众游牧之事，或千户长于本游牧不能办者，则由哈萨科办之。计现哈萨克有辅国公，一千户长二十。每一千户长辖管百户长，自四以至十六。每百户辖一或二之五十户长，每百户长辖牧民七十至百户不等。其直辖于伊犁道而归镇守使监督者，即绥定，伊宁，霍尔果斯三县是也。因各县在伊犁境内，去迪化遥远，巡按使于各县行政事务，多所隔阂，且各城事务多有与镇守使直辖各部落有牵连之关系，于事务上有不得不然也，以上行政组织，本系为因地制宜之计，惟因行政未能统一，政事不易设施，而部落分离，尤为积薪火上，祸患潜滋！试就蒙满驻防及哈萨克现状言之，即为明证。满洲本前清世族，除新旧两满营外，如锡伯索伦人，皆能垦地种粮，自食其力，其智识体力，不在汉人之下，虽自革命以来，归服民国，而其昔日之尊荣，优隆之饷俸，与流水俱逝。然其心理之向背，尚难逆料，且与蒙人最相亲密，现在陆军充当士兵者不少，设一旦有智力兼全者起而纠合满蒙之众，乘时起事，内外相应，救御之方，难测万金，此可虑者一。蒙古性愚体健，最易为人所恿惠。当辛亥武汉起事之秋，伊犁将军志锐，又拨以新式机械，其所居部落复与俄境紧接，有恃不恐，常思图逞。观民国元年大木萨之屠杀汉兵，察哈尔左翼之响应库伦，可以知矣，若不再为之所，万一内外有事，果将何术以抵御？此可虑者二。哈萨克人口众多，趋利若鹜，全无国家观念，其语言文字，与祖国不同，其善骑骁勇又非他族人之所能及，苟有人起而统带其族，脱离中国，联合各回教国，为祸诚非浅小！目下所以能羁縻者，不过因其人心涣漫，各血统之支派，不能同德同心之故。然非可谓长此以往，可保安然无事也，此可虑者三。由以上种种之现象，若图长久之治安之策，则莫若以统一行政为先着。仿照热河，绥远，察哈尔办法，将伊犁改为特别区域。易镇守使为都统。行前清伊犁将军之职权，庶民情免隔阂之虞，政权无纷歧之弊。惟是统一行政，固不易言。一则由于风教言语之互异，若以汉人长之，则事必有所系柄；二则其原有长官一旦失其职位，必启猜疑之心，如办理不善，恐效未著而祸已来。况兵多满蒙，若用力行，势不可恃。然则遂谓统一行政果不可望乎？曰是不然。盖当行之以渐也。所谓渐行之方法若何？第一步则宜将满蒙所有土地，分别肥瘠，酌置设治局，改其官制，统一名称，仍以原有官长改充现职，如满蒙之领队改为道尹，总管改为知事，佐领改为县佐等。每一设治局内委任一汉人专理司法事务，不干预其政治行为，则其官长与人民不过以为名目变更，实际仍旧，则满蒙人民一切赋税；悉如旧制，不入国家，以免惊疑。如是行之数年或十数年之后，该蒙满官长渐有政治之知识，且与汉人感情日洽，两无猜忌，自能潜移默化于不察不觉耳。将来设县治势如反掌之易。至哈萨克各游牧，因内部人心涣散，不能联络，则宜多县治，置汉人治之。政治之权，尽操于知事之手，使其原族之官，重新训练，以备民用。习处日久，自可将其千百户，五十户，长官制渐归灭于无形也。

教育

当前清光绪三十一以前，伊犁全境并无官立设学之所，其蒙人则以进庙念经为入学。富贵者或延师于其家，教授子弟学习汉蒙文语，以为作官地步。回回缠民，则于教堂内习学回文，诵念圣经，只求略识文字，以应普通之用，并无学术之可言，满人则设私塾，其教授以汉满言为主，其程度高者兼学公用文牍。哈萨克之富有资产者，延缠头于围幕内，教以浅近文数。自长庚任伊犁将军，建改设新伊总督之议，将欲齐顿军旅，振兴工商，于是设立学校，筹办工厂，计当时成立之学校，陆军则有讲武堂，陆军小学；商业则有商务学校；普通学校则有伊犁驻防两等小学；绥定初等小学；宁远两等公学；汉回学校，满营义学。女学则有琼玉学校等。惜在任未及一年，即调甘肃总督，接任者对于学务，只得敷衍了事，教育不求进益，学校亦只按旧办理，无所增减。辛亥革命事起，伊新交战，民国二年出兵援阿，学校因款项无着，逐一相继停办。后又遭冯李之变，公款益以缺乏。现下官立学所仅存两等小学两所，初等小学一所，及满营义学而已。惟满族锡伯营则于头三牛录于民国成立后，设立两等小学两所，内收男女小学生二百余人，教习皆系前讲武堂学生，书籍以上海印书馆，教育部所纂定者为教本。内以汉满文字为主要科学。缠头则于本年在霍尔果斯县所属之小弓拜（村落名）由一留学土耳其毕业生创办小学校一所。内收学徒四十余，教授回文及浅近初级科学。其他有大西讲学校一所，刻正筹办。哈萨克近年以来，因牲畜渐蕃，与城上往来渐多，求学者益众。其教授除父兄辈外，多用努噶依为之师。讲席在围幕之内，以识字即为满足。但教育关系国家前途甚巨，其权操诸外人，甚非所宜，故以伊犁欲求教育之发达，非先从交通事业入手不足为根本上之计画。然交通事业，非朝夕间之事，若因交通未便，停止教育，是因噎而废食也。惟择其要者而先行之耳，愚意以为文字乃人类精神之所聚，工业乃日用之所需。故近世各国，以文字同化为治属地惟一之善法。伊犁天然产丰富，食物饶足，工业原料随地富有，而日用物品，莫不仰给于内省与俄国。工业不兴故也。故教育宜先从事兹二者。查伊犁现用文字，约分汉、蒙、回、满四种。若欲蒙回满同化于汉，可由国家多设汉蒙、汉回、汉满等学校，选各族之年龄幼者，专教汉文。壮者则两文兼授，而偏重于汉。不收学费，俟此种学校学生毕业以后，凡涉公文民诉事件，悉用汉文。而以毕业诸生代办其事。如是则学习满蒙回文字者，势必日渐衰减，学习汉文者日以繁多。文字可期统一，不特融洽民族之感情，抑亦足以引动国家之观念也。至于工业学校，各种制造学校，开办限于经济，教师又乏人才，目下宜以创办织纺学校为入手。盖衣食两事，人类生命攸关，食物虽然有余，而衣服材料必由远方运来，价值昂贵，生计因以困难，倘遇商路绝断，全境之人必至御寒无具也。如能开办织纺学校，常年经费应由公家发给。其织布机器曾由长将军购办来伊者，现尚存库。现时可以就用。学徒可择土著有身家年轻、勤敏无内顾之忧者充之。教师则调用内省织纺学校毕业者，技织纺艺士各一人。棉花则由吐鲁番购运。学年以三载为期，均不收取学资，第一年各生徒入学，须有本地之领队乡约为之保，每月出保证金若干，衣食自给。第二年设以津贴，不即发给，以此款作为第二年保证金。第三年将津贴增加以其半为保证。三年毕业期满，即将保证金及证书发给本人，听其志愿出外谋生，或留校应用。其有于三年之中勤敏者。则给以奖金，惰者则令补习。若行之数年，文化以渐输入，自然风气开通。次第举办各项教育，必事半功倍矣。

第六章　都会交通

都会

伊犁辖有九城，曰惠远、绥定、塔尔奇、赡德（即清水河）、拱宸（即霍尔果斯）、广仁（即芦草沟）、熙春（即城盘子）、惠宁（即巴彦岱）、宁远（即金顶寺俄人呼为固尔扎）。惠远旧城，前在乌河与伊犁会流点之东北，旧日将军驻此。城之内外，人口不下十万。工商之所聚会，银号，会馆皆备。前临伊犁河，形势颇壮，今则一片残砖碎瓦，白骨满地，狐鼠楼穴，惟余城壁重立与夕阳对泣，殊不堪寓目！现下在旧城北十五里，乃光绪九年所筑。因与旧城对称，土人皆呼曰新城。前清将军，副都统，四领队伊犁协统皆驻城内，市肆殷繁，工商辏辐，人口约及二千户，城内以满人为最多，汉人次之。城之东北两门外。多是缠头。军队则扎于城之内外。自革命以来，将军、副都统裁撤，只派镇守使一员。行政机关缩小，满人口粮及内地协款皆已停辍，军队又已减少，于是金融奇紧，生计困难，商工亏蹶，市面萧条。凡巨商殷富，多向宁远迁徙，故土人每论及现况，不胜今昔之感！绥定据新城之北，当伊犁东西南北大道之冲，东通宁远，西通拱宸，北达广仁赡德，南接惠远，居伊犁诸城之中心。商旅之所集，往日伊犁府镇驻焉，为绥定县治，人口较新城略多，回回最多，缠头次之，汉人又次之，商务以南门外为最盛。塔尔奇居绥定西十里，绥定、拱宸往来所必经，城之广袤与惠远新城等，昔居民不鲜，经回乱后已成荒凉，赡德在绥定西北四十余里，人口约百余户，以汉人为最多，回回次之，缠头又次之，皆居城内，南街上有小贩商户数家。拱宸城逼近中俄国界，当出入门户，前清设通判一员，民国三年改设霍尔果斯县治，人民约百余家，多居东门之外，商户有二十余家，以买卖饮食日用品为主，城内军队有骑兵两排，乃守边戍兵也，广仁居赡德之北，当伊新之孔道，凡由新来伊，首达此城，城内外有民家七八十户，景况与赡德相似。熙春城为诸城中最小者，在宁远之西北十里，城内前有都司驻此，及农家两户，今此官已撤，惟余沉沉深院而已。宁远为伊犁中俄陆路通商要埠，货物麇集之区，俄国租界，伊犁道尹，俄领事，伊宁县知事各公署，皆在焉。人口约三千户，其种类之复杂，可称为人类赛场。而其贸易输出品，则以牲畜皮、米面为大宗，输入品则以布匹、茶糖、纸烟、杂货为大宗。国家设局收税，每岁入收之额，年有增加。

交通

交通乃文化工商之所系，统治国防，所关尤重。伊犁去中原万里，水不能通大洋，陆无铁路以资联络，平居闲暇，则工商统治受其影响，有事之日，奚所恃哉。查伊犁河自宁远以下，虽深浅不一，若稍事疏浚，浅水轮船帆舶可以通行。然河之大在俄国辖境，而伊工商不振，苟河中通舟，反授他人以便，非徒无益，而有所害。至陆路往来通轨，一曰绥定，北出菓子沟，东经西湖迪化，以通关内路。一曰西出霍尔果斯，以通俄属七河省之路。一曰东通宁远，经那拉山以达喀喇沙之路。一曰南越霍诺海达板大木萨冰达板，以通阿克苏之路。惟诸路之中，东南两路皆重山叠岭，险峻非常，车不能越，且往南路中冰达板上，终年冰结，夏日雪消，冰滑，路傍深溪，稍一失足，立成齑粉。冬令天寒雪厚，举步难艰，而六素木喇嘛庙，至冰达板之间，积雪没胫，往往有失路与冻毙之虞。前清该索木某佐领，曾于路上树植路标，行人称便。后值伊犁反正，其所部以佐领平日管束过严，将其屠杀，木椿尽拔，亦甚愚矣。路上防冻之事，今年春曾有人提议捐款于路间建设房屋，冰达板与喇嘛庙两处，备办皮衣，为借与过往贫民御寒之用。此方借着，他方交缴，时用不缺，诚善举也。至出菓子经沟西湖通关内之路，乃与中原联络，最关紧要，虽可通车马，然所经沙漠戈壁，人烟稀少。对于军事则输送援救，多受窒碍。且今俄人自开以古拉斯克至斜米密巴拉金斯克之铁道，业经开车，将来中俄有事，敌人将西伯利亚兵队，会于斜密，一循鄂尔齐斯河乘轮船至阿尔泰，南趋绥来，一经塔尔巴哈台以趋西湖，则后路立断，行见人为刀俎，我为鱼肉矣！昔长庚之建议与筑归新铁道，盖有见乎此也。然以我国现在财政之实况言，骤议筑此数千里之铁道，固无异画饼充饥也，然则将奈何，若以鄙意之主张，不若先行取法于俄国之站车，其经营费较省而其运输力亦大。查俄国边地站车办法，每于一线路上隔离二十至三十俄里（每俄里约当中国二里）设立一站，站内备车三四辆，一车配马两三匹，预备马一二匹，驿舍有床及卖饮食，以供过客食宿。每站有特长一人，凡卖票及站内一切均归其经理，其各站之连络以车票为准，每站之马只挽一站，遇他站车来，将票验已，立将车马交换。故一日能行二三百里。若此法施之于伊犁至兰州大道，将原有站舍修茸，作为新驿站。其隔离过大者于间加增一房屋，费力亦不甚多。及成就之后，则三千里路，二十日可达。数年之后，陇海铁路成功，则边陲虽远，鞭靴可及。至往来便利，沿路戈壁，则必为烟火相望，鸡犬相闻矣。洎乎人口即繁，然后开办自动车，专载过客细软货物，而以驿车运载重品，相辅而行，或直由归化经蒙古大草地，开办自动车，以达古城，经迪化以至伊犁，则更便利。及国家财政日裕，而驿车自动车收入费，又与日俱增，然后采天山之木铁，以从事建筑铁路，成将归新之线，赶速修筑，或将陇海之线，由嘉峪关展筑至迪化，而达伊犁。则万里之遥，朝发夕至，何畏乎强邻？何忧乎内政？

第七章　气候物产

气候

伊犁处大陆之中心，地势高亢，无海洋以调和寒热，兼之天山盘郁，境内峰矗云汉，北冰洋吹来寒风，被其阻挡，故一地之内，一日之间，而气候不齐。查伊犁昔日甚寒，近年以来渐趋温暖，现数年伊犁河两岸平地，夏日通常热至八九十度，冬令至零下十度以内。夜间比日间当减十余度，即在夏日若云冕连日，便觉凄凄。空气夏燥冬润，雨量甚少，最多之年，合计不过数毫，或终年不雨，惟秋后降雪弥厚，冬至前后，积雪深达二三尺。特克斯，崆古斯，哈什诸谷内，天气较伊犁河畔稍冷。谷源一带，空气潮润，雨雪俱多。至于山岭，终岁积雪，天气靡常。夏季几无日不雨。雨后继雪，其峰巅上则惟六出飞飞，天气温热之时，雪由山麓渐渐上融成水，流下平地，栽种饮洗，胥此赖之。

物产

境内山脉蕴结，土壤肥沃，虽当寒带，而平川之内，气候温和。是以矿物多藏，动植繁有。其矿脉多而已现者，则有库库乌苏；红山博罗塔拉之金矿；什索木之银铅矿；春吉山之铜矿；铁厂沟霍诺海之铁矿；邢林郭罗之宝石矿；皆露显于地面。煤则随地皆是。惜掘矿人才缺乏，资本家又不敢冒险从事，致利弃于地，反增邻国觊觎之心。从前库乌苏金矿，曾由公家开办。然所用非人，不从矿脉掘采，只在沙中淘求末细，复以在事人员，滥销费，故卒至赔亏停办。现下该矿已无资本家问津，惟有少数回回，自携干粮至其地，用土法淘者。然每日只得数分而已。此矿欧战以前，英人来伊游历，必不避艰险，揣带帐幕，乃裹糇粮往查察。据言矿脉之旺，不减漠河。什索木银铅矿，回乱以前已经前人办过，颇著成效。及伊犁收复后，后人曾继续开掘，以未得其法，铅银分解不清，随亦停办。但春吉山铜矿，现有缠商牙和甫，已依开厂办理。查该厂采矿，打铁，鼓炉，全用人力。烧炉十六座，每日一人，能采矿三百斤，或打矿百二十斤。炉用二人鼓扇，铜质得矿百分之八。每日一炉能出未净之铜二十斤，发售于迪化，每斤价值省票六钱，若以工数与出铜相比，则二十斤未净之铜，须人四工，复须净冶两工，每工平均须三斤。然伊犁工价昂贵，复用木炭烧炉，及除运矿等费，故每年获利不多，规模亦未能扩充。应榆前偕杨镇守使出巡，曾至该厂及矿穴，详观一周。见矿脉显旺，横断该山。若以现法开之，恐百年不尽。矿地前临哈什河，水力浩大，可以利用，以为打矿鼓炉。即省人力，矿炉可以多设，出铜亦速而多。从矿穴渡河上行八十里，有煤矿一所，若开采制或炼炭以为烧矿，则价较木炭即省且廉。

植物材木则有天山之桦，河沿之松，平野之榆杨巨柳。谷菜则有大小稻、麦、高粱、菇、玉蜀黍、乔麦。蔬类则有白菜、萝卜、苋菜波、菱、葱、蒜。瓜果则有冬瓜，西瓜、丝瓜、黄瓜、甜瓜、梨李、桃、杏、苹果、葡萄、樱桃。薯类则有马铃薯等。药材则有紫草、甘草、贝母、泌麻、车前子、雪莲。而贝母一项，每年销往内地为大宗。由此观之，伊犁以一偶之地，其植物出产之多，其土壤天气之宜，概可知已。苟能设法培植，筹备输出之方，其财富岂可量哉？查材木一项，往昔任人伐运，俄国人民，每年自由入山采木，乘伊犁河放入俄境，以供给俄属中央亚细亚，利权外溢，不可胜数。历任长官虽知之而不敢阻，一若天然物与强邻公共品也。自镇守使杨君莅伊，即组织林木公司，以商业性质，注意经营，始得挽回利权。

商产物伊犁河两岸土壤最肥，温度亦宜，惟降雨稀少，非凿渠引水不能栽植。查伊犁河北，回叛以前，曾凿湟渠一道，东起哈什桥下三里许之地，西经宁远绥定，由乌河入于伊河，长约二百里。所过之地，皆是良田，及回乱时失修日久，渠道渐塞，龙口亦被水冲坏，于是水不入渠，现下哈什桥至宁远县境各村落，种耕者口甚一日，每年需水之时，相集将就口修补一次，虽能将水决至宁远，然龙口所用土石未坚，而哈什河流水涌急，殊不能抵御。岁岁修补，经费浩繁，甚非长久之道，惟旧渠口之上约二里处，河中有天然大石，水流不易剥削冲坏，若改为龙口，诚可一劳永逸，前者曾有人倡议改作由此处另凿一沟，长三四里，中接旧渠，经过惠远入河，当时捐资者颇形踊跃，数已凑足，不知因何事而中止。凡人民可与乐成，难于图始者，其斯之谓！果能由公家开办，则当时所费无多，而事后之人民受益，国家赋入，诚非浅鲜也。查伊河之南，嘉庆年间，锡伯领队某，见族人不耕而食，引以为忧，于是率其族将霍诺海沟，及伊犁河之水，掘长沟灌入八牛录地方，使各家耕种，至今人皆足食，岁有余粮，运往河北出售者所值不下十数万。其农业最易振兴，可想而见也。其他崆古斯，特克斯，哈什诸河，下流土壤亦沃，天气强能耕植。目下缠头蒙古等渐凿沟渠，开辟田地。将来伊犁农产物，必不可胜食也。动物分水陆两类：陆上家畜，则有马、牛、羊、鸡、犬、豕之属；野物则有虎、豹、熊、罴、麋、鹿、獐、野马、野骡、野牛、野羊、驹骒、野彘、兔、狐、獭、狼狉狑、鹰、雉、凫、鹤、鹇、雁之类。家畜之中，马牛羊最为繁殖，调查其数，马约十三万匹；牛约十一万头；羊只已达百二万头之数。惟马匹相貌雄伟，性质纯良，服役年久致远，毅力皆非关内产马之所能及，当马自四五岁达二十岁为服役期，其间以八九岁至十五六岁最为强健，亦有至三十岁尚能乘骑者。饲养颇为单简，蒙哈马群只食山草，即乘之亦不喂料，草中撒以食盐，食饱即能行远。盖伊犁山草滋养分足故也。在平地服役之马，草料皆喂以苜蓿为最多，玉蜀麦、大麦次之。苜蓿一物，为新省所特有，状类荞麦而茎长，初年无利，随手播种，则三四年内只灌以水，割后即能自出，取以饲喂，最能增健马匹，至于牧场，伊犁全境内无地不宜，惟其中于羊马之间，不无区别，如六索木多良马，那拉特山产美羊，皆水草之关系也。盖养马之场，以苏油草为宜，养分既足，湿气又少；羊则不然，所食之草，若过长硬，吃吃维艰，消化不易，且往往断折硬草，插入蹄隙，成病死亡。至于牛之一种，生殖本易，不择草场，原可大蕃。乃伊犁工业不兴，皮骨角乳无销行之处，蒙哈所食其鲜，游牧之民，于牛颇不注意，只附养于马羊群中，以为取乳之品，故不十分昌炽。窃观马匹能力可以驮挽乘骑，乃天然器械，对西北平原旷野，交通贸易，多所藉赖，而军事尤为重要。查中国产马之区，首推蒙古、伊犁。然蒙古自清初以来，喇嘛教大行，人民渐趋惰弱，兵革鲜少，爱马之心日淡，护马之方废弛，任其自生自息，故马体能力日见退化。且库伦独立后，内外蒙良马多被抢去，转卖俄国，将来若欲养成良马，以为国用，则伊犁实较蒙古为易，前者曾有人建议将外国良种，与蒙古马配合，于河南省开设马场，不知马匹之体质其始则关乎种嗣，日久之后，则草场天气，关系尤深。而河南草葧短弱，养分甚少，鄙意以为新省巴里坤之马耐劳；其性不驯。喀喇沙之马，体雄伟，禀性良善，乏持久之力。伊犁水草丰美，若能将巴喀之马，配合于伊犁六索木及察哈尔右翼，开设官马场，选择他国养马之良法而效尤之，则数年之后，国家用马，可无缺乏之虞。至禽兽之皮羽，足供衣料，不可胜用，乃伊犁硝皮之法未善，以硝含钠盐之故，运至关内，夏日返潮，销路不广，殊为可惜！其骨角中鹿茸一项，虽稍逊关东，然运销于天山南北，每岁亦达巨万。水类，哈什，崆古斯，特克斯诸河，鱼虾不产。惟伊犁河以下诸河，则有鲤鳔，花鱼，白鱼之类，每一投网，可得数百。惟食之有限，出产过多，视为贱品，捕之者鲜。

第八章　工艺　商务

工艺

土著人民，智力低浅，日常衣用之物，皆恃以天然物产与内省及他国易其所无。而历任长官，又皆以因循敷衍为事，不肯出丝粟之力，以提倡工业为任。以故百艺莫能举兴。现查伊犁制造物品之类，几如凤毛麟角，其略可言者，则为蒙哈之毛毡，桦木器，各种乳制物，皆价廉而物美。次则哈萨克妇女之花绣帏幛，亦精致可观。至皮革一物，宁远亦有制革一厂，但所出物品，未能良美，规模狭小。至于伊地物产之可以作工艺原料者，如皮毛林木，金银铜铁煤，羊脂药材等物，不一而足，若能设厂制造，工艺大兴，不但人民衣用均能自给，且能化贱作贵，运销俄境，其富可翘足以待也。

商务

商务之权大半操于俄人之手，其次则直省之天津人，然不及俄人十分之一，商人贸易之法，可分两种：一以货贸易者；一以币货交换者。以货易货之法，行诸山中之蒙哈，盖此两族不织而衣，以畜牧为良务，耕植为末艺，金银货币不知为用，一切物品，惟恃牲畜皮毛互易。查山中贸易之道，由货郎贩物入山，随牧民行徙，购物不以币，不用现物交抵，凡牧民需用何物，即言定某牲畜若干，皮毛若干，于某时交缴，决不食言。届时力不能筹还。则将本利算上，如再难价者，则为佣以退债。其收债之期，年分春秋两次，货郎乘其迁移冬夏牧场之时，俟于必经之路，按账收取其物价，因距收账期远近以为准，最贱之时，亦必本利相等。故伊犁之一般商人，莫不以山中贸易为致富之捷径。若币货交换之法，行之平地，一切购办，以币为主，物货运贩，以汉人俄人为最多。输入品以茶、布、糖、石油、铜、铁器为大宗，玩饰品、纸料、药材、杂货、玻璃，瓷器次之。输出品牲畜皮毛为大宗，贝母鹿茸次之。其输入品之货源出自俄国及内省，俄货占四分之三，华货仅四分之一。所用之币区分三种，曰俄帖、曰省票、（即迪化所出龙票）曰伊票。而诸帖之中，以俄帖最称便利。盖目下伊犁与内地兑汇未通，惟俄币乃能周转。此可知伊犁商情，俄人之占优胜矣。其故虽有种种之关系，而其失败之大因，则在乎税约。盖新疆一省，自伊犁条约成后，俄人得于天山南北，无税自由贸易。于是俄国输入运出，一切货物，成本较我为廉，故我商务自无与他争角之余地。窃查该约业已期满数年，若我早日与之改订，对于俄商则行用各通埠对外商之税则，复将内省出关物税减轻，将来西北商权图谋挽回。而年中收入，亦奚止百倍？执政诸达，共速图焉。

两广政务

梧州警备司令王应榆解散民船工会之布告，1926年12月31日

为布告事，查梧州市民船工会，良莠不齐，分子复杂，迭据民众控告种种非法行为，应即解散，以备整顿，兹限三日内，速将该会旗帜印信等件，缴交警局，听候改组，除饬警遵办外，合行布告，仰该民船工会一体遵照。此布。

（同上）。

（原载《中国工会运动史料全书》广西卷. 南宁：广西人民出版社，1999）

北区善后公署振兴林业章程

北区善后委员王应榆，为振兴北区林业起见，特拟定振兴林业章程，通令各县长遵办，以期督促造林，发展林业。兹将该章程录下：

第一条　本章程为振兴北区各县林业而设，除照政府公布之法令外，均依本章程办理之。

第二条　北区各县署为积极督促造林起见，应于署内设一职员专司其事。但该职员应有相当林业知识者方得委任之。

第三条　本公署应筹办模范苗圃一所，征集本省主要树种，及购买外省外国最有效用树种，培养苗木，准备造林。

第四条　本公署应择定交通便利之官山荒地，造模范林一所，或称为中山纪念林。其面积在三百亩以上，伍百亩以下。由本年着手计划，明年春间完成。

第伍条　各县同时应设一最小限度，由伍亩至十亩面积之苗圃，培养苗本，供公家造林及人民请求苗木之用。

第六条　各县署应选定交通方便之荒山造林一所，称为某县之中山纪念林。其面积在一百亩以上三百亩以下。由各县奉到本章程日起 着手计划，至明年春间完成。本条及第四条造纪念林之苗木，拟暂由外处购入用之。

第七条　各县关于振兴林业费用，应由地方税或罚款项下，设法筹拨，不得借口无款放任之。

第八条　各县长奉到章程之日，应即派员将县内之官荒民荒山地分别清厘，限三个月结束，列册汇报本公署考查。

第九条　清厘山地时，对于已有林木者，应传集林主，缴验山契，及已否升科。若仅有契据而未升科者，即限令其依法补行升科。

第十条　清厘后确定之官荒山地，应即布告人民，俾依法承领造林。

第十一条　各乡村原日乡民借口占领之荒山或习惯上认为某处系某私人或某族姓占有者，经布告后，准其有优先承领权。如过三个月不申请承领者，任由他人承领之。

第十二条　各乡村之官荒山地，有向为乡人樵采茅草地者。县署派员清厘时，应与该村人民商定，按照该村户口多少，须樵采地面积若干，在距离人村十里外荒山，划地一段，暂不予以承领，留为村中人民樵采之用。所有天然林地，新造林地，则严行封禁。一俟村中林业发达，树林等项已经人人足用，无须再采茅草时，应将公共采樵地，由村人向政府承领，共同造成一村有公林。

第十三条　已经升科之民荒山地，从布告之日起；从新承领官荒山地，从核准之日起；满一年仍未着手造林者，应撤销其所有权。虽经着手，不依期完成，至半途荒废者，应将其荒废部分所有权撤销之。如因天灾地变，及不可抗力不能施工者，应呈请县长核准，酌为展期。

第十四条　前条撤销之所有权之山地，另行布告招人民承领之。

第十五条　凡乡村社约，及各姓族尝所有荒山，应由该村人民各族子弟设法筹拨公款或尝款，分别造林。所有收益概作该社约租尝之公款。

第十六条　各乡村学校及公共团体应设法筹款承领官荒山地造林，以为基本财产。

第十七条　各县清厘确定后，官荒山地经布告人民承领造林，若满六个月后，仍无人承领，其山地距离在人村十里内者，应由县长按照其村中人口多少平均处罚款项，代为造林。

第十八条　各乡村现有之人造林，天然林，其林主应将山地面积，林木株数分别列册报明县署，汇报本署以资统计。

第十九条　各县长对于人民原有森林，及新造之林场，应出示严行禁止乡人盗伐，放火，樵采，损坏，放牧牛羊等，以资保护。

前项之保护告示，人民得请求地方官发给，县署不得征收费用，并得将告示粘报或泐石，永久有效。

第二十条　各乡村应联合各林主组织森林保护协社，严定社约，保护天然林及人造林。

第二十一条　关于造林事项，地方官对于人民呈报文件，或缴验契据，及派员查勘等事，概不得征收费用。

第二十二条　人民确能依期造林，面积达百亩以上，成活满五年者，由县长奖与匾额；三百亩以上，成活满五年者，则由县长呈由本署奖与匾额；五百亩以上，成活满五年者，由本署呈请省政府奖与金质徽章；千亩以上，成活满五年者，呈请国民政府给予褒状。

第二十三条　每年终，各县长应将属内私人或团体造林事业状况查明，汇报本公署考核。

第二十四条　各县县长对于办理造林事业，成效卓著，或办理不力者，本公署应分别奖惩。

第二十五条　本章程如有未尽事宜，得由本公署政务处分别修正，呈由委员核定之。

第二十六条　本章程自公布日施行。

（原载《农事月刊》1928年第7卷　第2期　）

王应榆建筑县路之意见

建设应以开筑全省公路，关系交通要政，当地县长负督速进行之责，近拟委各县县长兼充公路局长，北区善后委员王应榆，以此事关系颇巨，特致函该厅厅长马超俊，陈述意见，商请变更办法，原函如下，星朝廳长兄勋鉴，前承驺从驻临韶石，并获随赴埅桥备聆硕画周详、思之至快。顷阅广州日报，载有各县公路局长，将改委各县县长兼充，不另派员设局专办之说，不审有无其事，窃思吾粤最近十年来，各县应办之公路大率责成县长兼理，而进行之缓，收效之微，往事具在，无可为讳，推原其故，殆由一路之线，往往跨连数县，各县长官、人自为政、能就各该县范围以内，苟完筑路职责者，已属寥寥罕觏，若望其通力合作，兼顾邻县，挹彼注兹，同时竣事，殆成不可能之势，顾以各县地势险夷互异，民力穷富不齐，一县所应筑之路，与一县所能筹之款，其数殊难适合，贫瘠小县以境内多山，所筑路段，不免构桥凿石，需款之巨竟逾于大县数倍，政府若以各县辖境之大小，规定经费之多寡，又难得确当之标准，是以各县公路，除以各县长可充副局长外，仍应另有局长，以总其成，期筑路征费，不感困难，办法较为妥善，聊贡所知，借作土壤细流之助，实情如何，尚祈见示为幸，专此并请勋绥。

（原载《道路月刊》1928年第25卷 第2期 ）

整顿军备中之工业革兴

王应榆

整顿军备议之一章

工业之于军备工作，可分直接制造与改装制造两种。近代作战需用物品，以属于工业部分为最重大。需用既多，补充尤要。惟兵工厂多则财力必竭，过少则军用又乏，故今日各国莫不寓军备于工业。凡有关国防之工业，必竭力提倡开办，奖励辅助，惟恐弗及。况我国当内外多事之秋，尤宜未雨绸缪，早为准备。政府亟当召集国防会议，以参谋陆海空实业交通财政教育各部及全国建设委员会各该主官概专家若干员共同组织，议定计划，凡关于人才之培养与使用，工兵行政之系统及兵器需要，兵器之数目，种类，兵工厂地点之决定，经费之筹措，各年之进度，各种可以改作军实的工厂之兴办奖励等等，皆当全盘规划：

1. 关于人才之培养 兵工人约分为三级：一为高级技师，二为匠目领首，三为工人。

高级技师又可分两种：终身致力于兵工者，一普通工业技师领受兵工学识，动员时为兵工技师者。

前者之造就宜由中央设立兵工专门学校按照各省情形，用普考办法，以人口为比例，每省各招学生由五十名至一百名以在大学理化专科毕业者为合格。其边地人才额数不足者，可由腹地补充之。内分机械化学两科。造船，造车，造飞机则不在内。其教练与实习，以现代最新武器之制造法及管理法为主要科目。两年毕业。制造科则设高深班，增加一年。其教官及主任则宜聘请客卿担任，而以本国人充当校长。校址以接近大规模之兵工厂为宜，一则便于实习，二则乘机将厂务改良。各生毕业后，则分发各厂见习，优予津贴，给以保障，按年升级，优者予以甄拔。缺出则以相当补充。赏罚务出公开，服务两年则择其优者出国升学或考察，以求新颖知识。并可认识外国进境，俾不致因时代而落伍。

后者之造就，则宜由中央及各省举办兵工研究院。凡国内工业毕业学生，必须入该院补习兵工学识，凡未经入院者，不准至各种工厂执业。补习时期，国家仍予薪俸。修业期满，给以文凭。无业则予救济金，有职仍给津贴。对政府则负指导工厂，调查一切，为国家随时定造军实，及动员时负实施之责。至已在各工厂执业之技师，若调其补习，势所难能，则宜令其函习，年满考试及格，给以函授毕业文凭。若有成绩，亦予津贴。其对于政府所负之责任，与在研究院出身者同。此关于高等技术者之养成也。

匠目领首亦分专力兵工与附学兵工两种。专力于兵工者，则由各兵厂自设兵工目领养成所，考选本厂优秀工人，及普通工厂目领，教以兵工学术，以两年为期，毕业后即拨入兵工厂充当匠目或领首。以后缺出，只准自目领养成所出身者充当。如实为优良者，则不在此限。但亦须函学该所功课，以归划一。其余普通工厂，则由经受过兵工教育者设教练班以教授兵工常识于其匠目领首，每日学习一小时，半年期满，由政府派员考试，及格给予津贴，此关于养成目领者也。

工人之造成则由各厂招收艺徒。各省各县均有由政府规定一切待遇保障办法。课程内必须有兵工常识，每星期至少须学习一小时。如此则兵工学识得以普遍矣。

2. 兵工行政之系统及需要之兵器　我国兵工幼稚，以往颇敝不堪。素不注重国防，故兵工行政之组织，均甚简率。全国只有汉阳，德州，广州，巩县，沈阳，成都，华阴等处之国办兵工厂，直接属于陆军部。今则增设兵工署以资统理，海军则只辖上海，福州，广州造船厂，为适应需要计，似宜于国府之下，组织国防军实会，关于军实之种种准备，国防之种种建设，皆可由此会向国民大会提出一个整个计划及预算，请求通过。且监督海，陆，空及实业各部，按照执行。其组织分子前已言及，凡海，陆，空，实业各部及有关于军事方面之供给或制造的学校工厂等等，悉署归其指导监督。如此，可无庸设立兵工应矣。其统系如下：

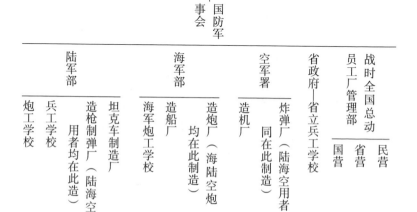

我国现时需用兵器约分为机械化学两种：

机械在陆军方面则为枪，炮，铁甲车，坦克车数项。查现代作战，于最后大多以全人口十分之一为兵额，持枪兵员约占六成。我国人口约为四万七千万，应有兵员四千七百万。持枪人应为二千八百万。需枪数目，与之相同，若交通便利，对一强邻，只须枪六百万足矣。惟现时国有兵工厂除沈阳已被蹂躏外，每年所造枪枝甚少。除军隧用枪约二百万枝，人民枪可调用对外者约五十万枝。其余所差者尚达三百五十万枝之多。故急当一面调查全国可以改供造枪者之机器，人员及其造枪能力。若于未战前能将失工人员，机械若干，分别统计，又平时战时连兵工厂所能造量数，以之与需要之数目相较，不足则可先行采购，以备急需。一面宜奖励机器工厂，从事于军备制造与供给。又当将旧有兵工厂迁至适当地点，重新整理，以增加出量与效率。务于五年以内自能供给需要。至其他机关枪及各种轻重炮，亦仿此法筹办。鄙意果能一心对外，牺牲私见，以中国现在之民气与民力，此种建设，实易于反掌也。至铁甲火车则因现在中国采取守势，铁路无多，只须平时将铁甲重炮预备，以供战时利用。原车仍可使用。惟坦克车若建厂制造，需时颇久。救急之法，宜权且购买，同时设厂自造，平时以之制造新式农具，至战时始供军用，如此，则生产上亦有益也。

海军方面所用器械，约分为船，炮，雷三种。自空军发达，袖珍巡洋舰出现，各国制造巨舰观念遂突然改变矣。且我国只求自卫，经济困难，尤宜于建造小舰。但精锐不宜稍忽。故只多量装造潜水舰，驱逐舰，鱼雷艇　及小巡洋舰即已适用。如造船厂能力不足，则可大部分在外定买，小部分自行制造。惟司其事者不惟注重专才，尤须察其操守，庶不致有靡费误事之流弊。至于制船人才之储备，宜设立海军造船厂，以招集全国现有造船人才入厂服务。更立造舰学校，以造就将来人才。此校宜隶属于海军部，其造就学生之额数，依造舰计划而定。内部尤宜分科愈备，则学术愈精，而成就愈速。同时则可养成全部配合专才，使各舒其长，此关于造舰者也。

造炮工厂所用器械，原甚简单。惟对于声、光、力、炼钢各种专门人才，宜速派高等优才至各国学习制镜、炼钢、制炮各种专技。一面更当聘请外国人才设厂制造。凡海陆空军所用之炮悉在同厂制造，庶可制出同一射程效力者。弹药复不致歧异。技术人才之管理亦较容易。此厂宜属于海军部。制造海岸与海军用炮较野战者为难。惟该种工厂，不可集于一处，以免作战时受敌轰炸之虞而全遭损失也。

我国海军力量薄弱，海岸江防炮台炮力复不充实，故制雷一项，刻不容缓。查雷之种类，在空防者为击留空雷，在陆防者为地雷，在海防者为鱼雷水雷。水雷又分为击留与流动两种。各雷所具之效力，视掩护情形而定。凡装置之适宜与否，技术之巧拙，炸力之大小，关系战术极大，故宜由战术教练细为斟酌。关于机械者，则由海军部派出制雷专才设厂自造。现时我国江防海防用以抵御敌舰，最好多造鱼雷，在水中游动，发射者则用雷艇驱逐舰。在江岸海岸发射者则用岸用鱼雷架。其他水雷、地雷、空雷亦应在一厂制造，其理由与炮厂同。

化学兵器上应用者，一为抛射爆裂之火药，二为毒气体，三为燃烧剂。第一种之抛射药为硝化殖丝质，即以硫酸为吸水剂，与硝酸混和，以植丝如棉花等使之消化于一定之程度，剪碎除酸驱水加以燃烧剂，如艾片樟脑花士苓等，配入消揸品，如硝及硝化甘油等，再入溶解剂，如以打火酒阿斯酮等使之融合。然后即可成就，此种工厂除原料制造外，每日出药约百磅。其机械完备者，约费百万元。然为临时急用计，可采用人工辅助，值一万元亦可得同等之能力。然究不若能制棉、纸、硝化物的日用厂之发达。至关于原料厂之说明如下：

爆破药通用者为硝化石炭酸，硝化煤油类，配以硝基盐及硝化甘油。此种工厂所用机器甚简。前二者每厂约需万元即可出品百磅。全国建立十厂即可足用。后者使用有限，开办费亦如之。每日可出十磅亦足使用。但不宜置于一地，以免战时危险。其制造法系先以硫硝酸混和，俟冷硝化洗去余酸，去水即得。惟石炭酸，为硫热度增大起见，则宜先行与硫酸化合成免基石炭酸，然后加入硝酸，则工作较易。至硝化甘油则须注意低热，及安全装置。至点火药需用甚少，可于兵工厂内附属制造之。其制法至为简单，此药系以硫化锑粉绿酸钾水银爆药混合而成。水银药之制法，系以水银硝化于硝酸内，加火酒化合即成。全国所需者约十所，每所约费千元。

汽体之以毒称者，其作用有四：即吸氧，吸氢，隔窒空气，分解组织是也。而使用则求自己安全，与人危害，故于制造、装置、使用，皆甚重要。如燐系吸空气中之氧，氯系破坏呼吸器，氢青酸（即炭氮）系吸氢及氧，弗酸系有破坏人体各部组织。此种制造，以人才为主。机械次之，惟气体来源多系普通工厂之废物，非使有关者先行设立，则经济殊不合算。若夫人才之招集，则有国外国内两种。国外为延聘专家，由国内选派学问最高之化学家与军事家驻欧美各国，一面调查化学兵器种类，一面密为联络，将其愿为我用而且曾充化学兵器职务者，以重金厚礼延其来华，开厂制造，并兴办化学兵器学学校，以培植未来人材。国内为公开招集有化学根底者办一化学兵器研究院，以收罗之。专心研究半年，择其尤者，分送各国，分类学习。学成之后，则令与外国专家同在厂制造。须至足以卫国为度。国家无事则可改为生产机关。如此则不致赋闲，或致破坏国家秩序。至于各种制造，各由专家主持。其他关于化学兵器之防御法亦可于研究制造。攻具同时得之。

（3）兵工厂地点之研究　我国江海之线既甚长而海军之力复极小。平时更任各国海军出入自由，内地各口岸驻军不少。加以国内交通不便，一旦对外有事，近海近江不免立遭外军之蹂躏。故兵工厂之地点，不能不加以研究。查兵工厂需要条件：一曰战时安全，二曰合于战时之便利，补充，三曰购买原料之省费迅速。查我国兵工厂除沈阳被日占领外，有广州，上海，汉阳，德州，巩县，成都，太原，华阴，等处。其中只有巩县，太原，成都对外颇称安全，余均随时有被敌国空军海军破坏之忧。故兵工厂诚宜根据此四项条件以确定地点。今我国与外国势力毗连者。为俄，日，法，英。对俄作战地带为新疆，蒙古，满洲。以陆战为主。其补充运输之线，前为陕甘出嘉峪玉门之路，由兰州出宁夏之路，由山西出雁门绥远之路，由平汉出张家口之路，由北宁出中东之路。故补充积集之地以，兰州，西安，太原，北平为宜。对日作战以满洲及沿海为防战地带，其陆战地点以锦州，热河，天津，山东半岛，陇海线，长江口，原杭线，福建，厦门为要津。故补充集积地以热河，北平，徐州，南京，福州广州为合。对法作战以滇桂为攻守要地。其军实积集以昆明，南宁为宜。对英于缅甸方面则为昆明直出腾冲之线。于香港则为广九铁路之线。西藏则康藏之线。其补充积集地以昆明，广州成都为宜。是知我国对外军事积集地点为兰州，西安，北平，热河，徐州，南京，福州，广州，南宁，昆明，成都十一处，至供给策源于西北方面则以西安为宜；东北及山东半岛陇海方面则以巩县，郑州为宜，长江口则以合肥为宜；福建方面则以赣州为宜；两广方面则以富贺为宜；云南方面若滇粤铁道经由富贺，柳州，以至云南，则亦可同在富贺供给。中部，则为汉阳，但宜稍入汉水之内，盖我国长江平时任由各国驻舰，一旦对外宣战，敌苟以兵舰制我，则损失必大。故我国兵工厂之地位则以汉阳，西安，巩县，郑州，合肥，赣州，富贺，成都为合。其必需之交通线未曾兴筑者，应速赶紧完成，以资输运。最好铁道能成，否则短期亦宜筑成公路，以应急需。至旧兵工厂宜速为移动，以免再蹈沈阳覆辙，则国家之幸也。

（4）经费之所出　查我国幅员广大，人口众多。若照上述所需器械数目，则兵工厂规模必大。以中国现在财力，实难支持。予以为不如指定一带的款，先行举办开煤，炼钢，火酒，造纸，及各酸碱厂。一面营业，一面供给兵工之用。然后以营业所得之利，专以制造各种机器。一部以为兵工厂扩大之用，一部以之售诸普通农工业。将来兵工厂基金、即由是而出。既不致多耗国库，又不致有中道竭蹶之虞。但现时国人急于内战，故制造兵器不妨稍缓，先从事于煤，钢，酸，碱，火酒，造纸各业校有益也。

（5）各年兵器准备之进度

（甲）兵工制造进度表

年期　枪（附弹）　炮（附弹）　坦克车　铁甲车　飞机（附炸弹）　兵舰

第一年　举办碱酸火酒造纸各厂，购买战斗机二白架，坦克车百架。

第二年　举办炼钢厂及煤矿，购买战斗机三百架、坦克车二百架。

第三年　设立机械厂　扩充造舰厂，购买战斗机四百架，坦克三百架

第四年　设立坦克车铁甲车炮飞机制造厂购买战斗机五百架坦克车四百架

第五年　枪兵工厂二万民造一万弹一千五百万机关枪四百架弹每机五千野战炮百二十门弹六万发迫击炮六百门弹六十万发二十架材料十架战斗机二百民用机三百每机配弹一百小型战斗舰潜水艇驱逐舰共二万吨

第六年　机关炮五百挺弹每挺五千枪兵工厂五万民厂二万弹三千五百万　1.野战炮二百八十门弹十二万发　2.迫击炮千四百门弹六百万发三十架材料十架战斗机三百民机四百配弹各二百舰吨数同上鱼雷管二百

第七年　机关炮六百挺弹同前枪兵工厂七万民厂三万弹四千万1.野战炮三百二十门弹十五万发　2.迫击炮千七门弹七百万四十架材料十架战斗机四百民机五百配弹同前　同前

第八年　机关枪七百挺炮弹同前枪兵工厂九万民厂四万弹每枪五百发　1.野战炮四百四十门　2.迫击炮二千二百门弹配如前五十架材料十架战斗机五百架民机六百架配弹如前除同前外加制大

型舰一艘

第九年　机关枪八百挺弹配同前枪兵厂十一万民五万弹配同前

1．野战炮六百四十门　2．迫击炮三千二百门弹配如前六十架材料二十架战斗机六百架民机七百架配弹如前除同前外加造大型舰一艘

第十年　机关枪九百挺枪兵工厂十三万架厂六万弹配如前

1．野战炮七百六十门　2．迫击炮三千八百门弹配如前七十民材料二十架战斗机七百架民机八百架配弹如前 同前

从此，预计至二十年上除铁甲车造舰照平衡外，余均逐次依定规渐进率进度。此后如外力不至压迫时，则不宜扩大，致养成侵略野心。反足摇动。国本。

（6）可改作军用工厂之兴办与奖励　现在作战需用物品数量浩大，决非单纯兵工厂之能力所能供给。若非平时有充分生产，尤有碍国计民生甚大。故兴办并奖励与军事经济有关之工厂，实不可稍忽。关于人才经济，关税，运输，法律，治安各项，务宜尽力所能，备加辅助使经营斯业者确利益可图，更无意外危险之虞。兹将所应举办及奖励工业分列之于下：

一，制棉厂

查棉制物为日常用品，复为军用上所必需。衣着，医用，火药等项用途更广。为制造无烟火药医棉，棉纱其第一次脱脂打松所用机器均系一致。故棉纱厂发达，亦即军用火药及医棉制造能力之加多。查我国年中需纱约为一千二百余万包，本国厂出品只二百万包，棉花入口为三百四十五万六千余担，年值十一万三千余万两，棉货一万五千余万两。若全数制造，植棉者不计外，需用工人七十万名，当兹财竭饷绌之际，若能由国家尽力设立纱厂，一面寓

兵于工，一面增加生产，一面准备军用，诚一举数得，此外宜奖励保护人民之制造与种植。至建设费统计一千二百万包之能力，设厂费用约四万万元。除已有此外，再需三万二千万元即可以济事矣。如作为一次内战，则可成就而有余。其于国计民生之利盛，当可相见矣。

二，硝化制造品

查棉为植丝类之最良品，消化棉花为制造无烟火药之第二步工作。其用途除供军用及土矿各种工程爆炸外，复可制造电影片，人造丝，假象牙各种用品。若由国家或人民多设此种工厂，平时专制造影片人造丝象牙及工程上炸药，战时则作为火药之硝化工作。既塞漏卮复充军备，且影片关系于教育人心至巨，裨益尤多。至需用人才第一期可延聘各国专家，以后更开办模范厂，养成干部，分发各地使用。其规模则视各地人民之财力为转移。不必尽仿各国形式。宜将本国所用器具及简单机械，辅以大部人工，则轻而易举矣。

三，机器制纸厂

查我销用外纸每年有三千七百三十八万两，查纸之原料为各种植丝质，尤以木竹为大宗，我国出产极为丰富。其制法首将木竹使之腐烂，次以剪碎机碎之，更加漂白碱性煮之成浆，伸张即为纸。其剪碎工作即为制无烟火药之第三步。若纸之出量多，则制无烟药之能力大。其规大者，则由国家或人民集资办理，其小者或旧有国纸，则将石灰碱化改用铗钋，（即奇士的枰打）。不用椿碎而用轮剪，岂惟军用裨益而已哉？

（原载《广西大学周刊》1932年第2卷　第6期）

国民大会广东省代表选举事务所批

第一号

原具呈人广州市牙医公会常务董事何宜民等

二十五年八月廿八日呈一件为混合选举，窒碍难行，恳请指定牙医名额，以昭平允由。

呈悉。既据分呈，仰候

国民大会代表选举总事务所核示。此批。中华民国廿五年八月卅一日

总监督王应榆

（原载《广州市牙医公会月刊》1936年第7期 ）

广东省民政厅厅长王应榆呈省政府文

（1936年9月24日　呈字第347号）

现据代合浦县县长林宗汉二十五年九月七日呈称："顷据职县北海市公安分局局长陈镇呈称：'顷据本市珠海中路叶氏报称：本月三日下午七时许，有凶徒数名闯入氏丸一药房，声称买物，将店门关闭，以手枪向氏指吓，不准扬声，即登楼上，适氏夫中野神心在楼食饭，被该凶手拔出小刀将氏夫当场刺毙。等语，前来。当即派保安队长吴吉标、巡官郭叔修、督察邓远宜、蒋志国、侦缉林尚明、警长李爵塈等率同警队按址前往查缉，并会同合浦地方法院检察官姚若福莅场检验，填格在案。除饬员警严密查缉，务获破案外，理合将检验中野神心尸格一纸，备文呈报察核，实为公便。'等情。计呈缴检验中野神心尸格一纸。据此，为以事关杀毙外侨，非同小可，除饬密探四出侦缉，并通令所属暨北海公安分局一体上紧，严密侦缉本案凶手，务获归案讯办，并加意保护外侨外，理合具情呈报察核。"等情。正核办间，又据合浦县县长王仁宇二十五年九月十日呈称："案奉广东南区绥靖委员周面谕：一、奉总座电接德邻兄（李宗仁）电，本月三日北海民众殴毙日侨中野顺三交涉案，现外交特署派张秘书（似应为'凌秘书'）会同日译往北海勘验，经电知翁师长到时妥为保护。兄处须指派妥员到场协助，并切饬北海当局保留尸身，以免藉口。二、应将该案始末切实查明具报。"等因，奉此。遵即派职府警卫科科长叶劲风前往北海，照上开指饬两项办理具报，除俟该员查后再行呈报外，理合先将派员往查北海民众殴毙日侨中野顺三交涉案情形备文呈报，察核备案。等情。据此。除指令仍饬属严缉凶犯，务获归案讯办外，理合备文转呈钧府察核。

（原载《日军侵略广东档案史料选编》，北京：中国档案出版社，2005）

广东省政府民政厅批　第九六五号

广东邮务协进会

本年五月十二日呈乙件：为呈报董事名册，请察核备案由。

呈附均悉。准予备案。此批。名册存。

厅长王应榆　廿六、五、二十、

（原载《邮协月刊》1937年第5卷第1期）

广东民厅长王应榆发表国医谈话

（广州通讯）上月最高法院长兼中央国医馆长焦易堂先生，于南来参加胡故主席国葬大典之便，乘间视察粤方国医事业，以粤国医分馆长一职，迟未到差，长此蹉跎，殊为未便，且粤方为一国医良好发展区域，苟得其人以主持之，前途正未可量，乃有就地聘民政厅长王应榆先生兼任之决意，且宣布于粤国医药界欢迎大会中，及各国医校院欢迎会上，闻者雀跃，互相庆贺，咸乐于拥戴，距迄今行将匝月，仍未见诸事实，引领以望者，皆以为念，查王原系科学界中人，而兼政治家，其言行政绩，早经脍炙人口，然鲜有知其为国医高明者，缘王尝绩病十年，久病成医，不啻三折其肱，以身历其境，深知其中三昧者，谓之高明而为焦馆长所物色，其来固有所自也，为此，记者特于日前乘王厅长政务之余，投刺趋谒，承予接见，因首请发表关于国医意见，次询分馆就任日期，蒙先后发表如次，以下王厅长语，医学乃科学之一部，科学是无中外古今，无论何时何地，任何人都得以发展，西哲安尼士多特以为一切进步，皆赖科学，其实医学与科学之关系尤切，试观希腊文化之发达，科学之昌明，其注重医学为何如，可见有好的医学，一定有发达的科学，有发达的科学，一定注重医学，所以医学须以科学为根据，科学中以为医学上之根据者，有理化学，生物学，解剖学，研究医学，须根本明了此种根据，然后始可以言医，其次须明白药性和制药，既知病之所以发生，作何现象，则须研究用何药治疗，制造药品，而对于药方面，要详细研讨，以之分析，看那一种药含有那一种药性，其重要成分，每一个分子中，含有多少，有无旁的东西，此种药对于病理如何，有无治疗外的副作用，均宜详究，又有许多物质，因环境地位作用的不同，虽是同一件东西，却名同实异，如南方的水带酸性，北方的水带碱性，制药时水多一点，火大一些小一些，虽是同一东西，结果都变了，所以对于药物的出产和制造，都要细心考究，不可溷视，才能各擅其长，以达治验之效，所有不合理的治疗和用药，都须改良，使纳入科学轨道，以求进展，发展国医，最须注重者，约有两点：一，【学术】，须奠定医学的根本，凡研究国医的人，须谙理化，生物，解剖诸学，且须有彻底的明了，以作医学之根据，根据稳固，医学才有长脚的进展，一面更须努力改良制造国药，供医学上永远大宗的需要，二，【道德】须提倡医德的尊重，蠲除一切自私自利的种种不道德行为，近世生活提高，医者多以生活艰难，往往为利损德，且为谋利之得失而忘学术之进退，此亦无怪其然，但医生之生活费皆取之病者，则病家负担增加，医生既不先为病家设想，早求治愈，复唯利之是图，置医德于不顾，此未免为医学本身进展之大碍，所以亟宜提倡医德，使同道都能刻苦为社会服务，轻于私利而重于公益，谋学术的光明，以深得社会信仰，则前途进展，正未可量，本人积病十年，深知病家之苦，及一班医者通病，在人于患病乏医，经时如许之长，多听天由命，然本人却根据科学，研究病理以求治疗，身历其境，反得许多经验，因知学术不必分中西，不必拘古今，总于合理为上，有效为是，所以发展我国医学，要容纳中外，贯通古今，成新的医学根据，才有进步，若自满自大，故步自封，关起门来，空言研究，不加以科学整顿，必致退步，中医有很多经验的学术，但不以科学整顿，殊为可惜，亟宜急起直追，其效验，当有更胜者，医生最怕学识不够，只晓得呆板的用药，本来晓得用药，原可谓医，但对于诊断病的结果如何，毒在何处，微菌的情形怎样，吃药打针下去成何方式，有无副作用，这些学识，尚未明了以作医生，根本不得清楚，在病家则无保障，在医学则前途暗淡，此类医生，时下正多，还有人之神经系，消化系，循环系，三者之间关系究竟如何，中西医之深明此者亦少，中医不能离科学，西医之程度浅者亦未必合科学，科学还是天天在不断的发明进步，要迎头赶将上去，本人患病久，己身经历多，证明学理无中外，希望我国的医学，集东西文明之大成，以科学为根据，尊重医德，成一"中国医学"，以发扬于世界，又去月焦院长南来，欲本人兼长国医分馆，殊觉不便，在公言以民厅地位兼之，未免欠妥，在私言，以个人名义兼之，又公务纷繁，无暇兼顾，前此已有医界多位，商组卫生处，亦以种种不便而中止，曾与焦院长言及，发展国医，范石生先生，乃一良助云。

（原载《光华医药杂志》1937年第4卷第3期）

广东民政厅为查复高要事件来函

　　查高要县公民函控该县县长马炳乾残杀疯人一案，在林前厅长任内接贵会二十五年七月六日公函，请查明从严撤办，等由；当经令派本厅视察前赴该县详细查明，据广西省政府主席复函

　　实具复，嗣复准

　　贵会二十五年十一月二十三日公函，以马县长炳乾残杀疯人一案真相如何，请查核见复，等由；又经训令新任高要县长李磊夫详细具复在案，兹据高要县长覆称："遵查接管卷内关于惩办疯人一案，系于本年五月十五日奉前广东西北区绥靖委员陈寒电开：'准余军长面称，高要疯人四出骚扰，奸淫妇女，城乡居民彷徨惊恐，致闾里不安，请尽力搜捕，处以极刑，以清民祸等语：果确，仰该县长即予严惩，毋稍姑息，以除民害为要'，等因；即经通令各区乡公所遵办有案，嗣后关于各区乡公所拿获四出骚扰奸淫妇女之疯疾嫌疑人，解府讯办时，当即先行抽取血液，鼻液，用筒装载，开列姓名年籍表，送请广州市卫生局实施检验，如检验结果，认为是有疯疾血液，再由各疯人之亲属，自行具结证明，始派员率兵捆赴郊外执行枪决，原函所称据高要县公民函报马前县长将境内疯人三十余名驱往山上活埋处死，并将一癫民之妻，及五六岁之幼子，又另一疯人之女，同时加以逮捕，曳往山夹口附近之山上，予以枪决；一面并奖励属下，凡捕捉疯人一名到署者，赏洋二十元之语，

均非事实，奉令前因，理合将马前县长奉令办理骚扰奸淫疯人案件
经过情形，备文呈复察核"，等情；据此相应备文函复
贵会查照为荷：此致
中华麻疯救济会。

广东民政厅厅长王应榆

（原载《麻疯季刊》1937年第11卷第1期）

附录 资料辑选

内务部咨呈国务院伊犁镇守使署卸职参谋王应榆请开设归古无轨汽车一案请转饬将所拟办法径呈本部核办文

为咨呈事。承准交到伊犁镇守使署卸职参谋王应榆呈请开设归古无轨汽车以利交通而固边圉一案到部察核,原呈所请招商建设无轨汽车以利交通各节,为振兴商业、巩固边疆起见,自系目前切要之图。惟查原呈所称,由归化经蒙古以达新疆之古城,其间凡五千里,约计需款七十余万。际兹库储竭蹶,诚恐国家财力有所未逮,若招商承办,尤非一时所能办到。兹该员既经声称另有切实办法,自应饬令将所拟办法径呈本部,以凭核办。相应咨请察照转饬遵照办理。此咨呈。

（原载《政府公报》1916年第352期）

广东王应榆发展北区林业之规划

广东北区善后委员王应榆，就职视事后，对于善后绥靖事宜，无不悉心规划，积极进行。并以北区各县林业，素不发展，以至官荒山地，触目皆是，故为振兴林业起见，并通令各县长，积极督促造林。由公署筹办模范苗圃一所，征集本省主要树种，及购买外省外国最有效树种，培养苗木，准备造林。并择定交通利便之官荒山地，设模范林一所，或中山纪念林。各县同时亦选定交通方便之荒山造林一所，名为某县中山纪念林。关于振兴林业费用，由各县地方税或罚款项下设法筹拨，不得借口无款放任，限一年内完成。并规定振兴林业章程，施行细则，通令各县遵照办理。兹将振兴林业章程施行细则录下：

广东北区善后委员公署振兴林业章程施行细则。

第一条　凡各县所有官荒山地，先由县署派人分为东西南北四区，清查后依本细则附件第一号编列第几区第几号。

第二条　县署清查之后，即将编列号字之荒山分东西南北区布告人民承领。

第三条　所有承领官荒山地造林者，照民国六年政府公布之森林法，无价给与之。

第四条　个人承领官荒山地以千亩为限，团体承领官荒山地，以一万亩为限，惟承领人于造林已竣后，得呈请增广其面积。

第五条　个人承领官荒山地，造林在于千亩以内者，应缴保证金十元，不及千亩者作千亩计；团体承领官荒山地，在万亩以内者，应缴保证金千三十元，不及万亩者作万亩计。

第六条　前项保证金，存储县署，由承领日起，计达五年后，县署派查其造林进行确有成绩，即将其保证金发还。

第七条　承领官荒山地，满一年不着手造林，致撤销其所有权者，已缴保证金亦没收之。

第八条　各县官荒山地，非承领为造林之用者，应照国有荒垦条例办理不得援照森林法无偿给与之例办理之。

第九条　承领造林之官荒山地，由承领日起，得免租税三十年。

第十条　承领人申请书，依照本细则附件第三号所定办理之。

第十一条　承领官荒山地造林执照，其式样依照本细则附件第三号办理。

第十二条　承领官林山地人，向县署领取造林执照，除缴保证金外，应具一切结，其式依照本细则附件第四号办理之。

第十三条　本规则自公布日施行。

（原载《农事月刊》1928年第7卷第1期　）

粤桂方面消息

桂军吕焕炎王应榆等部。离粤后集中郴宜。六日黄旭初吕焕炎等部。派员来粤。请求继续拨给桂省军饷。经粤当局议决月拨三十万元。六个月后即永远撤销。八日黄旭初、吕焕炎、王应榆、电粤将领云。奉令出师。即为救任公（李济深）起见。师行在途，粤将领通电主和。旭初等亦以和平为目前救任公救党国最当办法，一致赞成。应即将本师各旅退回原防候命。又粤因中央电饬制止桂军入湘，及促黄绍雄就编遣区职，迭开会议。决以和平劝告，不用武力。桂军回桂后，粤酌予接济。又讨论财政，决省税国税。除编遣区费外，国税拨解中央。六日国闻社上海电云，白崇禧偕黄旭初抵梧州。黄绍雄仍亲率八团入湘。又十日电，港传桂军消息两歧。一说黄绍雄邀桂军回桂，赞成和平。一说黄白在桂开军事会议后，仍决继续作战。集合鄂省败退之军队归李宗仁指挥，在醴陵败退之军队归白崇禧指挥。另由桂出兵二十团会合由粤退出之五团集中桂林，归黄指挥。组织援赣军，第一路李宗仁，第二路白崇禧，第三路黄绍雄。又传黄旭初吕焕炎等部，均由郴州向安仁进发，八日可抵株萍线。又另据粤讯，徐景唐七日调所部一旅赴赣边，闻系防共匪。粤省决定每月拨桂军协饷三十五万，至八月为止。又十一日电，据粤电称，前与桂军表示接受和平。后黄绍雄仍驻梧州，与粤军商洽联防。连日粤代表赴桂者甚多云。

（原载《国闻周报》1929年第6卷第14期）

王应榆在韶大举造林

北区善后委员王应榆，近以政府已积极提倡造林，特在韶关等处择数大山广为种植，并派出部队日在各山岭从事种植工作，以为民倡。本月十八日已布告该处一带人民，关于已择定之数山，如有祖坟等应连即迁去，免碍种植。现该处人民有坟墓在各山者，已纷纷迁掘，移葬别处云。

（原载《农声》1929年第118期）

国民政府令 二十年十月二十日

任命王应榆为军事参议院参议此令

（原载《行政院公报》1931年第299期）

王应榆简任省府秘书长

此间省府秘书长冯国瑞自经因事撤职后，其秘书长遗职，顷据确讯，行政院已简任甘肃前民政厅长王应榆继任，王氏奉命后，闻向行政院呈请辞职，行政院仍促其来青任事云。

（原载《新青海》1935年第3卷第11期 ）

训令

十月二十三日 令广东省代表选举总监督王应榆

案据广州海员分会元寒两电、请示名册格式及解释、等情、查海员公会、为职业团体、应依照国民大会选举法及其施行细则第三章之规定办理、若因会员分散、不能集中选举、得采用通信选举法、本案未据该省总监督呈请解释前来、详情如何、无从悬断、合行抄发原电二件、令仰该总监督查明依法办理、并具复备核、此令。

抄发原电二件（略）

十一月六日 令广东省选举总监督王应榆

案据肴四电呈该省第三第四第六第七第十第十一各区原任监督李仲仁、钟耀焜、陈同昶、马炳乾、王仁宇、廖国器等、均经调委别职、请改委林友松为第三区、杜清为第四区、黄秉刺为第六区、李磊夫为第七区、吴飞为第十区、黄强为第十一区监督、等情、业经电准、分别任免在案、兹随令附发派免各令、仰即分别转发具报、此令。

计发免派令十二件（见前）

（原载《国民大会代表选举总事务所旬刊》1936年第1期）

指令

十一月廿五日　令广东省选举总监督王应榆

二十五年十一月十九日呈字第二七号　呈一件呈报转发该省第三、四、六、七、十、十一各区选举监督派免令十二件、并查第六区监督黄秉勋之勋字、误为刺字、已更正加盖印章由。

呈悉、查该省第六区监督黄秉勋之勋字、误为刺字、系根据该总监督昔日来电之误、既据呈明、业已更正、应准备案、除将原案分别更正外、仰即知照、此令。

（原载《国民大会代表选举总事务所旬刊》1936年第4期　）

省政府训令

民济字第六六五号

——准内政部咨以奉　行政院令准国府文官处函知国民大会广东省代表选举总监督王应榆免去本职派吴铁城为总监督令仰知照一案请查照等因仰知照并饬属一体知照由——

案准

内政部十五9二十六年六月九日发三二二四号咨开：

"案奉　行政院二十六年六月四日第捌1三三一八号训令内开：'案准国民政府文官处二十六年五月三十一日第三六八六号公函开："五月二十五日奉　国民政府令开：'国民大会广东省代表选举总监督王应榆免去本职。'又奉令开：'派吴铁城为国民大会广东省代表选举总监督。'各等因，除由府公布并填发简派状外，录令函达查照，并转行遵照"。等由，除令行广东省政府知照外，合行令仰知照。此令。'等因：奉此。

除呈复并分行外，相应咨请查照。并转行知照，为荷。"等因。准此，除咨复，并分令各署县局知照外，合行令仰知照，并转饬所属一体知照。

此令。

中华民国二十六年六月十八日

主席　刘尚清

民政厅厅长　魏鉴

省政府训令秘二字第五一六七号令各厅等为奉院令发中华民国宪法草案仰知照由

省政府训令府民三字第一二三五号令

各区行政督察专员公署等为准部咨奉院令为广东省代表选举总监督王应榆免职派吴铁城接充等因函请查照一案仰知照并饬知由

建设厅训令丁字第一四七〇号令各市县长等为奉令颁修正农会法暨农会法施行法等因转饬知照由

山西省政府训令　民二字第一六二号

　　山西省国大代表选举事务所

　　太原市政公所

令

　　山西省警务处

　　各县县长

案准

内政部民十五9二十六年六月九日，发三二二四号咨开：案奉行政院二十六年六月四日第捌1三三一八号训令内开；案准　国民政府文官处二十六年五月三十一日第三六八六号公函开：五月二十五日奉　国民政府令开：国民大会广东省代表选举总监督王应榆免去本职，又奉令开派吴铁城为国民大会广东省代表选举总监督，各等因；除由府公布并填发简派状外，录令函达查照，并转行遵照等由；除令行广东省政府知照外，合行令仰知照。此令等因；奉此，除呈复并分行外，相应咨请查照，并转行知照为荷！等因；准此，合行令仰该^所处知照。此令。

　　　　　　　^县

中华民国二十六年六月二十二日

复王应榆棻庭厅长慰丧子

洗玉清女士

十月三日示悉。令郎之丧，闻之恍悼，何况父母，奚已于怀。然俗谚有云："儿女眼前冤。"又曰："无债不成父子。"令郎之殇，几陷父母于绝地，非冤债而何。然得失有数，使足下应得此子，则此子必不殇。其遽殇，是终非足下所应得也。毕竟不能得，不如早殇，免见其成立而死之尤痛也。

来示谓："去电乞休，耕田舍粟，顾孺弄稚，不求闻达。"此一时感情冲动之语，玉清未敢谓然。大丈夫岂仅为存躯保妻子而已哉。世变日殷，正国士驰驱效命之候。"耕田舍粟，顾孺弄稚"，此自私自利者之所为也。

至"不求闻达"一语，尤须澈底解释。闻达不在作官，作官非求闻达。作官职志，在奠国家于苞桑，置百姓于衽席。即如足下，身长民政，稍分爱己子之心，以爱万民之子，则万民受福矣。乡曲孩提，死于父母无常识，公众缺卫生者，一年之中，不可胜数，望注意及之，做福无量。若以个人闻达为言，此又自私自利之尤者也，故曰厅长可敝屣，而民生不可漠视也。

至于横逆拂戾，当动心忍性以处之。哀乐生于得失，任其所受，则哀乐无所措于其间。能善养吾浩然之气，则天君泰然，百体从命。读书学道，其功力即在于此。

虽然，西河抱痛，以致丧明。人本有情，谁能遣此。然天道难知，事成过去，尚望勉自慰解，为国自爱。足下以国士目我，故敢以大义相责，幸垂察焉。

玉清一病五月，辛苦缠绵，鬼伯在门，几濒于死。后经割去甲状腺，始获痊可。病后不敢用心，草草顺复数言，诸惟荃照，不尽。念四年十一月十四日复。

（原载《学术世界》1937年第2卷第5期）

黄慕松出缺

王应榆有摄理粤省主席说

仅答经济建设案评论者之评论

应时需要之华南米业公司阵容

宋子文缓来与英使莅粤之原因

孔子论证，足食与足兵并重。又曰：民以食为天。管子曰：仓廪实而后知礼节，衣食足而后知荣辱。之数语者，为治世不易之常经。现代式国家，以武装维持和平，战术之进步，由平面进至立体。军事之动员，后方比前方为重。昔日战争动员，仅及于武装同志、自世界大战以来，吾人所受之教训；人的方面，普及于国民全体。物的方面，普及于国家原料品、劳力、财力、运输系统及各种之生产设备。是以今日真正伟大有经历之军事家，每言战争，诚有临深履薄之戒惧，非至万不得已之时，不敢轻言用兵也。

吾国自"九一八"以来，国难日趋严重，失地已达四省有余，而敌人侵略，有加无已。抗战之声，积漫全国，而军事当局，始终持重容忍，未敢轻于一发者。盖因政府与国民立场不同，认识亦各异。记者站在民众方面，亦曾摇旗呼喊，高呼以武力收复失地，若以军事家立场，静坐于四面悬挂之各种地图及表式之斗室中，细研战争方略。真觉建国以来，逝者已廿有五年，不知做得何事，即以记者本人而论，虽谢政将近十年，然亦曾一度当国，所努力于全国国际战争机构者，可谓绝无。整饬军备，计划经济，安定金融，普及交通，限于坏境，而未能行所知于千万分之一。自觉对于国家与民族，亦负有相当过失与责任。每一忆及，辄为唏虚。今者执笔，为一切事物之批评，恋往思来，常出以易地处境之态度，不骛高论，侧重现实。前进份子，责我勇气不够，而站在政府方面，对我疑虑丛生，扣留出版物，隔数期必有一见，累及各地读者，纷纷函请补报，日必有数十函件，读者与编者，交受奇大之损失。而最高负责要人，转无责其褊急，且接得本报，必一口气读完第一版，而后称快者。惟执行之下级干部，则未免变本加厉，未能仰副谋国者尊重言论之意旨，辄有扣留情事发生，殊为惋惜遗憾也！须知海外环境与氛围，与中原□然有间，若以记者近四月来之言论，认为反动，似失之狭。迟来国民对于国事，已有正确之认识，对于政府，已有热情之期待，对于刊物，已有选择之能力。香港文化水准较低，一般低级民众，好读红的，绿的，黄的封皮之海淫海盗，有伤风化之不经刊物，探其社址与负责人，皆在子虚乌有之乡。让香港政府叠次禁止，且悬重罚，无奈大利所在，趋之者仍若鹜，大有"野火烧不尽，春风吹又生"之概。然此仅限于"乡下佬"之某一阶级。美国的杂志界大王——纽约客创刊时的口号，公然是："乡下佬请不必阅读本刊！"（Not edited for the old lady in   ）记者重有感于斯言，将转其语曰："不爱国者，请不必阅读本报"为本报口号。实则香港这样环境，本报之销数，仍居惊人之数额，可以证明国民对于刊物，除某文盲阶级一外，已有选择之能力，简而言之，对于政府，已有热情之期待。对于国事，已有正确之认识。外于香港者，更不言而喻矣。

迩来论军论政之余，辄不自禁，而及于私。盖因战胜一切恶劣环境，较攻城略地，尤感万倍困难，所谓"不如意事常八九"是也。

本报于三月十三日，第三十五期，所披露之二十万万元之五年经济建设案全部。猥承读者不弃，不惜鸿篇巨版，加以讨论，记者拜读之余，深感兴趣。而类是之稿，纷至沓来，不一而足，限于篇幅，不能不择优刊出，盖讨论标的，与本报所预期者，微有差异，记者对于此案，范围之广泛，衡以人力，物力，财力；不无有若干之疑虑。惟对于此案提出者之动机，确表十二万分之敬意，且认为如此加工做去，且如所期以见效报政，仅达到现代式国家组织最低度之要求，曷足与苏联五年计划，及美国蓝鹰运动案，相提并论。记者今日所欲闻之高论，不在"当做不当做"，而在"要做应如何做去！"前者属于革命政论家所讨论之范围，后者则为经济建设专家讨论之标的。

夷考该建设案全部，铁路建设经费占全部二分之一，为最重要部门，他如电，航，公路，铁，各种工业及基本化学工业，农商林垦渔牧，皆各为附属，合计仅占全部经费之一半。是以称此案为铁路建设案，亦无不可。铁路建设为先总理中山先生于民国初元，自南京谢政时，即已盛倡，且愿躬自任之，惜为袁世凯所厄，未能畅行其志，迄今事过廿五年，总理逝世，亦已十二年，墓木拱矣。谓此案为继承先总理未竟之遗志，亦何尝不可。十万万元之铁路建筑费，按每铁道一公哩需建设费十万元计算之，亦仅能敷设一万万公哩之铁路，以吾国幅员之广，交通之闭塞，此一万万公哩铁路线之支配，当然未能普及，今先就国防与民生最迫切之要求者，分别先后缓急，开工建筑则技术上之支配问题，值得讨论。此应请读者注意者一也。至于电航，公路，铁，各种工业及基本化学工业，农商林垦渔牧各部门，所占经费皆无多。地区上偏于海疆，抑或边境，需要上重在国防，抑或民生？或国防与民生并重？技术上倡于完成其已有而功废半途者，抑或开发其所未有者！凡兹数点，提案原文，未见申叙，或者除铁路建设有案外，尚在拟订之列，记者正在广为探访，俟得有确实材料，再为披露，惟就经费数目，详为设计，以贡献于当局，当亦当世专家所乐为思索，此应请读者注意者二也。记者除对于热心讨论建设案之张元善，黎殊，丁九元等诸君表示敬意并感谢外，谨附此数言，以代总答复，尚希读者诸君，有以进而教之，不胜幸甚！

今且转其笔锋，以介绍华南米业公司之内容，此种崭新组织，在国防线上确占一重要轮廓，至于民生之迫切需要，更无须详言矣。我国本为农业国，粮食之自给自足，在经济上确有全国上下，悉力以求实现之必要。政府亦已采此为国策，则洋米之寓禁于征，隐含有阻塞入超漏卮，促进农村繁荣，调配全国粮食，改善耕农谷种之微妙作用，倡此议者，为前广东农林局□锐博士。采而用之者，为陈伯南总司令，与林云陔主席，寝假而为中央国防与民生之国策，基于农业经济上之见解。继缺米省区之民众，暂时蒙其不利，而在全国农业经济上，则诚有颠扑不破之理由在焉。据粮食统计某经济权威语记者云：全国缺米省份，以广东省为最，岁欠一千万担，江苏省次之，岁欠六百担（江浙交界处包含在内），南京，上海各占三百万担，多米省份，安徽省为上，岁可余六百万担，湖南省次之，丰岁可多出五百万担，歉岁则有三百万担，江西省平均岁余二百九十万担。今以歉岁而论，皖湘赣三省之有余，一千零五十担。补苏粤之不足，一千六百万担，年欠约五百五十万担，苏省以地区邻接皖赣湘，且有长江水路，以利航行。有余不足，易于调□。广东偏处岭南，既无苏省长江水路交通之便，而缺米甲于全国，纵有粤汉铁路，通于长江，然因车辆不应需求，而铁路运费又奇昂，而粤人生活上所必需之米，又不可一日缺，无异受非常威胁，此为切身利害关系，而有豁免洋米税之呼吁，吾人悉寄以十二万分之同情。同时据米谷专家统计，湘省岁出米十八万万担，若就湘省水利加以整理，努力减少水旱灾害，并改良谷种，则岁多产总额二十分之一或三十分之一，亦非不可期之事。皖赣两省，灾害虽较少，然农民狃于旧习，不改良谷种，是以产额未能增多，今中央方竭其全力，以为治本之计，为改善耕农谷种，与促进农村繁荣之设施，期以数年之实验与推广，成绩必有可观，此就产的方面而言，然缺米省份之待食，如大旱之望云霓，非咄嗟立致，诚有待毙之虞，是以中央有运，储，销机构之改善，以其使命，委诸华南米业公司。主其事者，为金融权威之宋子文氏。该公司之发起人，多半为粤籍要人，而资本则不限于粤省，皖湘赣之省银行与米商，粤省之洋米商，以及粤籍□人，皆在劝募之列。不足之数，则由政府认股补充之，且正告洋米商，政府为国防与民生着想，对于取缔洋米入口，抱有万分之决心，任何损失，在所不计。洋米商亦瞭然于已定之国策，不可再事观望，对于操业，殊有改弦易辙之必要，故资助政府，完成其国策者，亦大有人在，此公司招股之进行，颇称顺利，且闻成立之后，政府将给以种种方便。而缺米省份，将广筑仓库，以备不虞，同时广汕铁路之加紧完成，亦与此调民食计划有关，此在中央不惜以全力厉行解决粤省民食之新设施，记者所述，不及十之一二。至于治标问题，似已采纳本报二月廿四日，第二十期，第三版之"谈谈广东粮食问题"之主张，读者参阅可也。

广东省政府主席黄慕松，于廿日出缺，终于任所，（黄）氏久住北方，主粤以来，求治甚切，且水土不服，卧病累月，久有告退之请，中央笃念勋劳，原冀吉人天相，早日恢复健康，乃不幸竟溘然长逝，中枢震动，盖可想见，今后继任人选，煞费铨衡，与昔日正同。盖粤籍中央要人，有此资格者，至少十人以上。人人皆有"舍我其谁，不得不止"之自信力，而中央又未忍过拂粤人之意，别求楚材晋用，是不得不于粤贤中，求其持重贤良如黄慕松之典型者继之。行见有力者相持之结果，而转为无奥援而平淡者所获，今之所传：某也主席，似嫌过早，在过渡期间，以民政厅长王应榆之摄理，呼声最高云。

甚嚣尘上之宋子文南来说，据记者接上海电讯云：中国银行定于四月一日开股东大会，四日开行务会议，宋氏皆须亲自主席，非俟渡过此两会议，不克离沪他往，粤省及海南岛建设，经英大使许阁森氏来粤考察后，殆由空气成为事实，将来资本与技术上，大半接受英国之贡献云。三，廿一。

（原载《天文台》1937年第38期）

王应榆将任鄂秘书长

外论社云：自粤省府改组后，王应榆、刘维炽两人均已解职，王应榆前在贵军任事多年，与鄂主席黄绍雄有渊源，此次有调任鄂省府秘书长之说，系得自黄氏之相邀云云。至刘维炽将来出处，闻中央将调其接充铁道部次长，或开发琼崖督办之职。

（原载《外论通信稿》1937年第1838期）

财政部代电

1942年4月11日

财政部代电　　　（卅一）出三字第3056号

中华民国三十一年四月十一日

蒙藏委员会公鉴：

本年三月十八日仁字第一一九七号公函暨附件，均敬悉。

查关于天康兴等呈请废除西康茶叶包案制度、准许人民自由贸易一案，前据该商等分呈到部，当以"据贸易委员会案呈委员长蒋亥东侍秘代电，以据康青视察团团长王应榆函呈：川茶输入康藏日少，影响边民感情，且恐印茶输入康，金及皮毛外运，应如何改进康藏茶销，电饬切实核办。等因。正拟办间，复据康雅商民暨天全县商会等，纷电陈以边茶运销康藏实行引票制度，农商备受钳制，产量逐年锐减，现值省税划归中央，吁请将该项引票制度予以明令废止，准许人民自由纳税营业，借维生计。等情。查边茶运销康藏实于中央与藏卫政治经济联系有关，惟边茶课税系沿用引票制度。考其设置之始，意在控制产销，安定边政。现时中央对于边疆政策已与往昔不同，且据各方报告，该项引票难免为少数茶商垄断，操纵收售价格，遏阻边茶销路。流弊所及，不特影响茶政，且于边民与中央联系亦窒碍非浅。据请，准许人民自由贸易各情，似确有考虑必要。除饬贸易委员会转饬中国茶业公司研究推广边茶方针，并拟具产销计划呈核外，关于废止茶引一节，即希望核见覆为荷"等语。于本年四月四日以渝贸出三字六一七〇四号代电转商西康省政府，并据复如照各在案。

　　兹准电同前由，相应电复，即请查照，并将贵会对于此案意见示知为荷。

财政部。渝贸出三（04.11）印。

（蒙藏委员会档案）

　　（原载《民国时期西藏及藏区经济开发建设档案选编》，北京：中国藏学出版社，2005）

各地抢割之风甚盛

王应榆大吃眼前亏
来省控诉以求法律解决

今年风调雨顺，各地大告丰收，农民正额手称庆，欣然相告，横祸飞来，抢割之风顿起，当局鞭长莫及，贼过兴兵，于事何补，所仰官府在远，拳头在近，事后纵然得直，亦吃眼前亏，是次中山东莞沙县抢割之事，闹得满城风雨，当局为之头痛，方针早期经已志之，惟抢割之风，竟波及粤军宿将王应榆之田，故此老迫不得已，来省控诉，求法律以保依据芟也。事后王应榆之田，大都在东莞沙区，沦陷以来，久非吾有，是次收回，正喜物归原主，不意护卫中队长强割，然护沙队已裁撤，但地方之有势力者，仍假护沙队之类名称，巧立名目，护割为名，抢劫为实也，当中队长及王应榆田之际，王应榆因尝出制止。奈解甲军人，难奈有阶级，中队长一味□办理，照割可也，王应榆以制止无效，又不甘损失，迫得来省控告，一求当局主持正义，以恤民艰，当局据呈，发交保安司令部办理，司令为之嚇然震怒，以中队长既不能保护收割，况又率队抢割耶？即派大队前赴肇事地点，拟将该中队全队缴械，扣留查办，奈中队长收割既完，功德完满，饱食远飚矣，大队到时，已无从□□，扑了一个空，奏"凯"而还，眼前之亏已吃，未知王应榆又有何法宝也。

（东南）

（原载《针报》1946年第62期）

王应榆先生轶闻

王励吾搜集整理

　　王应榆先生，东莞县虎门区南栅乡西头村人。辛亥革命前即参加孙中山先生领导的革命活动，为同盟会会员，保定军校第一期毕业。出身桂系，挂陆军中将衔。他曾在国民党政府中担任过北伐军第七军参谋长、广东省民政厅长、新疆省民政厅长、第七战区绥靖主任、黄河治河委员、蒙藏委员会委员等职务。王应榆颇重视农田水利等生产建设，关心桑梓。曾倡修虎门怀德水库，并亲临督导。该水库与寒溪水闸等，均为解放前东莞县较大之水利工程。王先生给人的印象，就是为人颇磊落廉正。他的许多事迹，一直为熟悉他的人所称道，笔者从采访到的材料中整理出下面的几则轶事，借以了解王应榆先生的为人。

一、"不是自己的钱，一分也不能要"

　　王应榆在旧中国当了几十年的官，别的不说，单是别人主动上门送给他的钱，加起来就起码有十万八万元。对于这些钱，他不但是一分钱也不要，而且还通常都是正颜厉色地把送钱的人训斥一顿。在旧中国，人们都说黄河治河委员是个"肥缺"。可是，王先生除了应得的薪俸之外，从没多占多用过一分钱。他总是说："不是自己的钱，一分钱也不能要。"

广州沦陷前，王应榆接到通知，要他撤到桂林去。临走时，他再三叮嘱仍然留在广州的夫人说："我离开这里后，要是有人送钱给你，你千万不能收下。"他的夫人素来清楚自己丈夫的脾性，知道他这番话不是随便说说的。因此，后来，日子虽然过得很艰难，王夫人也一概婉言谢绝了亲友的资助。

二、"这样的官，大大的好"

解放前，南栅乡西头村有不少人当大官。其中少将以上的就有王若周、王建平、王庄池、王光海、王应榆等。另外还有一批大大小小的官绅。这些人绝大多数腰缠万贯，除了大量购置田地外，还在村中盖上一两座豪华的住宅，唯独王应榆就只有一间泥墙薄瓦的破旧房子。

说起这间破旧房子，还有一段趣闻。

广州地区沦陷后，侵驻虎门一带的鬼子头目因为知道西头村当大官的人多，就特意来到村里，找了当地一位伪维持会长带路，要观赏一下这些达官贵人的住宅。伪维持会长带着这个鬼子军官在村内在巷子里左转右拐，看完一家又一家。最后，他带着鬼子军官来到王应榆的那间旧屋门外，点头哈腰地说："太君，这就是王应榆的住宅。"

"啪啪!"伪维持会长脸上挨了鬼子军官的两记耳光。"八格牙鲁,中国的官吏住这样的房子?你胆敢欺骗皇军,良心大大的坏了,死了死了的!"鬼子军官恶狠狠地吼叫。

那个伪维持会长吓得脸如土色,浑身发抖地又是鞠躬,又是下跪,指天发誓说这间旧屋千真万确的是王应榆的住宅。鬼子军官仍不相信,又把左邻右舍的人找来盘问,大家都一致证实这间屋的确是王应榆的。鬼子军官这才相信了。惊愕之余,他情不自禁地伸出大拇指,连声赞道:"这样的官,大大的好!"

三、"做人应该要安分守己"

王应榆当了几十年官,极少让自己的亲朋跟随来当官,就是个别能够跟随他的人,一发现有什么不妥之处,他也毫不容情地立即辞掉。

他当广东省民政厅长时,只带了一个本村的人前去广州上任。他把那个人安排在厅里当了一名职位低的小职员。过了大约一年左右,那个人因替父亲做寿,摆了几十桌酒席,大宴宾客。王应榆知道了,就对那个人说:"你只不过是一名职员,薪水不多,家里也没什么财产,为什么替父亲做寿竟然有能力摆几十桌酒席?哼,一定是打着我的旗号到处去招摇撞骗,败坏我的名声!"他见那人不敢吱声,就又说:"做人应该要安分守己,怎能这样胡搞呢?"当即就把那个人撤了职。

有一回，他的一个亲侄儿从乡下跑到城里，央求叔父帮他介绍一份工作。从不轻易替人介绍工作的王应榆，这回竟然一反往常地一下子就答应了。他高兴地说："年轻人想学些手艺，这很好嘛！"于是，就介绍他侄儿到一间运输公司去学习修理汽车。他的侄儿没想到叔父竟然给自己介绍了这么一件苦差事，心里不禁暗暗叫苦。硬着头皮去运输公司后，每天在车底下钻来钻去，一身油污，腰麻背痛，实在难挨。因此，干了没多久，他的侄儿就干不下去了，但又不敢让王应榆知道，只好悄悄地溜回乡下。

四、"不用担心，有长桌哩"

王应榆生活简朴。一张小四方桌，他用了几十年，家中连木制的老式椅子也不多一把，倒是有十来只四脚小凳，平时统统塞在床底下。有客人来了，就拉出来让人家坐。别人送礼物给他，那怕是一筒月饼，一包糖果，他也决不收下，只是有一次例外。他任新疆省民政厅长时，当时的新疆省主席盛世才与他有师生之谊，盛鉴于新疆这个地方风沙大，王应榆身上穿得又单薄，因此执意要送一件皮制的斗篷给他。王应榆收下了，但却舍不得穿，收藏在他那只随身携带的旧皮箱里，作为珍贵的纪念。

解放后，王应榆在佛山定居。他住所里的陈设简朴得令人难以置信；一床蚊帐，破旧得不能再补，家具就是上面所说的那么几件。直到他逝世为止，连一部电风扇也舍不得买，天气实在太热了，就用葵扇煽风。他逝世前的那一年的年初二，他的儿子媳妇、女儿女婿，还有十多个孙子到他家里给他拜年。因为人比较多，家里就只有那么一张小方桌。因此，临吃饭时，他的夫人就说："人这么多，挤不下，不如分开两次吃吧。"王应榆却笑着说："不用担心，有长桌哩！"说着，他走到床边，把席子一掀，抽了一块床板出来，用两只凳子支着，铺上旧报纸，然后望着众人风趣地说："瞧，这不是挺好的长桌吗？！为什么要分开两次吃？！"说得大家都笑。

五、"人生难得的是'清闲'二字"

王应榆生前最讨厌的是应酬。每逢遇到这种场合，他总是能够躲得开就躲，能够推得掉就推。他不止一次地说过："人生难得的是'清闲'二字，搞那么多的客套干什么！"

王应榆逝世前一年，政府批准他去香港探亲（他有几个儿女在香港），时间是三个月，可他只住了十七天就回来了。他的夫人惊奇地问道："咦，你怎么这么快就回来呀？也不多住几天。"王应榆说："你也知道我最讨厌的是应酬，每天那么多的亲戚朋友、旧部下和旧同事前来相晤，迎迎送送的，这叫我怎么受得了啊？再说，他们和我见了面，就一定要拉我去那些大酒家里吃饭，天天要吃那么多的好菜，你就不怕把我的肚子胀坏吗？"

六、"千万不要退回给我"

王应榆为人梗直，不太热衷于个人私利。解放前，蒋介石为了笼络他，不断地委他担任这个职务，那个职务，可他却不一定去就职。即使像任治河委员这样的"肥缺"，他也不谋私利。

解放初期，王应榆在广州闲居。当时有位中央领导同志路经广州。他过去和王应榆很熟，就特意邀请王应榆先生到广西去工作。但王应榆认为自己目前最需要的是加强学习，就婉言谢绝了。那时，又有一位担任广东省党政领导的中央领导同志，听说王应榆在广州河南有一个木瓜园，已被广州市政府接收，就想把这个木瓜园退回给王应榆。当时，王应榆一家的生活是相当窘迫的，但尽管这样，他却说："这个园子国家既然已经接收，就是国家的财产了，千万不要退回给我，就是退，我也不要的"。

七、"只不过做了应该做的事"

抗战期间，王应榆曾任过第七战区的绥靖主任，住在韶关。那时，由于日本鬼子侵略中国，致使当地的老百姓激于义愤，对包括日本侨民在内的一切外国人都很反感。甚至发生过殴打外国侨民、捣毁外国人的商店、焚烧外国教堂的事发生。

王应榆看到这种情况，为了教育群众，分清是非，就马上动手拟订了一份告示，派人印好并张贴出去。告示的大意是，应把包括日本侨民在内的外国人和日本侵略者区别开来，严禁对外国人采取一切粗暴的举动，违反者严加惩处。此外，王应榆还派出一些军警到街上，特别是外国人的住宅区一带巡逻执勤。从此，居住在韶关的外国侨民就再也没吃过当地老百姓的苦头了。

那些外国侨民十分感激，就推选出几位代表跟随着一位当时也在韶关的外国领事前来向王应榆致谢。王应榆却连连摇头说："我并没有出过什么力，只不过是做了应该做的事，你们根本就用不着向我表示什么谢意。"

八、"这些钱应该怎样处理"

王应榆生前没有什么积蓄。他逝世前一年的春节，省政协派人给他送来了六十元的慰问费。他看着放在桌上的几十元人民币，简直有点不知所措，一边背着手在屋子里来回踱步，一边连声问他的夫人："你说这些钱应该怎样处理才好？你说这些钱应该怎样处理才好？"王应榆的夫人说："买一顶新蚊帐呗，你的那一顶破蚊帐，我已经补到不愿再补了。"王应榆一听，就如释重负地说："那好，那好，你就拿去买蚊帐吧。"

（标题和内容都稍有删改——编者注）

（原载《东莞文史资料选辑》第9辑，1986）

水利专家王应榆将军

王励吾

　　王应榆先生是东莞虎门南栅人，早期加入中国同盟会。他虽然出身于保定军官学校第一期，并被国民党政府授与陆军中将衔，但对治军作战并没有什么兴趣，却把全部精力都放在有关国计民生的生产事业方面。在出任北伐军第七军参谋长前，他应在军校时的同窗旧友、当时任广西省主席的黄绍竑之请，出任广西省矿务局长，整理贺县、八步一带的锡矿，兴利除弊，成绩斐然。然而，纵观他的一生，他最主要的贡献还是在水利事业方面，是蜚声海内外的水利专家。

　　早在青年时代，王应榆就认为"国家生存的根本在于经济""而经济之本在于农工，农工之本在于水利"。从那时开始，他就决心要为国家的水利建设事业做出自己的贡献。十多年间，他"足迹所至，东达淞海，北过朔漠，西越天山，南到珠崖，贯行黑龙、松花、黄河、淮河、长江、粤江各流域"。通过初步考察，他认识到黄河乃中华民族的摇篮，地理位置相当重要，而水患也特别严重。黄河的水患能否根治，直接关系到国家的盛衰。同时，他还总结了前人治理黄河的经验教训，提出了自己的见解："夫黄河贯流青、甘、宁、绥、晋、陕、豫、燕、齐九省，凡九千里，以过去人事不当，致害多利少。言治理，虽代有其人，然多注重局部，或舍本而求末，或闭门以造车，尚空谈而少实际。古语云，胸有全河而后能言治河。"因此，他就有系统地集中研究了明代刘天和所著的《问水集》、万恭的《治河全谛》、潘季驯的《黄河一览》；英国人戴理尔、美国人费礼门等的有关治理黄河的著述，并于民国初年向当时的中华民国总统黎元洪"条陈"治理黄河的意见。

可是，黎元洪那时正为了巩固自己的地位而与袁世凯勾心斗角，连年混战，干戈不息，根本就无暇顾及治理黄河这样的事。直至民国二十一年（1931）春，当时任国民党中常委的戴季陶"以治河造林之事见询"，王应榆才有机会再一次提出治理黄河的意见。随后，国民党政府认为"治河事关重大，不能迟缓进行，而治河之先，须要明了实况"，就任命王应瑜为黄河视察专员，"以考察全河近况及历来治理方法之得失，并搜集地方群众及专家所有之意见"，作为治河的参考资料。王应瑜当即表示："余不敏，原何敢当，但以匹夫有责，亦何敢辞！"慨然接受了这个任务。

从一九三二年十月十一日至一九三三年一月十一日，王应瑜用了三个月的时间，全面地对黄河进行了具体的实地视察，途经山东、河北、山西、陕西、新疆、宁夏、甘肃、青海等省，除了搜集各种有关治河的资料，还逐日把所见、所闻、所感记录下来，写成《黄河视察日记》一册。这本日记内容充实而不铺陈，文笔洗练而有文采，脉络清楚而不单调，不但写清楚视察的线路，所接触的人与事，而且还对沿河的景物及风土人情以至历史上的典故古迹作了生动具体的描述，并随时抒发自己的感想，使人读来不仅可以看出作者学识的渊博，而且还可以使人领略得到视察工作的繁重与艰巨。同时，也可以从中体会到王应瑜为国家民族前途命运担忧的思想感情。

回到南京后，王应瑜把搜集到的资料并自己的见解整理成《治河方略》一文，呈交给国民党中央政府，把引起黄河水患的原因归纳为"河口淤塞、沙泥太多、河槽不完、水旱无节、森林稀少"这几个方面，认为整理的办法应是"疏通河口、引洮入渭、导水灌沙、护岸束水、整理河槽、建设库闸、涵道排洪、引渠造林"。同时，还提出了甲、乙、丙三种具体的治理意见。可惜国民党政府的贪污腐败，再加上日本帝国主义的大举入侵，致使治理黄河之举半途夭折。

一九四六年至一九四八年间，王应榆回到东莞，倡修虎门怀德水库，并发起在家乡南栅西头村前挖了一条河涌，这当然都是造福乡梓的好事，但以王应榆这么一个在海内外赫赫有名的水利专家，却只能在这样的地方施展他的才干，无论怎样说，也只能是对旧中国的一个莫大的讽刺。

解放后直至一九八二年他逝世为止，王应榆是政协广东省历届委员和省水电厅的参议。三十多年中，他曾多次对广东的水利建设提出建议，均受到有关部门的重视和采用。笔者手头上有一份省政协转给王应榆的省水电厅对他所提建议的答复的原件，兹抄录如下：

王应榆委员：

你在本会三届一次大会上提出请整治绥江以巩固北江大堤的建议，经省水电厅研究并答复如下：

　　所提意见在我省水利规划和实施中均很注重，对于绥江的整治开发规划方案，原则上与所提意见一致。

　　特此转达。即致

敬礼

　　　　　　　　（原载《东莞文史资料选辑》第10期，1986）

王应榆先生事略

王励吾

王应榆先生，字燧材，号菜庭，1890年生，东莞虎门南栅人。先生幼年时在其父执教之乡中私塾中就读。及长成，受中山先生三民主义思想熏陶，加入中国同盟会，并曾于前清任过黑龙江督军、当时任广东陆军小学督办之邑人王庄持介绍下，与同乡蒋光鼐、王若周、王建平等考入广东陆军小学。毕业后考进南京陆军中学，后又考进保定军官学校。

从保定军官学校毕业后，先生先后任过云南讲武堂教官、梧州警备司令、安徽省保安司令、第三路军参谋长、新疆省最高军政长官、北伐军第七军参谋长、甘肃省民政厅长、广东省民政厅长、蒙藏委员会委员（国府特派官）、治黄委员会副委员长、韶关北区善后委员等职务，曾被国民党政府授与陆军中将衔。先生于各任内均殊多建树，颇有政绩。

然先生虽出身军校，但对治军作战并无太大兴趣，惟致力于有关国计民生之矿务、铁路、公路尤其是农田水利生产建设等方面。1932～1933年间，先生受国民政府委派，用3个月时间对黄河沿线进行具体考察。回到南京后，根据考察情况，整理出《治河方略》

一文，针对黄河之为患提出甲、乙、丙三种治理意见，呈交国民政府。可惜由于国民党政府之贪污腐败，再加上日本帝国主义大举入侵，致使治理黄河之举半途夭折。抗战开始后，先生辞去一切职务，在广西专门致力水利建设。

建国后，先生历任广东省第一、二、三届政协常务委员、省水电厅参议、省水利组顾问，对我省水利建设多次提出重要建议，均受到有关部门重视并被采纳。1982年2月28日，先生积劳成疾，病逝于佛山，终年93岁。

先生虽历任过诸多军政要职，然素来为人淡泊，光明磊落、廉洁奉公，两袖清风，痛恶裙带关系。种种美德，至今仍为后人赞颂不已。

先生造福乡梓，关心百姓疾苦。1936年间，为引东江水排咸灌淡，倡修家乡西头村前新涌，并力排众议，痛斥封建迷信之"风水论"，力主新涌直接从村前穿过，保证水道顺直通畅。1948年间，先生又倡修东莞县第一个水库——虎门怀德水库，并不辞劳苦，登山涉水，亲临指导。

先生熟读诗书，精通联赋，文笔生辉。遗著有《黄河视察日记》、《陕甘从政日记》、《治河方略》、《诗经浅译》、《宇宙自然力论》等，并均保存手稿。

（原载《东莞乡情》1987年第5期）

王应榆

王应榆（1890—1982），字燧材，号芬庭，虎门南栅乡西头村人。

王应榆是水利专家，曾任国民革命军第七军参谋长，黄河水利委员会副委员长，广东省政协常委。他幼年就读于家父执教之塾馆。1907年参加中国同盟会，后经同乡王庄持介绍，考入广东陆军小学。毕业后，又先后考入南京陆军中学和保定军官学校。1914年在保定军校第一期毕业后，任云南讲武堂教官。1921年任广西贺县县长，1925年任广西梧州警备司令，后任安徽省保安司令、新疆省最高军政长官。北伐期间，曾任国民革命军第七军、第三路军参谋长。1932年任黄河视察专员。1938年任黄河水利委员会副委员长。1934年任甘肃民政厅长。1935年任陕西保安处长。1941年任康青视察团团长。1942年任蒙藏委员会委员（国府特派员），后任韶关北区善后委员等职。他在戎马倥偬之余，犹悉心研究民政事务。他任北伐军第七军参谋长前，曾应广西省主席黄绍竑之聘，出任广西省矿务局长，整理贺县、八步一带的锡矿，兴利除弊，政绩斐然。

王应榆一生的贡献主要在水利事业上。青年时代，他认为"国家生存的根本在于经济，而经济之本在于农工，农工之本在于水利。"十数年间，他足迹所至，东达渤海，北过朔漠，西越天山，南至琼崖，走遍黑龙江、松花江、黄河、淮河、长江及珠江各流域。经过考察，他认识到黄河地理之重要，而水患极为严重。他总结前人治理黄河的经验教训，曾向总统黎元洪提出治理黄河的意见，但未被采纳。1931年春，国民党中央常委戴季陶"以治河造林之事见询"，王应榆再次提出治黄的意见。其见解精辟，有独到之处，被委为黄河视察专员。1932年10月11日至1933年1月11日，王对黄河进行全面具体的实地视察后，回到南京，把资料整理成《治河方略》，找出黄河水患的原因和治理办法，呈交国民政府。但由于当时社会的种种原因，治黄之举没有实施。1942年至1945年，王在广西桂东的钟山、贺县、信都兴办临江水利工程多处。抗战胜利后，王回东莞，用"以工代赈"及明伦堂水利款兴办水利工程多宗。计有：怀德水库、南宁乡运河工程、北宁运河工程、碧桃涌运河工程、南畲塱排水工程、陈屋村上沙围滩工程、荔枝园蓄水工程、潼湖局部排水工程等。

建国后，王应榆历任中国人民政治协商会议广东省委员会第一、二、三届常务委员、委员，广东省水电厅参议，省水电组顾问，为广东省水利建设提出了重要建议。他在任期间，曾回东莞视察，看到怀德水库工程竣工，便亲自撰文，题为《大岭山怀德水利工程记》。1982年2月28日，病逝于佛山，享年92岁。

王应榆为人刚直，光明磊落，廉洁奉公，不谋私利，痛恶裙带关系。他爱国爱乡，造福桑梓，关心群众疾苦。1936年，他倡修家乡南栅西头村前河涌，引东江水灌淡排咸，发展农业生产。同年，他与蒋光鼐、王若周、王光海等倡建虎门医院。1946年，倡修怀德水库等工程。他不辞劳苦，登山涉水，亲临指导，为东莞水利事业作出了一定的贡献。

　　王应榆工于诗赋文章，著是《诗经浅译》、《黄河视察日记》、《陕甘从政日记》、《治河方略》、《宇宙自然力论》等著作。

（原载《东莞人物录》第1辑，1988）

王应榆小传

王应榆字棻庭，东莞虎门南栅乡西头村人。生于1891年，1982年去世。

王于1907年参加同盟会，1914年保定军校第一期毕业，1921年任广西贺县县长，1925年任梧州警备司令。北伐期间先后任国民革命军第七军、第三路军参谋长，1932年任黄河视察专员，1933年任黄河水利委员会副委员会，1934年任甘肃省民政厅长，1935年任陕西省保安处长，1941年任康青视察团团长，1942年任蒙藏委员会委员。1954—1982年任广东省政协委员、常委等职。王一贯认为经济、文化、政治、国防为立国四大支柱，而交通、水利为先导。故除学军事外，对经济建设尤为重视。26岁到西伯利亚考察，41岁国民政府特派为黄河视察专员，次年在黄河视察后提出"治河方略"（摘录于后）。1942—1945年在广西桂东的钟山、贺县、信都，兴办临江水利工程。抗日胜利后，回东莞用"以工代赈"及明伦堂水利款办了多起工程。计有：

（一）怀德水库。总库容140万立方米，是当时全省最大的水库。

（二）南宁乡运河工程；北宁运河工程；碧桃涌运河工程。疏浚淤涌，畅通航运。

（三）南畬塱排水工程，宣泄积水2万市亩，以及翟家村、江南乡、高埗乡、鳌峙塘等基围水闸增修工程。

（四）陈屋村上沙围滩工程。捍卫滩田1.6万市亩。

（五）荔枝园蓄水工程。

（六）潼湖局部排水工程。

上述工程，对各种类型地区如何根据具体情况兴利除害，颇具启发意义。在兴建过程中，王组织当时省建设厅、广州市工务局的技术力量为东莞水利进行规划、测量、设计、施工。其后在东莞明伦堂提议设立水利组专管其事，王任水利指导董事。是以在短短数年内完成多项水利工程，使当地农业生产受益。

王于1950年手书经办东莞县水利工程报告书自述："余以贺江水利工程粗成，返归故里，目睹疮痍，与邑人提倡水利，以之工赈，且增生产，经过五年，人事纷纭，沧桑几易，幸赖各方同心协力，言可致绩，虽生计日艰而心中甚慰，报告书成，因作序以志之。

序曰：天地之大德曰生，而生实资于食。雨旸时若，事难得常，原隰不平，燥润无节，皆待人来弥纶。若夫负戴艰难，容与兴叹，金汤待固，产业不兴。凡此种种，莫不以水利河渠先务。余神州遍历，蒿目时艰。昔岁治河于朔方，抗日引渠于八桂。东归之后，不孤有邻，遂于东莞、宝安各地或修堤防潮，或建闸排潦，或围滩成田，或运河开凿，或蓄或穿山引渠，自海滨以至岭巅，由人工以暨机械，由水及田，由农进工，庶几养生送死，或以无憾，椎轮始建，踵事在人，爰记所经，以谂来者。可垦兴利，非曰能之，各尽所能，后来居上"。

建国后，王历任中国人民政治协商会议广东省委员会常务委员、委员等职，先后回莞视察，目睹续建完成怀德水库，1951年亲撰《大岭山怀德水利工程记》。文曰："大岭山为东莞县之镇山，内有黄田谷者，平时溪流不断，滂沱则聚流汇集，奔腾西下，河田附近，泛滥成灾；晴朗则隔山怀德平原倏告旱涸。三十年前，余山游至此，土人告余曰：'若得此水越山，水旱无虞矣。'抗日结束，归视乡里，满目疮痍，乃与邑人共谋救济。金主从水利着手，于是设计进行，由海滨以至岭巅，致力捍潮、航运、防潦、排洪、灌溉所作工程二十余宗。而怀德工程最为艰巨。开工于1946年，越明年干渠功成。惟穿山隧洞二百三十余公尺，全属花岗岩中夹石英，承办者以工作艰难，赔累不堪，数经易手，经过三载，时作时辍。然不孤有邻，由是研究接踵，最后由日成营造厂承办。选贤能，购利械，冒艰险，乐亏负，勇毅坚支，各方协力，乃于1949年将其洞穿。随后地方人士将隧洞加宽，增建管理房屋。由是沾足永庆，所植附近林木渐成葱郁，山川无改，景物一新。方其始作也，深虑技术之艰难，工资之浩大，以谷计算，价格无常，执币以随瞬废纸，加以战事频生，瘴疫交逼，谣诼繁兴，内外惶感，卒赖同心一德，宏艰终济。计为此工程死于疟疾、炸石窒息及被战争波及者凡十余人。困心衡虑，曝背含辛者五千余人。此项建设，东莞地方筹集之谷一万五千余石，救济会捐米四千余石，加以整建之数尚未加入。时经四载，始告完成。从此，荒涸之土，尽成沃野之区；洪潦之乡，永绝其鱼之叹。则是仓廪之实，无非血汗之精凝。饮水思源，讵忘来历之辛苦。追惟始末，谨谂来兹。"

　　王虽历任高官，但直至四十年代后期，在乡只有一间泥墙薄瓦的破旧房子，五十年代初定居佛山，住所陈设也很简朴。

附：治（黄）河方略（摘录）

"原则为：1、疏通河口。2、整理河槽。3、引渠造林。4、护岸束水。5、引洮入渭。6、导水灌沙。7、建筑水库。8、浚道排洪。9、开凿运河。"

"结论：河渠为国计民生利害所关。苟得其用，以之灌溉、防洪、发电、航运、发展生产、改进生活。苟失其用，灾害并兴，水旱荐至。黄河固为我国文明根本，亦为兵争所在，历代往往利用以兵争工具。即时遇平宁，或修堤补缺，或枝节施工。其治理得人，亦时以政治牵动，不能展布，治失其人，则更无论矣！兹际国势更新，治河之技术，机械进步，交通便利，只要决心实作，全力以赴，定可日起有功，是在力行耳。至于体制、组织、人选事权，政有权衡，不作建议。"（结论部分于五十年代略予修改）

注：此文根据王应榆儿子王式球（省水利电力设计院水库室工程师）来稿及参考《东莞文史》整理。

王应榆、张含英视察黄河下游

10月，国民政府特派王应榆为黄河水利视察专员，从16日起由张含英陪同视察黄河下游利津至孟津河段。11月2日结束之后，张含英写出《视察黄河杂记》。

王应榆（1890—1982）爱国将领。字遂材，号棻庭。东莞虎门人。广东黄埔陆军小学堂第3期、南京陆军中学、保定陆军军官学校第1期炮科毕业。1914年起任云南陆军讲武堂教官、广西贺县县长、梧州警备司令。1926年后任国民革命军第7军参谋长，第3路军中将参谋长，安徽省保安司令，军事参议院中将参议，黄河水利委员会副委员长，甘肃省政府委员兼民政厅长，陕西省保安处长。1936年7月返粤，任省政府委员兼民政厅长、建设厅长，兼任广东北区善后委员及保安司令。中华人民共和国成立后，任第一至三届广东省政协常委，省水电厅参议、顾问。1982年2月28日在佛山逝世。

王应榆（1892—？）

字棻庭。广东东莞人。保定陆军军官学校毕业。1931年10月至1935年2月任军事参议院中将参议。后任黄河水利委员会副委员长。1935年1月至10月任甘肃省政府委员、民政厅长。1935年10月至1936年8月任陕西省保安处长。1936年7月至1944年7月任广东省政府委员兼民政厅长、财政厅长、行政院参议、农林部顾问。1944年7月至1947年8月任蒙藏委员会委员。

（原载《黄河志》卷1 黄河大事记，郑州：河南人民出版社，1991）

王应榆（1892—1982）

王应榆，字隧材，号棻庭，广东省东莞县（今东莞市）虎门海南栅（今名南栅）人。清光绪三十四年（1908），加入中国同盟会，入广东陆军小学堂就读。宣统三年（1911），武昌起义爆发，即赴武昌参加革命军。民国3年（1914），在保定陆军军官学校第1期毕业，自费去新疆考查，写成《新疆调查录》。民国4年，考查中亚及西伯利亚，以开发西北、治理黄河为内容。写《上黎元洪总统书》。民国6年，任云南讲武学堂教官。民国11年，任广西贺县县长。民国12年，回乡。民国13年，复往广西参与贺县、富川等6县治安，颇有政绩。民国14年，参加北伐，先后任梧州警备司令、第7军兼第3路军中将参谋长，转战长江下游及津浦线。民国16年8月，参加龙潭会战，击溃北洋军阀孙传芳。民国17年，任广东省北区善后委员。民国18年，任安徽省保安司令、军事参议院中将参议。

青年时代，王应榆就认为"国家生存的根本在于经济，而经济之本在于农工，农工之本在于水利。"十数年间，"足迹所至，东达淞海，北过朔漠，西越天山，南到珠崖，贯行黑龙江、松花江、黄河、淮河、长江及粤江各流域。"他总结前人治理黄河的经验教训，向中华民国总统黎元洪"条陈"治黄意见，但未被采纳。民国20年（1931）春，国民党中常委戴季陶"以治河造林之事见询"，王应榆再次提出治黄的意见。由于见解精辟、独特，被委为黄河视察专员，以考察黄河近况及历次治理之成败。民国21年10月11日至22年1月11日，对黄河进行全面具体的实地视察后回到南京，写有《黄河视察日记》，并把资料整理成《治河方略》，呈交国民政府，找出黄河水患的原因和治理办法。"河口堵塞，沙泥太多，河槽不完，水旱无节，森林稀少。疏通河口，引洮入渭，导入灌沙，护岸束水，整理河槽，建设库闸，涵道排洪，引渠造林。"可惜由于客观原因，治黄之举半途夭折。后又与德国人芬次尔林学博士筹办西北林学专校，培养黄河造林骨干，以保持黄河上游水土。并联合多名大学教授，编纂《黄河通志》。

民国23年（1934年），王应榆任甘肃省民政厅厅长。民国25年，任广东省民政厅厅长。在家乡倡修南栅西头村前的新涌，引东江水灌淡排咸。与蒋光鼐等创办虎门医院。民国27年，又两次到西北，历四川、青海、西康、陕西、宁夏、甘肃，研究水利，历时两年。民国32年，复去广西贺县，兴办贺江水利工程。抗战胜利后返乡，采取"以工代赈"办法，利用明伦堂水利款兴办大岭山怀德水利工程。

1949年，王应榆迁居佛山。中华人民共和国成立初，王应榆衣食艰难。1954年，广东省政治协商会议邀其为政协委员兼广东省水电厅参议、顾问。历任省政协第一、二、三届常委。

主要著作尚有《陕甘从政日记》《水利论稿》《老子〈道德经〉试释》等。

1982年2月28日，在佛山逝世。

（东莞市志办　刘念宇　马存轩）

王应榆视察黄河

　　10月7日，国民政府特派王应榆为黄河水利视察专员，详细调查黄河情形，为根治黄河做准备。王于11日由南京出发，自山东利津县循黄河堤而上，经河北、河南溯渭水至甘肃，转往山西、绥远。他对黄河本流及重要支流洮、渭、泾、沁、伊、洛诸水及泾惠、民生诸渠均亲到视察，11月2日结束。王应榆认为黄河为患原因在于：泥沙太多、森林稀少、河槽不定、河堤不坚、组织未当、人事失宜。建议治河应分步实施，五年见效，十年有成。中国水利工程学会济南分会会长张含英陪同视察了黄河下游利津至孟津河段，写出《视察黄河杂记》等文章。

　　王应榆　Wang Yingyu（1891—1982）别号菜庭，广东东莞人。生于1891年（清光绪十七年）。毕业于广东黄埔陆军小学，南京陆军预备学校、保定陆军军官学校第一期炮科。1908年加入中国同盟会。曾任云南讲武堂教官、广西贺县县长、梧州警备司令、国民革命军第七军参谋长、参加北伐及粤桂战争，后任第三路军总指挥参谋长，安徽省保安司令。1931年10月20日任军事参议院参议。1931年12月至1935年2月派任黄河水利委员会委员、视察专员，副委员长，救济委员会委员。1935年1月任甘肃省政府委员及省民政厅厅长。同年10月29日任陕西省保安处处长。1936年7月任广东省政府委员及省民政厅厅长。1938年12月至1939年2月任广东省建设厅厅长。1941年7月后任蒙藏委员会委员。1945年2月20日授少将衔。1946年退役，留居广州。中华人民共和国成立后，任中国人民政治协商会议广东省委员会委员、常务，广东省水利厅顾问。1982年2月28日在广东佛山逝世。著有《陕甘从政日记》、《治河方略》等。

王应榆（1891—？）广东东莞人。别号菉庭。1931年10月20日任军事参议院参议。1931年12月至1935年2月派任黄河水利委员会委员、视察专员、副委员长、救济委员会委员。1935年1月任甘肃省政府委员及省民政厅厅长。同年10月29日任陕西省保安处处长。1936年7月任广东省政府委员及省民政厅厅长。1938年12月至1939年2月任广东省建设厅厅长。1941年7月后任蒙藏委员会委员。

（原载《民国黄河大事记》，郑州：黄河水利出版社，2004）

王应榆轶事

王应榆是东莞南栅人。1954年在佛山定居。时进行反动党团登记，王没去。佛山市政府派员去缉拿他，问他为何不去登记。他说：我是国民党员，但一生并不反动，我年轻时在李宗仁第七军任参谋，挥军北伐。打了汀泗桥、贺胜桥等大仗。抗日战争时期，又协助李宗仁在台儿庄把日本鬼子打得屎淋尿漉，在中国乃至世界反法西斯战史上写下了光辉的一页。抗战胜利后，我从事于治理黄河工作，多年来所取得的成绩，连蒋介石也佩服。我知道蒋介石治理不好这个国家，同情并支持中共革命。我一生不贪不占，廉洁奉公，没杀过人，问心无愧，何来"反动"之有？既不反动，又何需登记？

王的一席话，说得来缉拿他的人哑口无言，只得离去。

芜湖王应榆微。来电五月六日。

合肥危急万状，若四十四军由无为向巢县前进，战可解围，否则有夫不特战略上深感困难，抑前方部队以后怯于独立作战。如何？乞卓裁。

又电

据合肥县长鲍庚豪电称，敌军此次攻肥系大规模举动，除刘、许两军外，本日又增程国瑞一军，立闻张敬尧将由寿西门又有一旅进击巢县。如四十四军今明能抵巢，则水路交通犹有希望，如十军克日抵肥，则大势无虞。否则，肥城不保，皖局危险，虽五万兵力犹不足以言恢复。千钧一发，乞调大军立刻赴援，以保肥城，皖局幸甚，大局幸甚等语。谨特呈核示！

六安王铸人歌日来电五月六日

马师长祥斌报告军情如左：——

1. 直鲁军有六万之众，内有野炮队、督战队、手枪队等；2. 敌署以一万人攻巢县，张敬尧、程国瑞、许琨合攻合肥；3. 店埠已到数千敌军；4. 合肥形势紧迫，众兵气盛弹缺，乞速增援！5. 如能将此敌击退，蚌徐可不战而得。

六安王铸人鱼日来电五月六日

歌西接石德纯电支，日河口集丞正在遵令撤防时，受张敬尧于江晨猛攻，不易支撑，退出霍邱，支晨安全至乌龙庙驻守、探称敌支福州谭曙卿鱼日来电五月七日

卅冬两电悉。查工兵团及警卫团第三营于江日由福州经延平入浙矣。

芜湖王应榆鱼日来电五月七日

（1）确报奉鲁军第七军一百二十七旅已到巢县，二营已抵运漕，一营达三义河；

（2）七军、十五军明午渡江，分两路向巢县前进。

六安王铸人鱼日来电五月七日

接官亭张师电话，"歌夜十时击退小蜀山之敌十余里，今日向吴山庙一带全线攻击。复据民众报称，围合肥之敌昨夜总攻击未得利，其后方迭为众别动队截击，损失甚巨，有准备退却之势"等情。

（原载《东莞民间故事选》，北京：中国戏剧出版社，2007）

广东省政府训令

（1937年1月16日）

民政厅厅长王应榆：

案查关于香港政府勒令九龙城内居民搬迁一案，前经令行该厅有案。现准外交部广东广西特派员二十六年一月九日东字第十九号公函开：

"关于香港政府限令九龙城居民迁移一案，据九龙城居民代表由港拍来长途电话称：港警实行拆卸廿五号杨姓屋宇等语。经向英国驻广州总领事交涉，请为迅予转请制止，并经于廿五年十二月三十日电呈外交部在案。兹准英国驻广州总领事私函附送香港政府所接南约理民府报告一份，相应抄具原函及原附报告各一份，并照译各一份函达贵府，请为查照为荷。等由：附件。准此，除函复外，合将原附译件抄发令仰该厅长即便饬宝安县县长转饬该九龙城内全体居民代表杨伟雄等知照。此令。

附抄发原附译件二件。

中华民国二十六年一月十六日

主席 黄慕松

（原载《香港九龙城寨档案史料选编》，北京：中国档案出版社，2007）

王应榆传略

杨宝霖

　　王应榆（1892—1982年）[①]，字燧材[②]，号棻庭，东莞海南栅（今名南栅）人。

　　王应榆在《我之身世》开头就说：“我家世代青箱”，又在《木瓜园回忆记》中说：“我家本青箱。”青箱，相传家学也。王应榆生于世代书香之家。高祖王文冕（1738—1811年）乾隆二十四

---

　　①　广州出版社1994年版陈予欢《民国广东将领志·王应榆》，王焕秋手稿本《王应榆生平简介》俱谓王应榆生于1900，误，王应榆的自述说：“辛亥年（1911），我二十岁。”“一九一四年，我二十三岁。”“一九二五年，我三十四岁。”“一九三一年，我四十岁。”“一九四五年，我五十三岁。”“一九四九年，我五十八岁。”“一九五四年，我六十三岁。”“一九五八年，我六十七岁。”“一九七五年，我八十四岁。”（以上引自王应榆手稿《我之身世》）“粤侄，我今年八十八岁。（略）应榆于残烛之年，写于佛山。1979.1.25。”“粤侄，我今年九十岁。（略）叔燧材手泐1981.2.15。”（以上引自王应榆给侄王奥札原件）以此算之，王应榆当生于1892年。

　　②　陈予欢《民国广东将领志·王应榆》、王焕秋手稿本《王应榆生平简介》俱。谓王应榆字遂材，误。王应榆自言“燧材”见①引王应榆1981年给侄王奥札。

年（1759年）举人，次年，联捷成进士。时年二十三，中进士后始归娶，人以为荣。文冕为人耿直，在湖北竹山知县任内，承审有势力之犯，得罪上官，罢官归。乡居三十年，全力为桑梓做善事，倡建靖康社学，以振文风；修族谱，以团结族人。著有《承轩诗草》、《宦游小草》、《北行草》、《旅中行翰》等（均佚）。今存诗二十首。普祖王钰，乾隆五十九年（1794年）县学生。敦行笃学，留心世务。嘉庆间，海寇猖獗，王钰上《平海五策》于两广总督那彦成，留为军功局参议。后海寇复煽动，王钰又上《靖海六策》于中丞韩封。著有《铁桥诗集》（已佚）。今存诗十首。①父兆麟，咸丰二年（1852年）县庠生，毕生以教书为业②。应榆幼承庭训，通经史，每闻外族入侵，当政者忍辱退让，不胜愤恨。光绪二十七年（1901年），四兄应梅，考入广东高等学堂（毕业后，于宣统三年，1911年，奖授举人，任七品小京官），应榆受其影响，入广州求是小学读书，15岁，得广东陆军小学督办乡人王体端（字庄持）之介，考入广东陆军小学。17岁，加入同盟会。19岁，升入南京陆军中学。

---

① 王应榆手稿《我之身世》云"我家世代青箱"，王应榆手稿《木瓜园回忆记》："我家本青箱。"未言家世。《我之身世》云"父讳兆麟"，苏泽东《国朝东莞题名录》卷七咸丰二年《县学》王兆麟名下注："（字）芑生，钰孙，海南栅（人）。"同书卷四乾隆五十九年《县学》王钰名下注："（字）印森，文冕子，海南栅（人）。"又王应榆手稿《我之身世》云："我四兄应梅考入高等学堂。"

② [民国]《东莞县志》卷四十七《选举表》（四）载："王应梅，兆麟子，字体之。广东高等学堂毕业，奖举人，七品小京官。"则知海南栅人的王钰之孙王兆麟为王应榆之父。

1911年，王应榆20岁，丧父。是年10月，武昌起义消息传来，王应榆与乡人蒋光鼐、李章达等南京陆军中学四五十人奔赴武昌，参加战斗。1912年，保定陆军军官学校开办，王应榆进校学习，入炮科，是时21岁。1914年冬，毕业，分发广东。王应榆自费去我国西北，直至新疆，考察政治、民俗、经济、文化、边情，于民风、土俗、水利、交通、垦牧，尤为注意。写成《新疆调查录》。1915年东归，顺道考察中亚及西伯利亚，年终抵北京，以开发西北，治理黄河为主要内容，作《上黎元洪总统书》，但未被取纳。

1917年，王应榆任云南讲武学堂教官①。在任内，王应榆以为求国家富强，民族进步，必先于自然科学的应用，乃在业余时间入工厂，研究机械、化学的应用，及平时经济、战时军备的统一措施。1920年，入山实习采矿，并漫游长江以南各省。

1922年，还乡，王应榆植林于东莞南沙。不久，应广西省省长马君武邀请，任广西贺县县长。6月，陈炯明叛变，炮轰总统府，广西亦大乱，散兵土匪遍地横行，广西省会，随之覆灭，王应榆坚持不去。数月后，援桂军总司令沈鸿英自湘返桂。王应榆乃解职，参加广东东北江作战，时值暑潦，疫疫大行，染病几至不起。1923年，王庆榆躬耕于九龙屯门。

1924年，以广西无主，应地方人士之邀，复往桂东，与当地人士协力平定一方，在富川、贺县、钟山、昭平、怀集（今属广东）、信都（今属贺县）等六县，一面旌善殚恶，镇抚绥靖；一面

---

① 《民国广东将领志·王应榆》谓王应榆"一九一四年起任云南讲武学堂教官"，此据王应榆《我之身世》。

加意教养，使不良者怀德畏威，驯善者安居乐业；以开矿筑路，安插闲人；严治豪劣，以肃风气。政有佳迹。

1925年，革命军北伐，王应榆被任为梧州警备司令，警卫浔州、梧州、玉林、平乐四府二十县。革命军师次武汉，任为第七军兼第三路军总部中将参谋长，转战长江下游及津浦路线。1927年8月底，南京龙潭会战，北洋军阀孙传芳败溃，王应榆追击至山东曲阜。不久，自告回粤，两广当局派赴云南修睦。

1928年2月，李济深回粤复任国民党中央政治会议广州分会主席、国民革命军第八路总指挥及粤省主席。3月，广东进行绥靖建设，分置四个善后区，区设委员，以指挥区内驻军，领导县市。王应榆任北区善后委员①。次年西区善后委员陈济棠反李宗仁，王应榆去职，养疴澳门。

在此期间（1929—1931年）曾任安徽省保安司令、军事参议院中将参议。

1932年10月，国民政府以黄河多患，派王应榆视察黄河，以备组织治河机构。王应榆视察黄河，往返三月。视察所得，找出黄河为患之因有：一、沙泥太多；二、森林稀少；三、河槽不定；四、河堤不坚；五、组织未当；六、人事失宜。写有《黄河视察日记》，从1932年10月11日起，至1933年1月11日止，共93篇。后大量历史文献及视察所得，撰成《治河方略》，主张：一、疏通河口；二、引洮入渭；三、导水灌沙；四、护岸束水；五、整理河

---

①　《民国广东将领志·王应榆》谓王应榆任北区善后委员在1936年，误。兹据王应榆《我之身世》、《广东文史资料》第五十八集李洁之、江荦《徐景唐传》。

槽；六、建筑水库；七、浚道排洪；八、引渠造林。时当国难当头，王应榆的伟志无法实现。

1933年，刘庄缺口，成立黄河水利委员会，以李仪祉为委员长，王应榆为副委员长，张含英为秘书长。李仪祉，陕西蒲城人，张含英，山东菏泽人，均家在黄河边，二人为水利专家，与王应榆相比，更学有所长。王应榆自感不如，任职半年，愧无建树，遂辞职。乃与德国人芬次尔林学博士与同道者筹办西北林学专校，培养黄河造林干部，以保持黄河上游水土。同时，在太白山造林。又联合几间大学教授，编纂《黄河通志》，网罗有关黄河资料，以为日后治河参考，后因南京失陷，所集尽失。

1934年，任甘肃省民政厅厅长。莅职半年，王应榆自愧素餐，辞归。途经陕西，杨虎城、邵力子以东北沦陷，西北复杂，邀王应榆任陕西省保安处处长。王应榆认为守卫国土，匹夫有责，遂答应乏六个月。

1936年7月，黄慕松为广东省府主席，任王应榆为广东民政厅厅长。1937年3月，黄慕松去世，王应榆辞职。

在此期间，王应榆倡议修南栅西头村前的新涌，引东江水灌淡排咸。协同蒋光鼐、王若周、王光海等创办虎门医院。

1937年7月"卢沟桥事变"，王应榆携家住广西。1938年至1942年，两次出行，历四川、青海、西康、陕西、宁夏、甘肃，以研究边情水利为主，所经山川为大渡河、大雪山、雅砻江、金沙江、唐古拉大山、通天河、巴颜喀拉山、黄河源、星宿海、大积石山、日月山、湟水、洮河、贺兰山、河套、秦岭、大巴山。

1943年，应广西贺县地方人氏之请，兴办贺江水利工程，王应榆义务助之，引萌渚岭贺江之水，灌溉贺江流域两岸之地。

1945年8月，抗战胜利，王应榆东归故里。目睹故乡残破，园舍为墟，乡人嗷嗷待哺，乃与虎门人士商议，兴办大岭山怀德水利工程，以工代赈。时王应榆家益窘，妻叹于室，愁苦自励，王应榆感事业有成，心中尚慰。

1949年王应榆由广州迁居佛山。建国初，王应榆端居多暇，而衣食艰难，寄情文史，以纾饥愁。1954年，王应榆63岁时，被广东省政治协商会议邀为政协委员兼广东省水电厅参议、顾问。又为广东省政治协商会议第一、二、三届常委。

1982年2月28日王应榆病逝于佛山，享年91岁。

王应榆得其家学，自幼浸沉经史，又谦虚好学。于兵戎倥偬之余，考察跋涉之隙，不忘撰述，当时有儒将之称。著有《新疆调查录》、《陕甘从政日记》、《黄河视察日记》、《水利论稿》、《宇宙自然力论》、《果园随笔》、《老子〈道德经〉试释》等。

王应榆正直不阿，不徇私情。带兵、执政，绝不因亲戚关系而为任用，故其乡里、族人，命其绰号为"树仔"，意谓如树之小者，不能遮荫也。王应榆侄王爱玉女士电告一事：其父王振轩，王应榆亲兄，大学毕业，以教书为业，因被奸人行刺，重伤，为止痛，服食鸦片烟枣（鸦片烟枣者，鸦片膏小许，灯上焙之，泡起如黄豆大，以开水服食）。1924年王应榆经理广西富川、贺县、钟山等六县时，其下属讨好上司，委任王振轩为贺县禁烟局局长。当委任状呈王应榆批准时，王应榆认为其兄服食鸦片烟枣，有碍于禁烟，遂撕碎委任状。王振轩得此消息，一气之下，旧伤复发，不久去世。

王应榆之侄王奥先生又告：抗战胜利后，王应榆长兄之子王兴年当十八，到广州求王应榆介绍工作。当日，王兴穿戴整齐，西装革履，发光可鉴，翩翩然一裙屐少年，简朴成性的王应榆一见，已经不悦，当王兴要求介绍工作时，王应榆说："你的衣着比我好得多，哪需要我给你介绍工作？"

王应榆一生清廉。曾任"广西浔、梧、郁、平四府二十余县之警备司令，第七军暨七省九个军之参谋长。"①王应榆平生不聚财，两次大规模考察我国西北、西南水利和边情，一在1914年，一在1947年。1922年，还乡，王应榆植林于东莞南沙。这些，都是自费的。1943年，应广西贺县地方人氏之请，兴办贺江水利工程。1946年兴办大岭山怀德水利工程，王应榆都是义务相助的。王应榆工作数十年，却两袖清风。他多次表白："不留馀财，以损子孙之志；不举债务，以累后人。"②王应榆晚年的财产，88岁时，作有遗嘱性质的1979年1月25日《留言，给粤侄》可为最好的说明：

> 物质所存者，自我母以三百元购得旧土砖屋一间、学生盛世才于新疆赠我狐皮料一袭，青康视察时所穿，以之给有脑病不能工作的式贺（霖按：五应榆之子），以为助食之资。手表一个，乃外甥陈妹所赠，留给淑娥（霖按：王应榆之妻）作纪念。衣服不足分给，留以示后人。

民国时期东莞籍的将领大不乏人，如王应榆正直清廉者，并不多见。

（原载《王应榆遗著》，王奥印行，2005）

---

① 王应榆手迹：1979年1月25日《留言，给粤侄》。

② 王应榆手迹：1979年1月25日《留言，给粤侄》，1981年2月15日《给粤侄》，1981年8月18日《给粤侄》。

《黄河视察日记》书讯

每册实洋四角

治黄之宝鉴水利家不可不读

本书著者王应榆先生，于民国二十年十月七日奉中央命视察黄河；十一日自京出发，由山东利津，沿黄河堤而上，经河北河南溯渭以至甘肃，转往山西河套，沿途利用飞机舟车之便，往返一万七千余里，阅时八十日。举凡黄河本流，及重要支流，如：洮渭泾伊洛运诸水，及泾惠民生诸渠，均亲到视察。其余亦一一详为访问。对于黄河为患原因，言之綦详，均中窍要。至于治理计划，尤为切实可行。全书长凡八万余言，附有珍贵照片四十九幅，阅之如见全河，诚如黄之宝鉴也。国人不可不读，史地家不可不读，水利家更不可不读！现已由新亚细亚学会印行，列为水利丛书之二。书印无多，欲购从速。

总发行所

南京四牌楼蓁巷二十三号

新亚细亚学会出版科

《东莞时报》节选

王应榆：引东江水排咸解乡民水"渴"曾实地全面考察黄河水患，牵头出资兴修虎门怀德水库造福桑梓

东莞时报记者　陈景彬

辛亥革命过去已经上百年，这场革命给中国的发展起到了举足轻重的作用，这都有赖于一大批为革命做出过贡献的能人异士。其中，在东莞虎门，除了19岁加入同盟会、三次被授勋的王光海外，不得不提的还有王应榆。

近日，记者探访了其祖屋的原址，尽管祖屋已被风雨吞噬，但其显赫的历史，对于王家后人来说，仍是一段无法磨灭的光辉记忆，尤其是王应榆对东莞水利工程所做出的贡献。王应榆的后人王满堂告诉记者，"我们这些后辈，应该像王应榆一样，继续给东莞添砖加瓦。"

人物档案

王应榆（1892—1982），东莞虎门南栅人。广东黄埔陆军小学第三期、南京陆军中学及保定陆军军官学校第一期炮科毕业。1907年参加同盟会。1914年起任云南陆军讲武堂教官，广西贺县县长，梧州警备司令。1931年10月任军事参议院中将参议。1933年任黄河水利委员会副委员长。1936年7月返粤，任省政府委员兼民政厅长、建设厅长，兼任广东北区善后委员及保安司令，国民政府蒙藏委员会委员。中国人民共和国成立后，任第一至三届广东省政协常委，省水电厅参议、顾问。1982年2月28日在佛山逝世。著有

《陕甘从政日记》、《治河方略》、《宇宙自然力论》、《诗经浅译》等。

斐然贡献　考察黄河3个月找出水患之因。

1931年10月11日至1933年1月11日，王应榆对黄河进行了全面具体的实地视察后回到南京，速把资料整理成《治河方略》，呈交国民党中央政府，找出了黄河水患的原因和治理办法，"河口淤塞，沙泥太多，河槽不完，水旱无节，森林稀少；疏通河口，引洮入渭，导入灌沙，护岸荣水，整理河槽，建设库闸，涵道排洪，引渠造林。"

同时，王应榆在太白山造林。又联合几间大学教授，编纂《黄河通志》网罗有关黄河资料，作为日后治河参考。可惜由于历史上的各种原因，治黄之举半途夭折。

王应榆造福桑梓，关心百姓疾苦，1936年间，引东江水排咸灌淡，倡修家乡南栅西头村前新涌，痛斥封建迷信之"风水论"，力主新涌横过村前。同年，协同蒋光鼐、王若周、王光海等创办虎门医院（今海军医院）。

1943年，应广西贺县地方人氏之请，兴办贺江水利工程，王应榆义务助之，引萌渚岭贺江之水，灌溉贺江流域两岸之地。1945年8月，抗战胜利，王应榆东归故里。目睹故乡残破，园舍为墟，乡人嗷嗷待哺。乃与虎门人士商议，兴办虎门怀德水利工程，以工代赈。

中华人民共和国成立后，王应榆历任广东省第一、二、三届政协委员和常务委员，省水电厅参议，省水电组顾问，对广东水利建设多次提出重要建议，1982年2月28日，病逝于佛山。王应榆熟诗书，通联赋，著有《诗经浅译》、《黄河视察日记》、《陕甘从政日记》、《治河方略》、《宇宙自然力论》等。

走访故里　祖屋倒塌仍有游人慕名探访。

沿着错综复杂的巷道，从王光海祖屋再往前走数十米，就来到了虎门南栅西头旧村的王应榆祖屋。只不过，这与王光海祖屋的完整无缺大为不同，这座王应榆的祖屋在经历一场风雨后，在不久前已经倒塌。

记者看到，祖屋原址的砖瓦早已被清理完毕，到处长满了杂草，但祖屋中间所留下的断壁残垣，仍让人可以回忆起，昔日王应榆家庭在东莞虎门的显赫。

但如果非要还原祖屋的原貌，也可从王应榆祖屋背后，其父辈及祖父所遗留下来的祖屋一一体现。宽广的大门、深邃的庭院，以及背山的位置，都昭示着王应榆祖屋的气派。在这里，记者遇到了王应榆的后人王满堂。

今年已经81岁的王满堂，经常去看看王应榆的祖屋，尽管这所祖屋已被风雨吹残，但是有生之年能看到许多游人慕名而来，王满堂仍然表示，"还是深感安慰。"

为人义举　牵头出资兴修虎门怀德水库。

由于王应榆是妻子的叔公，因此对于王应榆本人，王满堂还是相当了解，"虽然联系不多，但平时经常见他回来，尤其是在解放后。"

王满堂说，王应榆回来后，给家乡做了许多贡献。他看到故乡残旧不堪，园林都变成了废墟，在苦于当地村民比较贫困的情况下，他与虎门的许多人士进行商议，出资兴修了东莞第一个水库——虎门怀德水库，解决了用水困难，当地村民都纷纷表示感谢。

不仅如此，王应榆后来又倡议修南栅西头村前的新涌，引东江水灌淡排咸，并协同蒋光鼐、王若周、王光海等创办虎门医院，"这条涌当时被称为子午河，从广济墟一直延续到沙角，建好后，促进了船只的运输。"

兄长食鸦片，当面撕其委任状。不过，在王满堂看来，王应榆对家乡所兴修的水利，远没有他正直不阿的为人，让人更加敬佩。

王满堂记得，王应榆其兄王振轩被委任为贺县禁烟局局长，但因其曾经服食过鸦片烟枣，王应榆没有顾着家属的情面，认为其有碍于禁烟，便当面撕毁了委任状，"他就是这么一个人，深受家乡人民的敬佩。"

（原载《民国边政史料续编》第30册，北京：国家图书馆出版社，2010）

王应榆先生清廉俭朴二三事

　　王应榆，字燧才，别号菜庭，1892年生，东莞虎门南栅人。从保定陆军军官学校第一期骑兵科毕业后，他先后担任过云南讲武堂教官、广西贺县县长、梧州警备司令、北伐军第七军中将参谋长、安徽省保安司令、黄河水利委员会副委员长、甘肃省民政厅长、广东省民政厅长等职务。建国后，又当过多年的广东省水电厅参议和多届的广东省政协委员。1982年2月28日病逝于佛山，终年91岁。

　　王应榆一生最大的特点是为官清廉，生活俭朴，做事认真，一丝不苟，性格刚直不阿。笔者从已经搜集整理的有关王应榆先生这些方面的轶闻中，挑选出几则，连缀成文，以纪念这位生前身后都为人所景仰的乡贤。

"不是自己的钱，一分也不能要"

　　王应榆在旧中国当了几十年的官，别的不说，单是别人主动上门送给他的钱，加起来最起码也有十万八万元。对于这些钱，他不但是一分钱也不要，而且还通常都是正颜厉色地把送钱的人训斥一顿。在旧中国，人们都说"治黄"委员会是个"肥缺"。可是，王应榆除了应得的薪俸外，从没多占多用过一分钱。他总是说："不是自己的钱，一分钱也不能要。"

广州沦陷前，王应榆接到通知，要他撤到桂林去。临走前，他再三叮嘱仍然留在广州的夫人说："我离开这里后，要是有人送钱给你，你千万不能收下。"他的夫人素来清楚自己丈夫的脾性，知道他这番话绝对不是随便说说的。因此，后来的日子虽然过得很艰难，他的夫人也一概婉言谢绝了亲友们的资助。

"这样的官，大大的好"

民国时期，王应榆的家乡南栅有不少人当大官，其中少将以上的就有十多位，另外还有一批大大小小的官绅。这些人绝大多数腰缠万贯，除了大量购置田地，在太平镇、莞城甚至是广州都有物业房产外，还在村中盖上一两座豪华的洋楼或是三间两廊的青砖瓦房，唯独王应榆就只有一间泥墙薄瓦的破旧屋子。

说起这间破旧屋子，还有一段趣闻。

广州地区沦陷后，侵驻虎门一带的日军头目因为知道南栅西头村当大官的人多，就特意来到村里，找了一位当地的伪维持会长带路，要观赏一下这些达官贵人的住宅。伪维持会长带着这个鬼子军官在村内的巷子里左转右拐，看完一家又一家。最后，他带着鬼子军官来到王应榆的那间旧屋门外，点头哈腰地说："太君，这就是王应榆的住宅"。

"啪啪！"伪维持会长脸上挨了鬼子军官的两记耳光。"八格牙鲁，中国的官吏住这样的房子？你胆敢欺骗皇军，良心大大的坏了，死了死了的！"鬼子军官恶狠狠地吼叫。

那个伪维持会长吓得脸如土色，浑身发抖地又是鞠躬，又是下跪，指天发誓说这间旧屋千真万确是王应榆的住宅。鬼子军官仍不相信，又把左邻右舍的人找来盘问，大家都一致证实这间屋的确是王应榆的，鬼子军官这才相信了。惊愕之余，他情不自禁地伸出大拇指，连声赞道："这样的官，大大的好！"

"做人应该要安分守己"

王应榆当了几十年的官，极少让自己的亲朋跟随来做事。就是个别能够跟随他的人，一发现有什么不妥之处，他也毫不容情地立即辞掉。

他当广东省民政厅长时，只带了一个本村的人前去广州上任。他把那个人安排在厅里当了一名职位很低的小职员。过了大约一年左右，那个人因替父亲做寿，摆了几十桌酒席，大宴宾客。王应榆知道了，就对那个人说："你只不过是一名职员，薪水不多，家里也没有什么财产，为什么替父亲做寿竟然有能力摆几十桌酒席？哼，一定是打着我的旗号到处去招摇撞骗，败坏我的名声！"他见那人不敢吱声，就又说："做人应该要安分守己，怎能这样胡搞呢？"当即就把那个人撤了职。

"千万不要退回给我"

王应榆为人耿直，从不热衷于个人私利。民国时期，蒋介石为了笼络他，不断地委他担任这个职务，那个职务，可他却不一定去就职。即使像担任黄河水利委员会副委员长这样的"肥缺"，他也绝不谋私利。

建国初期，王应榆在广州闲居。当时有位中央领导同志路经广州。他过去和王应榆很熟，就特意邀请王应榆到广西去工作。但王应榆认为自己目前最需要的是加强学习，提高思想认识，就婉言谢绝了。那时，又有一位中央领导同志（曾任广东省党政领导），听说王应榆在广州河南有一个面积不大的木瓜园，已被广州市政府接收，就想把这个木瓜园退回给王应榆。当时，王应榆一家的生活是相当窘迫的，但尽管这样，他却说："这个园子国家既然已经接收，就是国家的财产了，千万不要退回给我。就是退，我也不要的。"

"这些钱应该怎样处理"

王应榆生前没有什么积蓄。他逝世前一年的春节，广东省政协派人给他送来了60元的慰问费。他看着放在桌上的几十元人民币，简直有点不知所措，一边背着手在屋子里来回踱步，一边连声问他的夫人："你说这些钱应该怎样处理才好？你说这些钱应该怎样处理才好？"他的夫人说："买一顶新蚊帐呗，你的那一顶旧蚊帐，我已经补到不愿再补了。"王应榆一听，就如释重负地说："那好，那好，你就拿去买蚊帐吧。"

附记：

1982年，当时，笔者正在南栅小学当民办教师。3月初的一天上午，校长接到上级领导的电话，说王应榆先生的亲侄儿、时任中共东莞县委宣传部副部长的王奥同志，和广东省政协、东莞县政协的有关人员，当天下午护送王应榆先生的骨灰回家乡的祖坟安放，要求我们学校组织师生参加王应榆先生的骨灰安放仪式，并且要把声势尽可能地搞大一些，场面搞得庄重一些，以表示对这位家乡名人的敬意。校长迅速把全校教师集中到校务处开紧急会议，并且当即作出决定：五、六年级学生下午停课，参加王应榆先生的骨灰安放仪式。为了方便其他班级的老师参加，还特意安排其他班级的学生下午提前一节课放学。

下午，校长和有关老师把高年级的学生集中在学校大门前的空地上先进行演练，校旗、少先队大队旗、大鼓、小鼓和少先队号都全部搬出来了。大约是下午5时左右，一辆银灰色的面包车开到了学校门前的大路上，王奥同志身穿一套深蓝色的中山装从车上下来，校长马上迎上前去，和王奥同志等领导握手，汇报了组织师生参加王应榆先生骨灰安放仪式的有关情况。王奥同志一听，当即明确表示不赞成这样做。他耐心地对校长和站在一边的老师们解释，王应榆一生简约俭朴，他生前最反对的是搞排场，铺张浪费，我们应该要尊重他老人家的遗愿，一切从简。王奥同志抬头看了看天色又说，现在已经是傍晚时分，应该先让学生放学回家，校长和各位老师如果愿意参加的，我代表王应榆的亲属表示感谢，但千万不要勉强。校长见此情形，便只好尊重王奥同志的意见，先让学生们放学，然后就带着全校教师跟随着手捧骨灰盒的王奥同志，静悄悄地穿过学校门前的那一片田垅，走进学校斜对面的荔枝园，把王应榆先生的骨灰送到他家的祖坟里。

事情已经过去了三十年。前些时候，我去王奥同志家中拜访他。谈话间，王奥同志告诉我，组织学校师生参加王应榆先生骨灰安放仪式，很有可能是当时的东莞县政协通过虎门区文教办来安排的，他事先并不知道这个情况，否则，当场就会出面去进行劝止了。

2012.6

（原载《旅途的足迹》，北京：中国文联出版社，2013）

王应榆解救国民党死囚中的东纵战士

邝耀水/口述　杨宝霖/整理

　　未谈王应榆先生解救国民党死囚监狱中的东纵战士，先谈我怎样认识王应榆先生。

　　1938年七八月间，东莞县社训总队委派我和李达夫到太平区，李达夫任督练员，我任教练员。我的主要工作有二：一是到桥头乡组织抗日乡常备小队和训练乡适龄壮丁；二是做虎门驻军下级军官和士兵的思想工作，动员他们抗日。在虎门守备团，我认识军需主任王道明，王系东莞海南栅（今名南栅）人。通过王道明，认识其父王辅民。王辅民是王应榆的旧部下，曾任广东顺德县法院推事，为人老实，诚恳。一日我和王辅民一同到虎门南面拜访王应榆先生。

　　我事前知道王应榆先生是保定军官学校第一期毕业生，26岁自费到西伯利亚考察，曾任广西贺县县长，曾视察黄河，任治河委员会副委员长，主张国家建设才能强盛。这时他在南面种植白榄，有几百棵。

　　王应榆先生衣着朴素，言谈诚恳，一派长者风度。

　　1949年2月26日，在东坑橘子园战斗中，指导员谢金重遗孀黄建华（谢金重在1948年2月犀牛陂战斗中牺牲），谢阳光之妹谢英负伤，走入蔗田中被捕，解到石龙。谢英之父谢雨川，东坑人，在香港做生意，谢雨川通过关系，找到国民党石龙驻军师长叶云鹏，叶同意担保放人。叶找羁押谢英、黄建华的特务，要求释放，特务说："他们口供说是炊事员，是从香港回来新参加的。调查清楚，谢英是共党第三大队支队长之妹，黄建华是政委（其实是指导员）之妻，皆是重犯，一定要解送广州军法处审判、枪毙，绝不能放。"当晚，把一批"重犯"解到广州绥靖公署军法处监狱，监狱设在广州长堤七庙斋隔壁一间中学内。

党组织探得情况，感到黄、谢二人性命堪虞。东莞县委书记卢焕光写信给三团副团长何棠，派武工队长黎华去香港联络处找我，要我想尽办汉救出黄、谢两同志。并说，要用钱，一万元港币以下不用请示。我在广州人生路不熟，感到为难。这时，我想起了王应榆先生。近年来（1945—1949年），王应榆常到香港找我，主要是请求帮助推销他自种的白榄，当时我在香港开一个果菜栏。但王应榆已赋闲十多年，还有解救黄、谢两人的力量吗？我请示何鼎华，何鼎华说："一定要想办法救人，王应榆可以信得过，但一人能否成功，尚难预料。"何鼎华叫我找李章达，李章达是民盟南方总支部主任委员，李到香港时，组织上叫我安置他。何鼎华亲自和我拜访李章达。见面后说明情况，李问："广州，你认识什么人。"我答："准备找王应榆。"李说："菜庭（王应榆的别字）可靠，思想好，他一定会支持。但他一人，力量单薄。我有一个人，第九路军军官总队长、军长林廷华。菜庭一定认识他。"李章达立即写一封信，介绍我给林廷华。并说："你去找菜庭，叫他找林廷华。"

　　我带谢英之母到广州，因她在广州有屋，方便做工作。我到广州广大路将军第见王应榆，屋很大，但设备非常简朴，客厅里几张竹椅、木凳而已。见面寒暄之后，我和盘托出，请求帮助。王应榆说："我有一个旧部下黄某（我忘其名）在绥靖公署军法处当承审，我打电话叫他来。"

　　晚上，黄承审来了。王应榆直截了当问其情况。

　　黄承审说："前几天，东莞解来两名重犯，是当场被捕的。"

　　我问："有没有看其卷宗？"

　　黄承审说："没。"

　　王应榆问："有多少人？"

　　黄承审答："各地解来的有百几二百。"跟着做一个一尺多高的手势，"宗卷有这么厚。"

　　王应榆指着我说："他是我世侄，东莞解来的两个是他亲戚，她们从香港回来，糊涂地参加了，是煮饭的，请你查查。"

　　黄承审说："如果是煮饭的，不会送到我处，送我处的，是重犯，是死囚。"

　　次日，黄承审来，说："人家军统有材料来，一个是政委之妻，一个是支队长之妹。炊事员，是她俩口供说的。你两个亲戚难搞，我没有办法。"王应榆指着我对黄承审说："他想去探监。"我乘机说："是的，我想去探探。"黄承审说："不能，现在很严，到处抓人，严防共党渗入。你去，我也难保。"黄承审离去，临行，王应榆叮嘱说："你想想办法。"

　　黄去后，我将与何鼎华找李章达的原委讲清楚，并呈上李章达的介绍信。王应榆看后，我问："林廷华你认识吗？"王应榆说：

"我熟，林廷华我很熟，经常来我这里，现任第九路军军官总队长。我叫他今晚来。"于是立刻拨电话。

晚上，林廷华至。

王应榆对林廷华说："这是世侄，是共产党派来的。"

我一听，吓了一跳。王应榆继续说："他有两个战友，战斗受伤被捕，因于你军法处，是你管的，请你设法救她们出来。"

林廷华面有难色，说："这个，这个……难办。"

我本想不暴露身份，经王应榆一说，只能摊牌说："是我的战友，一个是已故指导员之妻，一个是支队长之妹，战斗负伤被俘，因在军法处，救她们出来，非您军长莫属，请您救她们出来。我知道事情重大，所以请李章达先生帮助，李先生叫我找您。请军长以国家、民族为重，救她们出来，保证她们安全。现解放军已经渡江，挥戈南下，蒋家王朝垮台，指日可数。我可以向组织汇报，记下你们几个老兄一个大功。"

林廷华接着说："能够做到的，我一定设法。我不会跟蒋介石去送葬的。"

我问林廷华怎样处理。

林廷华说："那里管理是我，我派一个连在那里，有我的连长在，负责监管和保卫。你怎么样能证实是你的两个人呢？你识她们吗？"

我说："识，还很熟。"

林廷华说："那里的规矩是一星期放风一次，明早是放风出球场。你有什么人来？"

我说："我带了她的母亲来。这是你的部属，我入内找她们，找她们出来，和她讲讲，可以吗？"

林廷华说："不能，现在监视很严，他们不一定信得过我，因为是政治犯。你叫她母亲去。叫她们明早出操场时，用手帕抹脸。我们三人（林廷华、王应榆、邝耀水）到七庙斋茶饮茶，茶楼其中一个大窗，窗口对正中学的操场，放风的犯人，看得一清二楚。"

我建议："菜公，请叫黄承审来，此事是经手，如果他不认识她两人，就麻烦。"

王应榆说："好好，叫他明早一起去饮茶。"说毕就打电话。

次日晨，我们四人（加上黄承审）上七庙斋茶楼，霸住窗口。八时许，放出了二十多名犯人，只有两个是女的，手持手帕。我说："就是这两个。"

饮茶毕，四人一同回到王应榆借友人居住的将军第商量。

王应榆问黄承审："有没有审过。"

黄承审答："没有，重犯多，她们来了只有几天，来不及审。"

王应榆又问："有几个承审？"

黄承审答："仅有我一人。"

我说："可以现在放人吗？"

林廷华说："不能。"

黄承审说："没有办法，放人要上面批准，不仅是人，放垃圾也要军法处处长批准。除非我一样走路。"

王应榆做一个翻转的手势，同时说："这样行吗？"

黄承审说："可以。有百多二百案件，把她两人的卷宗放在最底层，不审它。形势很快会转变的。"

我说："安全吗？你不审，若有人来审，岂不是坏事？"

黄承审说："不会的，现在很乱。老实和你说，大家都想走路，尤其是文官，更不想支持下去。"

我问林廷华说："您会不会调防？"

林廷华说："不会调防，三五个月不会调防。如果调防，我作临时处理。"

我问："他们受伤，黄承审，你可以派医生医治吗？否则，非痛死，放出来已经残废。"

黄承审说："医生，连红药水也没有。死囚怎会医疗呢？死，拉出就是了。"

我说："我找人入内医治，可以吗？"

黄承审说："你的人可靠吗？千万不要出乌龙（出了乱子）。"

我说："可靠，是家属。"

黄承审说："可以。只要门卫放入就行。"

林廷华说："门卫我负责。"这样就定下调子。

我对黄承审说："妇女的事是麻烦的，请你找人照顾一下。"我一边取钱，递向黄承审说："这里五百元，作请人照顾的费用。"

王应榆立刻禁止，说："不用，不用，要钱用，到我这里取。"

其实，王应榆哪里有钱呢？赋闲十多年了。

黄承审不肯收钱，说："不用钱，我有一个亲戚，女的，在监狱里当管理，我会叫她照顾。"

　　商量毕，各自散去。

　　我就叫谢英之母带一位女医生入狱内替谢英、黄建华治伤。女医生出来说谢英、黄建华伤势不重，伤皮没有伤骨，但肿得厉害。我叫医生，把其他有病的犯人统统治疗，发挥人道主义精神。

　　事定后，我回香港。

　　王应榆非常负责，几乎每月去香港，对我告知狱中情况，林廷华也非常负责，经常将狱中情况告知王应榆。王应榆告我说："黄承审说，到现在没有审过黄、谢二人，连其他犯人都不审了，上面追问得不紧，我就不审。"

　　新中国成立前夕，国民党军队撤退，管理监狱的黄承审的亲戚黄丽，对狱中囚犯大喊："没军队了，你们快走！"大家快速推倒围墙，四散逃跑。有我们部队的一名卫生员林素云，也被捕在狱中，她在广州没有亲友，冲出监狱以后，仿徨街头，黄丽就带她回广州家中住了几日才回东莞报到。

　　黄建华、谢英冲出监狱以后，直回东莞，于10月20日报到。

　　（原载《虎门文史》第1辑，广州：广东人民出版社，2013）

榆高百尺鉴清风

——记同盟会会员、国民革命军中将、水利专家王应榆

陈梓英　詹文格

　　人生就像一条奔腾不息的江河，永不停歇地向前流淌，河流为寻找心中的目标，冲破层层阻挡，时而危崖绝壁，时而急流险滩。可是不管河道如何迂回曲折，最终还是无法阻挡河水奔向大海的脚步，到达浩渺无垠的远方。

　　东莞虎门南栅西头村的王应榆虽是行伍出身，但他戎马倥偬之余，孜孜求学，体察民情，关怀民生；他成长在战争年代，却热衷于水利、林学、民风、民俗、经济、文化、交通、垦牧等国计民生事业。他深知无农不稳，民众唯有安居，才能乐业，只有风调雨顺，五谷丰登，方能社稷兴旺，繁荣富强。

出生书香世家

　　王应榆，字燧材，号菜庭，1892年出生于东莞虎门南栅乡西头村一书香世家，高祖王文冕（1738—1811），乾隆二十四年

保定陆军军军官学校初创于1902年，王应榆1912年进入该校学习。图为保定陆军军官军校校门。

（1759）举人。旧志记载："键户读书，寒暑不枕，务得要旨。"文冕与兄长文博，从小受父亲教育，少负奇才，尤其文冕，9岁就能诗文，特别善于骈体文。乾隆庚辰开科（1760）联捷成进士。时年22岁，中进士后始归婚娶，人以为荣。

发榜之后，王文冕赴任湖北黄梅县令，恰巧上级官府向下面摊派开河款项、工役，计价过万金。当时黄梅县内百姓民不聊生，王文冕不忍向苦难中的百姓摊派重负，于是向上级请求："我的志向是当清白之官，如果向百姓难中取钱，岂不是雪上加霜，我不能做对不起他们的事。"

后转任崇阳、竹山知县。任职期间，法纪严明，为人正直，使当地奸宄畏惧，恶人隐藏。治安绥靖，不久升任襄阳郡丞，时严全龙聚众叛乱，文冕明察其奸，巧设圈套，率领部属靖逆，使郡境安然无恙。乾隆三十七年（1772），父母去世，回乡守孝，直至庚子年（1780），奉旨到江南迎接乾隆皇帝出巡，重又起用。后任湖北竹山知县时，因承审势力较大的犯人，得罪顶头上司，遭不公对待，最后罢官归乡。回乡居住30年，全力为桑梓做善事，倡建靖康社学，以振文风；修族谱，以团结族人，振兴家乡。

曾祖王钰，乾隆五十九年（1794）县学生。敦行笃学，关心时事。嘉庆年间，海寇猖獗，王钰上书《平海五策》于两广总督那彦成，留为军功局参议。应榆之父名兆麟（1834—1911），咸丰二年（1852）县贡生，毕生以教书为业。王应榆自幼秉承庭训，苦读经史，耳闻目睹外族野蛮入侵，当政者昏庸退让，民众受辱，万分愤恨。

光绪二十七年（1901），四兄王应梅考入广东高等学堂，王应榆受其影响，入读广州求是小学，发愤读书。15岁时得同乡广东陆军小学督办王体端（字庄持）之举荐，考入广东陆军小学堂，在校期间加入同盟会；19岁升入南京陆军中学。

1911年，王应榆20岁，这一年父亲病逝，正当他沉浸在丧父之痛中时，10月，武昌起义爆发，消息传来，王应榆与乡人蒋光鼐、李章达等南京陆军中学数十人奔赴武昌，参加战斗。

1912年，王应榆考入保定陆军军官学校第一期炮科。保定陆军军官学校是中国近代史上第一所正规陆军军校，前身为清朝北洋速成武备学堂、北洋陆军速成学堂、陆军军官学堂。1912年至1923年期间，保定军校共举办过九期，毕业生达6000余人，当中不少人后来成为黄埔军校教官。从北洋军学堂算起，保定军校训练了近一万名军官，当中有1600余人获得将军军衔，蒋光鼐、王若周、王超、林兆棠等虎门籍民国将领都曾入读该校。

1914年毕业后，王应榆分派回广东，但他并不急着寻找升迁重用的机会，而是自费去西北，远至新疆等地考察政治、民俗、经济、文化、边情、民风、民俗、水利、交通、垦牧。至1915年东归，历时一年。东归时他还顺道考察中亚及西伯利亚，年终抵达北京，以开发西北，治理黄河为主要内容，作《上黎元洪总统书》，但未被取纳，后写成了《新疆调查录》。

入桂施展抱负

1917年，王应榆受聘任云南讲武堂教官。云南陆军讲武堂是中国近代一所著名军事院校，开办于1909年，与创办于1906年的北洋讲武堂（天津），创办于1908年的东北讲武堂（奉天）并称当时中国"三大讲武堂"。

云南讲武堂位于昆明城中心，著名风景区翠湖西岸承华圃，占地面积1390平方米，1909年（宣统元年）8月15日，云南陆军讲武堂正式开学，课程仿照日本士官学校加以调整而成，分为学科、术科两项。讲武堂聘用了一批国内武备学堂毕业生和日本士官学校中国留学生任教。辛亥革命时，讲武堂为云南新军输送中下级军官600余名。1938年，该校按黄埔军校系列，改名为"中央陆军军官学校第五分校"。黄埔军校的9个分校，均由蒋介石兼校长，具体实行主任负责制，昆明分校由龙云兼主任。后来成为共和国元帅的朱德和叶剑英都是云南陆军讲武堂学员。朱德称云南陆军讲武堂是"革命熔炉"。

云南讲武堂创办于1909年，是近代中国一所日式的新型军事学校，培养了不少军事将领，朱德、叶剑英等中共将领都曾就读该校。图为当年的云南讲武堂。

王应榆任教期间，坚持以求国家富强，民族进步，必先于自然科学应用的指导思想，业余时间深入工厂，研究机械、化学的应用，以及平时经济、战时军备的统一措施。1920年，他入山实习采矿，并漫游长江以南各省，掌握了大量的社会信息。

1922年王应榆还乡，不久应广西省长马君武邀请，出任广西贺县县长。正当他怀抱着为官一任造福一方的理想，在当地施展才能的时候，是年6月陈炯明叛变，炮轰总统府，广西亦大乱，散兵土匪遍地横行，广西省会桂林随之覆灭，王应榆坚持不去。数月后，援桂军总司令沈鸿英自湘返桂，王应榆乃辞职回粤，参加广东东北江作战，讨伐陈炯明。当时适逢炎暑季节，疬疫流行，染病严重几乎卧床不起。

1924年，应广西地方人士之邀，再次赴桂东，与当地人士协力平定一方。在富川、贺县、钟山、昭平、怀集等6县，一面旌善殚恶、镇抚绥靖；一面加意教养，使不良者怀德畏威，驯善者安居乐业。以开矿筑路，安插闲人，严治豪劣，以肃风气，政有佳绩。

1926年7月1日，国民政府下达北伐动员令，李宗仁在广西也立即安排桂系参加北伐，因白崇禧已升任北伐总司令部参谋长，时任矿务局局长的王应榆被保定学友黄绍竑推荐任李宗仁第七军的参谋长。第七军前方部队共12个团，余下8团归黄绍竑指挥留守后方。后方部队除防止滇军袭扰外，还承担增援前线的责任。

1927年2月，该军所辖旅级部队整编为3个师，分别为夏威1师、胡宗铎2师、钟祖培3师。11月该军缩编为4集团军第2师；1927年8月底，南京龙潭会战，北洋军阀孙传芳溃败，王应榆率部追击至山东曲阜。北伐结束不久，他自告回粤，两广当局委派其赴云南修睦。

1928年2月，李济深回粤复任国民党中央政治会议广州分会主席、国民革命军第八路总指挥及粤省主席。3月，广东进行绥靖建设，分置四个善后区，区设委员，以指挥区内驻军，领导县市，王应榆任北区善后委员，进驻韶关。1929年3月，两广部队缩编番号，王应榆任五师第15旅旅长。同年，西区善后委员陈济棠反李宗仁，王应榆再次去职，养疴澳门。

据《李宗仁回忆录》中记载："我到桂系不久，忽然接到广州的电报，说白崇禧已就任总司令部参谋长了。此一电讯很使我惊诧。白崇禧原是我第七军参谋长，今番升迁，使我顿失臂助，我乃电商于黄绍竑。绍竑自南宁复电，推荐其同窗旧友王应榆氏接充七军参谋长。王为广东东莞人，保定军官学校一期毕业，其后似曾在李济深处做幕僚。当李、黄在梧州合作时期，王氏转到黄绍竑的'讨贼军'中任职。王氏虽出身军校，然对治军作战并无太大兴趣，却将全副精神用在国计民生方面的生产事业。为人淡泊，向不介入党争。黄绍竑因其长于企业管理，乃请他整理贺县、八步一带的锡矿。其任矿务局长年余，对兴利除弊成绩颇有可观。此时第七军参谋长出缺，绍竑乃推荐其担任。"

致力于水利事业

王应榆一生从事军务、政事，但他兴趣最大、贡献最多的却是水利事业。青年时期的王应榆就清醒的认识到："国家生存的根在于经济，而经济之本在于农工，农工之本在于水利。"十几载寒暑，他"足迹所至，东达淞海，北过朔漠，西越天山，南至珠崖，贯行黑龙江、松花江、黄河、淮河、长江及粤江各流域"。

王应榆（前排右五）与黄河防汛会议全体代表合影。前排右六为我国著名水利专家、黄河水利委员会委员长李仪祉。

王应榆通过深入细致的考察，提出了自己的见解："夫黄河贯流青、甘、宁、绥、晋、陕、豫、燕、齐九省，凡九千里，以过去人事不当，致害多利少。言治理，虽代有其人，然多注重局部，或舍本而求末，或闭门以造车，尚空谈而少实际。古语云，胸有全河而后能言治河。"因此，他系统研究了明代刘天和所著的《问水集》、万恭的《治河全谛》、潘季驯的《黄河一览》，英国人戴理尔、美国人费礼门等人的有关治理黄河的著述，并于民国初年向当时的中华民国总统黎元洪"条陈"治理黄河的意见。

可是黎元洪那时忙于巩固自己的地位而与袁世凯大动干戈，连年混战，哪有心情顾及治理黄河的事。直至民国21年（1932）春，当时任国民党中央常委的戴季陶"以治河造林之事见询"，王应榆才有机会再一次提出治理黄河的意见和观点。随后，国民党政府认为"治河事关重大，不能迟缓进行，而治河之先，须要明了实况"。由于王应榆见解精辟独到，被委任为黄河水利委员会副委员长，王应榆这才有机会对黄河全河近况进行了全面考察，他掌握了历年来的治理方法之得失，并搜集了地方群众及专家所持意见，作为治河的第一手资料。

从1932年10月11日开始，至1933年1月11日结束，王应榆用了整整3个月的时间，途径山东、河北、山西、陕西、新疆、宁夏、甘肃、青海等省。除了搜集有关治河资料，还逐日把所见、所闻、所感记录下来，写成《黄河视察日记》一册。这本日记以时间顺序为经线，以考察区域为纬线，生动而具体地记录了所到之处的实况，日记内容充实而不铺陈，文笔洗练而文采丰沛，脉络清楚而不单调，不但写清楚了视察线路，所接触的人与事，而且还对沿河的景物及风土人情甚至历史上的典故古迹均作了生动具体的描述。他在日记里适时抒发自己的感想，使人读来轻松幽默，不仅兴趣盎然，而且可以看出作者学识之渊博，情趣之广泛，考察之全面。字里行间处处闪现着真挚的感情，充分体现了王应榆为国家前途，民族命运的担忧。现在我们读来，仍然感觉《黄河视察日记》是一篇文情俱佳的美文。

20世纪30年代的王应榆。

通过深入详细的实地视察，回到南京后，王应榆迅速把收集的资料整理成《治河方略》，呈交国民党中央政府，找出了黄河水患的原因和治理方法，归纳为：河口淤塞，沙泥太多，河槽不深，水旱无节，森林稀少等几个方面。认为治理办法应是："疏通河口，引洮入渭，导入灌沙，护岸束水，整理河槽，建设库闸，涵道排洪，引渠造林。"同时，还提出了甲、乙、丙三种具体的治理意见。可惜国民党政府的贪污腐败，再加上日本帝国主义的大举入侵，致使治理黄河之计划无法实施。

公务之余，情系桑梓

王应榆自广州求学之后离开家乡，尔后多次还乡，每次都用自己所学之长，为家乡做点实事。南沙（原属东莞，新中国成立后划归番禺）位于珠江口西岸，与如今虎门隔江相望，历史上是虎门域，这里与万顷沙相连，是广东的大沙田，东莞和虎门均有大片公偿田产，且土地肥沃，交通便利，但常受咸潮风患之苦。1922年，王应榆通过实地考察，根据南沙的地理条件，为改善生态环境，防风防潮固土，减少自然灾害对农作物生产的影响，王应榆提倡在南沙植树造林，抵御台风海潮的袭击，对保护作物起到积极作用。

1936年7月28日，由广东省政府主席黄慕松提议，经行政院第272次会议决定：广东省政府任命王应榆为广东民政厅厅长，在此期间，王应榆为造福桑梓，关心乡民，开始在水利建设上入手，引东江水进行排咸灌淡。当时虎门农田常受内涝和海水之害，大部分田地都无法耕种，四野滩涂长满野生水草。作为水利专家的王应榆，他深爱着自己的家乡，为改良农田，拒咸引淡，他主张在家乡南栅西头村前兴修新河涌，让咸水排出，引淡水灌溉，确保水流畅通方可耕作。可是村里一些乡绅大户却极力反对在村前开挖新河涌，认为河流乃大自然所赐，属天造之物，不可逆天意，如执意开

由王应榆倡建的怀德水库，1946年动工，历时四年竣工。图是如今的怀德水库一景。

挖新人工河涌，将破坏村里风水，招来灾祸，影响村人安居。王应榆痛斥封建迷信，批驳所谓的"风水论"，力主新涌横过村前。通过说服、劝导，排除重重阻力，新涌终于修通。新涌贯通之后，排咸引淡，立竿见影，土壤水质得到改善，从遍地水草的荒滩野地，变成稻香果熟的鱼米之乡，乡民终于理解了王应榆的一片苦心。新涌作为水利工程，以其独有的实用性与合理性，至今仍保留着当年开挖的一段，继续发挥着作用。

1937年7月，卢沟桥事变后，王应榆携家至广西。1938年至1942年，他两次出行，足迹遍及四川、青海、西康、陕西、宁夏、甘肃，以研究边情水利为主，所经山川有大渡河、大雪山、雅砻江、唐古拉山、通天河、巴颜喀拉山、黄河源、星宿海、大积石山、日月山、湟水、洮河、贺兰山、河套、秦岭、大巴山。

1945年8月，抗战胜利，王应榆回归故里，目睹故乡园舍残破，乡人疾苦。王应榆内心焦急万分，乃与虎门人士商议，举乡人之力，采取以工代赈，兴办大岭山怀德水利工程，开始实现他建设家乡的夙愿。从1946年开工，至1950年，历时四年，怀德水库终于竣工，成为东莞第一座水库。

这是一件具有里程碑意义的事情，也是注定可以载入史册的事情，它在乡民心里也将留下永恒的记忆，它开启了东莞水利事业的先河。王应榆在这段时间里，他不辞辛劳，跋山涉水，亲临指导。
王应榆一直在外为民众操劳，当厌倦于江湖，倦鸟返林之时，终于
在父老乡亲面前大显身手，一展才华。回乡后的王应榆整日奔波操
劳于家乡公益事业，无私奉献，不取分文报酬，那段时间王应榆
家境困窘，妻子常常唉声叹气，但王应榆仍不改初衷，当水利工程
告竣，感觉事业有成，心中无比欣慰。

廉正磊落，两袖清风

　　王应榆一生正直不阿，从未徇过半点私情，无论是带兵打仗，
还是在地方执政，他都是两袖清风，表里如一。

　　王应榆手上有权，但绝不搞歪门邪道，坚持任人唯贤。他在从
事公务的几十年里，从未因亲友关系而任用故旧乡里、族人亲朋。
家族里的人背地里称他为"树仔"，意思说王应榆只是一棵小树，
一棵不能给亲友遮阴挡雨，倚身依靠的小树。据王氏后人回忆，王
应榆有一同胞兄长，名为王振轩，大学毕业，以教书为业，因被奸
人行刺而受重伤，为止痛曾服食过鸦片烟枣。1924年，王应榆理政
广西富川、贺县、钟山等6县时，其属下为讨好上司，委任王振轩
为贺县禁烟局局长。当委任状呈交王应榆批准时，王应榆以其兄曾
服食鸦片烟枣，有碍禁烟，一怒之下遂将委任状撕得粉碎。王振轩
闻知此事，心如刀绞，一气之下旧伤复发，不久便含怨去世……

　　还有一次，那是抗战胜利后，王应榆长兄之子王兴刚好年满
18岁，为了奔个好前程，便到广州求王应榆介绍工作。当日，王兴

1936年8月，"两广事变"后，广东召开第一次省务会议时，王应榆（二排左一）与出席会议代表合影。

穿戴整齐来拜见，西装革履、发光可鉴，好一个翩翩然的风流少年。节俭度日，简朴成性的王应榆一见侄儿这身打扮，已有不悦，当王兴要求叔父介绍工作时，王应榆却说："你的衣着比我好得多，哪需我给你介绍工作？"王兴方知叔父不喜欢他的穿着打扮，被叔父弄得面红耳赤，只好扫兴而归。

1925年北伐初期，王应榆曾任梧州警备司令，负责广西浔州、梧州、桂林、平乐四府二十余县之警卫，如果王应榆想聚财敛财，平时有着大把的机会，根本无需他开口，别人自会主动送上门来。但是他从未收受过分文，不仅是不收他人钱财，而且每次都会将送礼者训斥一顿。在旧中国，人们都说黄河治理委员是个"肥缺"，可王应榆却甘愿坐在金山上过穷日子，工作数十年，经任多种要职，一直廉洁自律，平时如有亲友与之谈论生意钱财，他会立刻变得冷若冰霜。他说"不是自己的钱，一分也不能要"。

广州沦陷前，王应榆接到通知，要他撤退至桂林。临走时，他再三叮嘱留在广州的夫人："我离开后，要是有人送钱给你，你千万不能收下。"夫人素来清楚自己丈夫的脾气，知道他这番话不是随口所说。因此，后来日子虽然过得十分艰难，就是到了举家缺粮的境地，王夫人也谨记丈夫的叮嘱，对于别人的资助，一概婉言谢绝。如此清廉之举，确实让人感动。

危难之中，伸出援手

1949年初，国民党眼看大势已去，但仍在做垂死挣扎。1949年2月26日，东江纵队与国民党军队在东莞东坑橘子园拉开了一场激烈的遭遇战。在激烈交火中，东纵指导员谢金重的遗孀黄建华（谢金重于1948年2月在犀牛坡战斗中牺牲），支队长谢阳光之妹谢英负伤。当枪声稀落下来后，两人拖着伤体，艰难地爬入不远处的甘蔗田。碧绿的甘蔗叶片上留下了她们的斑斑血迹。此时，敌人正在展开搜索，黄建华与谢英刚刚爬进甘蔗田，还没来得及隐蔽好就被发现，两人不幸被捕。

党组织得知消息后，决定设法营救。中共东莞县委书记卢焕光写信给三团副团长何棠，派武工队队长黎华去香港联络处找邝耀水，要求他想尽办法救出黄、谢两同志。为便于营救，卢书记特别指示："如需用钱，一万元港币之内不用请示。"

邝耀水在广州人生地不熟，无处下手，营救计划无法实施。正在他进退两难时，突然想到了旧交王应榆，但此时的王应榆已赋闲十几年，是否还有解救黄、谢两人的力量？抱着试试看的心情，邝耀水请示了何鼎华，何鼎华说："一定要想办法救人，王应榆可以信得过，但以他一人之力能否成功，尚难预料。"后来找到时任民盟南方总支部主任委员的李章达，李说王应榆可靠，思想好，他一定会支持。后来李章达又想到十九路军军长林廷华，王应榆一定认识他……

王应榆知情后马上着手营救，他找到绥靖公署的旧部下黄承审，黄承审对王应榆说："送我处的一般都是重犯或者死囚，加上军统有材料来，确认一个是政委（指导员）之妻，一个为支队长之妹，这事很难搞，我没有办法。"

黄承审离去后，王应榆只好找到林廷华，在林面前，王应榆把情况和盘托出，目的是要设法救出两名女同志，随后林廷华派了一个连到监狱负责监管。

当时黄承审说，他们手上压着几百宗案件，他会把黄、谢两名女同志的卷宗放在最下面，先不审它，拖一拖，看形势应该很快会有转机。黄承审还说，现在很乱，老实说，大家都想"走路"，尤其是文官，更不想硬撑了……

后来的结局果然不出所料，当解放军大部队步步向南挺进时，国民党军队全部溃逃。那天管理监狱的黄承审的亲戚黄丽，对狱中囚犯大喊："没军队了，你们快走！"

大家获知外面情况有变，于是合力推倒监狱围墙，四散而逃。黄建华、谢英出狱后辗转回到东莞，于当年10月20日找到组织。

安贫乐道，翰墨寄情

新中国成立初期，王应榆闲居广州，当时有位与王应榆相熟的中央领导途经广州，特意邀请王应榆到广西工作，但王应榆婉言谢绝了，他说目前自己最需要的是加强学习，不是担任领导职务。后来又有一位担任广东省重要职务的党政领导，听说王应榆在广州河南（指现在的广州市海珠区）有一个木瓜园，被广州市政府接收了，这位领导得知王应榆生活窘迫，想把这个木瓜园退回王应榆。可是王应榆却说："这个园子国家既然已经接收，就是国家的财产了，千万不能退回给我，再退就违反了规定，就是退，我也不会要的。"

（原载《虎门风流》，广州：广东人民出版社，2013）

后 记

王应榆先生是民国时期东莞著名人物。为了更好地发挥文史资料存史、资政、育人之作用，市政协教科文卫体和文史委员会委托暨南大学图书馆罗志欢先生专门搜集整理王应榆先生遗存的文献史料，经过三年多的努力，遂将史料结集为《王应榆史料集》，并公开印行。

感谢市政协原文史资料委员会主任杨宝霖先生的指导，没有他校印的《王应榆集》，本书难以出版。原虎门报社陈梓英先生多年勤于搜集乡邦文史资料，为我们提供了许多线索，在此谨表谢意。

由于资料散见各地，加之编者水平有限，错漏之处难免，还望方家批评指正。

编者

2019年11月